KB038757

행복한 결혼을 위한 7원칙

행복한 결혼을 위한 7원칙

존 가트맨 & 낸 실버 지음
노동욱 & 박윤영 옮김

문학사상

• 일러두기

　본 도서는《행복한 부부 이혼하는 부부》의 개정증보판입니다. 한국어판의 역주는 고딕 서체의 작은
글씨로 처리하였으며 별도의 표기는 생략합니다.

아름답고 현명한 아내 줄리와 딸 모리아에게
—존 가트맨

헌신적인 부모님, 블랑쉬와 머리의 결혼 60주년을 기념하며
—낸 실버

■□ 감사의 말

나는 무엇보다 우리 연구에 참여해준 수천 명의 부부들의 협조에 감사를 표한다. 그들은 자신의 사생활이 노출됨에도 불구하고 기꺼이 연구에 참여하여 지금까지 닫혀 있었던 문을 열어주었다. 그들 덕분에 행복한 결혼생활을 위한 일곱 가지 원칙의 기틀을 잡을 수 있었다.

이 책은 국립정신보건원National Institute of Mental Health과 행동과학연구소 Behavioral Science Research Branch의 지속적인 지원을 받아 수행한 연구에 기반해서 쓰여진 것이다. 몰리 올리베리, 델라 한, 조이 쉴터브란트의 헌신적인 연구가 큰 기여를 했다.

또한 이 책은 수많은 공동 연구가 있어 가능했으며, 그 협업은 언제나 내 인생의 즐거움이었다. 그중 가장 주된 협업은 UC버클리의 로버트 레벤슨 교수와의 공동 연구였고, 이는 지난 38년간 내 삶을 충만하게 했다. 그와의 우정이 우리 협업의 핵심이었다. 뿐만 아니라 워싱턴대학교의 고故 닐 제이콥슨, 스탠포드대학교의 로라 카스텐슨과의 공동 연구 또한 내게 매우 중요했다.

가트맨 센터Gottman Institute의 연구원들, 특히 에타나 쿠노프스키, 앨런 쿠노

프스키, 데이비드 페너와 깊은 유대를 나눌 수 있었던 것은 내게 축복이었다.

나의 아내, 줄리 슈워츠 가트맨 박사는 내게 극진한 사랑과 멋진 우정을 보여주었을 뿐만 아니라, 훌륭한 동료로서 지지와 응원을 보내주었다. 또한 줄리는 우리의 연구를 지혜롭게 이끌어주었다. 우리는 지난 수십 년간 생산적인 열띤 토론을 수없이 해오면서(토론은 우리 유대인들이 사랑하는 것이다), '건강한 관계의 집 이론Sound Relationship House Theory'을 만들어냈다. 그녀는 심리치료를 수행함에 있어 항상 나의 교사이자 안내자가 되어주었다. 그녀 덕분에 부부들을 대상으로 한 워크숍이 흥미롭고 창의적인 것이 될 수 있었다.

줄리와 내가 외부의 일로 바쁠 때면, 에타나와 앨런이 열성적으로 가트맨 센터를 이끌어주었다. 그들은 작은 부분까지 꼼꼼하게 챙겨주었다. 린다 라이트는 부부들을 대상으로 수행하는 연구가 항상 따뜻한 분위기 속에서 이어지도록 도움을 주었다. 특히 그녀는 절망에 빠진 부부들이 대화로 문제를 풀어가도록 하는 데 특출한 자질을 갖고 있다.

나는 또한 뛰어난 제자들과 직원들이 있어 든든하다. 킴 뷰엘만, 짐 코언, 멜리사 호킨스, 캐롤 후븐, 바네사 카헨, 린 카츠, 마이클 로버, 킴 맥코이, 자니 드라이버, 남은영, 써니 러크슈탈, 레지나 러쉬, 킴벌리 라이언, 앨리슨 샤피로, 앰버 타바레스, 팀 스티클, 비벌리 윌슨, 댄 요시모토가 그들이다. 특히 부부간 상호작용 중의 뇌 반응을 다룬 짐 코언의 최근 연구는 내게 큰 영감을 주었다.

나는 그동안 내가 의지해온 지적 유산에 감사를 표하지 않을 수 없다. 아이작 뉴턴도 "내가 만약 다른 이들보다 더 멀리 볼 수 있었다면, 그것은 바로 거인들의 어깨에 올라섰기 때문이다"라고 말하지 않았던가. 나의 경우, 이 '거인들의 어깨'는 바로 결혼생활의 감정적인 측면에 집중한 수잔 존슨의 인상적인 연구다. 존슨은 이 분야의 선구자로서 우리가 무엇에 집중해야 할지를 알려주었다. 존슨은 자신의 직관과 공감능력을 활용해 과학자로서 부단한 노력을 다하며 연구를 지속해왔다. 이 분야에서 그 누구도 그녀가 이루어낸 큰 업적에 감히 쉽게 다다를 수 없을 것이다.

뿐만 아니라 우리의 연구는 밥 와이스와 클리프 너타리우스의 연구에서도 상당 부분 도움을 받았음을 밝힌다. 하워드 마크맨과 스콧 스탠리의 '예방적 중재preventive intervention' 연구, 정신과 의사인 제리 루이스의 '부부간의 힘의 균형' 연구에서도 많은 영향을 받았다. 또한 나는 동료였던 고故 닐 제이콥슨의 열정적인 연구로부터 많은 영향을 받았는데, 그는 부부문제 치유법 연구의 기준을 세운 선구자였다. 나는 그가 앤디 크리스텐슨과 함께 수행한 '부부문제 치유 수용' 연구로부터 많은 도움을 받았다. 또한 윌리엄 도허티의 '부부간의 의식儀式' 연구, 페기 팹, 페퍼 슈워츠, 로널드 레반트, 앨런 부스의 '가정에서의 남성의 역할' 연구에서도 많은 영향을 받았다.

또한 나는 부부문제 치유법과 관련하여, 댄 와일의 탁월한 연구를 언급하지 않을 수 없다. 나는 와일의 논문을 매우 좋아한다. 그의 생각은 큰 영감을 준다. 그의 논문은 임상적인 측면에서 날카로운 통찰력이 있으며 나의 연구 결과와 상당 부분 일치한다. 그와 생각을 교환할 수 있었던 것은 내게 큰 축복이었다. 그는 위대한 치료 전문가다.

나는 어빈 얄롬과 빅터 프랭클의 '실존주의 심리치료existential psychotherapy'에 관한 연구로부터도 영향을 받았다. 얄롬은 성장을 향해 나아가는 인간의 힘과 치료 과정의 효용에 대해 큰 확신을 주었다. 프랭클의 글은 내 마음 한편에 소중히 자리 잡고 있다. 그와 나의 사랑하는 조카, 커트 래드너는 다하우 강제 수용소Dachau concentration camp, 제2차 세계대전 당시 나치 독일이 설치한 유대인 수용소에 함께 수용된 적이 있으며, 그곳의 생존자이기도 하다. 두 사람 모두 강렬한 고통, 폭압, 비인간화 속에서 삶의 의미를 찾았다. 줄리와 나는 그들의 실존주의적 탐색을 부부관계의 맥락에 적용시켰다. 이런 방식을 통해 우리는 부부간의 갈등을 새로운 경험—인생의 꿈을 드러내고 존중하는, 공유할 수 있는 인생의 의미를 찾는, 부부간의 애정을 재확인하는—으로 전환시킬 수 있었다.

결론적으로 나는 부부문제 분야의 많은 통찰력 있는 연구자들의 연구 결과로부터 많은 도움을 받았다. 나는 그들 모두에게 경의를 표하며, 이 분야에서의 나의 공헌이 '행복한 결혼생활을 위한 연구'에 조금이나마 보탬이 될 수 있기를 기대한다.

존 가트맨

차례

■□ 들어가는 글

이 책의 초판을 기획할 때, 부부문제에 대해 그동안 우리 연구소(Seattle Love Lab)에서 수행한 연구 결과를 독자들과 공유할 생각에 흥분이 되었다. 그러나 다른 한편으로는 걱정이 되기도 했다. 우리 연구소의 연구 결과가 과연 부부의 결혼생활에 유용한 조언이 될 수 있을까 하는 생각이 들었기 때문이다. 그러나 초판이 나온 이후, 이 책이 17년 동안 수백만 독자들에게 유용한 조언을 제공해주었다고 말할 수 있게 되어 기쁘다. 이 책에서 제시하는 조언들이 부부관계를 돈독하게 하고, 보호해주었으며, 구원해주었다고 지구촌의 수많은 독자들이 우리에게 전해왔다. 결혼을 앞둔 예비 부부, 신혼부부, 불행한 결혼생활을 하고 있는 부부, 이혼의 위기에 직면한 부부, 동거하는 커플, 동성 커플, 그리고 이들을 상대하는 부부문제 상담가들에 이르기까지 수많은 사람들로부터 우리는 감사의 메시지를 받아왔다. 이처럼 수많은 사람들에게 도움을 줄 수 있었다는 사실에 큰 만족과 자부심을 느낀다.

이 책이 부부관계에 매우 긍정적인 영향을 미쳤다는 수많은 독자들의 평가가 연구 결과를 통해 지속적으로 입증된 것 또한 뿌듯하게 생각한다. 나와 동료 연구자인 줄리아 뱁콕, 킴 라이언, 줄리 가트맨이 수행한 임상 연구를 통해 추가적인 전문적 치료 없이도 단순히 이 책을 읽고 퀴즈와 연습문제를 푸는 것만으로 부부관계가 눈에 띄게 개선되었음을 알 수 있었다. 그리고 이러한 효과는 시간이 흐른 후에도 지속되고 있음을 확인했다.

누군가는 우리가 왜 새삼 개정판을 내기로 했는지 궁금해할 수도 있다. 대답은 간단하다. 우리가 처음 어떻게 해야 성공적인 결혼생활을 할 수 있는지, 어떻게 이혼을 예측하고 예방할 수 있을지에 대한 연구를 시작한 이래로 이에 대한 우리의 연구가 발전해왔기 때문이다. 우리 연구소에는 결혼생활에서의 애정의 중요성에 대해서 42년간 축적된 데이터가 있다. 뿐만 아니라 저소득층 부부, 이제 막 부모가 된 부부, 다양한 인종의 부부 등 여러 종류의 부부들에 대한 연구 결과가 축적되어 있다. 이러한 연구 결과는 이 책에서 제시하는 결혼생활의 일곱 가지 원칙의 보편성을 확증하는 것이다. 또한 그 일곱 가지 원칙이 왜 그렇게 강력한 영향력을 가지는지, 부부들이 그 원칙들을 어떻게 잘 활용할 수 있는지에 대한 이해도를 높였다.

이 책이 처음 출간되고 몇 년 후, 나와 아내 줄리 가트맨 박사는 우리의 연구 결과를 토대로 '가트맨 센터Gottman Institute'를 설립했다. 가트맨 센터는 세미나와 치료를 통해 부부들에게 직접적인 도움을 제공할 뿐만 아니라, 우리의 연구를 토대로 한 상담을 제공하는 전문가들도 양성한다. 우리 센터는 행복한 결혼생활을 위한 일곱 가지 원칙에 대한 강의를 전 세계적으로 진행하고 있다. 가트맨 센터의 치료법과 교육법은 과학적 분석에 입각해 있기에, 우리의 이론은 도움을 필요로 하는 부부들에게 실질적인 도움이 되어 왔다.

가트맨 센터가 이루어낸 또 다른 큰 성과는 첫 아기를 출산한 후의 부부들,

즉 대부분의 경우 가장 스트레스가 극심할 때의 부부들에게 도움을 준 것이다. (실제로 부부 중 67%가 첫 아기 출생 후 3년 동안 결혼생활의 만족도가 급격히 감소하는 것을 경험한다.) 가트맨 센터의 '아기와 함께 살아가기Bringing Baby Home' 워크숍은 행복한 결혼생활을 위한 일곱 가지 원칙을 활용하여 갓 부모가 된 부부들의 문제를 다룬다. 우리는 이틀 동안의 프로그램에 참가한 부부들의 결혼생활 만족도가 눈에 띄게 높아지는 것을 경험했다. 또한 이 프로그램은 산후 우울증과 부부간의 거리감을 감소시켰고, 감성적 언어 전달을 포함한 부모와 아기의 상호작용을 개선시켰다.

이 개정판은 우리가 '애정문제연구소Love Lab'와 '가트맨 센터'에서 수행한 연구 결과를 독자들과 공유하기 위해 기획되었다. 이를 통해 당신은 현대의 많은 부부들이 직면한 긴장과 갈등을 다루는 방법을 알게 될 뿐만 아니라, 당신만의 방식으로 이를 실행할 수 있을 것이다. 우리는 또한 초판의 내용을 확장하고 발전시켰다. 당신은 이 개정판을 통해 각각의 원칙에 해당하는 (매우 신뢰할 수 있고 유효한) 질문들을 접할 수 있을 것이며, 이를 통해 당신의 부부관계의 현재 위치를 파악할 수 있게 될 것이다. 또한 부부관계를 향상시킬 수 있도록 연습문제도 추가하였다. 이 연습문제들은 가트맨 센터의 워크숍과 연구소에서 양성한 상담전문가의 커플 치료couples therapy를 수강한 수많은 참가자들에 의해 철저하게 검증된 것이다.

이 책의 장점 중 하나는 다양한 부부관계를 다룬다는 것이다. 만약 당신이 누군가와 결혼하기 전에 '주행 테스트'를 하기 원한다면 이 책이 필요할 것이다. 또한 당신이 기혼자로서 당신의 부부관계를 개선하고자 한다 해도 이 책이 필요할 것이다. 만약 당신 부부가 삶에서의 극적인 변화 혹은 도전에 직면해 있다면 이 책은 당신 부부가 애정을 굳건히 하는 데 도움이 될 것이다.

물론 그 어떤 부부관계 가이드도 모든 결혼생활을 구해내지는 못한다. 때로 부정적 감정과 배신감이 부부관계를 너무 많이 갉아먹어서, 부부가 도움을 요청할 때쯤 이미 감정적 교류가 단절된 경우도 많다. 그러나 진정한 형태의 도움이란 부부관계를 개선할 수 있다고 믿으며 희망을 제시하는 것이다. 부부관계를 연구하는 연구자는 겸손을 유지해야 하며, 결혼생활을 지속해나가려고 노력하는 부부들의 의지와 지혜에 경외를 가져야 한다. 우리가 이 책을 쓴 이유는 그러한 부부들의 여정에 함께하는 동반자가 되기 위함이다.

이 책의 초판이 출간된 이래로 17년이 흐르며 많은 것이 변했지만 단 하나만은 여전히 그대로다. 로맨틱하고 섹슈얼하며 헌신적이고 장기적인 부부관계야말로 삶이 우리에게 부여하는 가장 소중한 선물이라는 점이다. 우리는 이 책의 개정판이 당신의 부부관계를 지켜주고 강화시켜주기를 기대한다. 그리고 이 책이 당신 부부가 함께 쌓아갈 삶에 목적과 의미를 더하는 데 도움이 되기를 바란다.

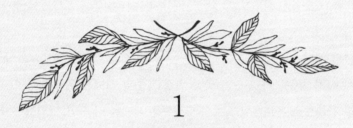

1
워싱턴대학교
'시애틀 애정문제연구소'에서
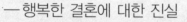
— 행복한 결혼에 대한 진실

마크와 재니스는 갓 결혼한 부부다. 구름 한 점 없이 맑은 어느 날 아침, 두 사람이 아침식사를 하고 있는 곳은 워싱턴 주의 시애틀 외곽이다. 아파트의 커다란 창문으로 몬트레이크 호수의 짙푸른 색채를 띤 수면, 그리고 호숫가에 있는 공원에서 조깅을 하고 있는 사람들과 뒤뚱뒤뚱 걸어가는 거위들이 내다보인다. 두 사람은 프렌치토스트를 먹으면서 일요일판 신문을 나눠 읽으며 그런 정경을 즐기고 있다. 그런 다음 재니스가 세인트루이스에 있는 어머니와 전화로 수다를 떠는 동안 마크는 TV로 미식축구 경기를 시청할 것이다.

이 원룸 아파트 안의 모든 것은 일상적으로 보인다. 벽에 설치된 세 대의 비디오카메라와, TV 토크쇼에서처럼 두 사람의 옷깃에 부착된 마이크로폰과 가슴에 달린 홀터 심전도 등을 발견하기 전까지는. 마크와 재니스의 이 전망 좋은 원룸은 사실 그들의 집이 아니라 시애틀의 워싱턴대학교에 있는 연구소다. 이 연구소에서 나는 16년 동안 결혼과 이혼의 본질을 탐구하기 위하여 광범위하고도 혁신적인 연구에 몰두해왔다.

마크와 재니스는—무작위로 뽑은 다른 49쌍의 부부와 마찬가지로—연구에

협력하기 위하여, '애정문제연구소'라는 사랑스러운 이름 아래 원룸으로 꾸며진 아파트에서 주말을 보내는 데 동의해주었다. 우리 연구팀은 주방에 걸려 있는 매직 유리(한쪽에서는 투명하지만 반대쪽에서는 거울처럼 비치는 특수 유리)를 통해서 실험 대상인 두 사람을 관찰하고, 카메라로 표정과 대화를 녹화하고, 가슴에 부착한 센서로 그들의 심장박동수를 비롯해 스트레스의 정도를 측정했다. 실험 대상자들은 최대한 자연스럽게 행동할 것을 지시받았다. (기본적인 프라이버시를 지켜주기 위해 관찰은 아침 9시부터 밤 9시까지 하기로 하고, 화장실에서의 관찰은 하지 않았다.) 이 원룸에는 소파, 주방, 전화, 텔레비전, DVD, CD플레이어 등이 갖추어져 있고, 실험 대상 부부는 식료품, 신문, 노트북, 자수용품, 애완동물에 이르기까지 평상시처럼 주말을 보내는 데 필요한 것들을 가지고 들어오는 것이 허용되었다.

애정문제연구소의 목적은 결혼에 대한 진실을 밝히는 것이다. 즉, 왜 때때로 결혼생활이 고통이 되는가, 왜 평생을 행복하게 함께하는 부부가 있는가 하면 항상 시한폭탄을 안고 있는 듯이 지내는 부부가 있는가 하는 오랫동안 사람들을 괴롭혀온 의문에 대한 대답을 찾고자 하는 것이다. 또한 더 나아가 결혼생활에서 애정이 식는 것을 막고 애정을 잃어버린 부부를 구제하는 방법을 찾아내는 데 있다.

91%의 정확도로 이혼을 예측한다

여러 해 동안 연구를 거듭한 결과, 나는 이러한 의문들에 대한 대답을 찾을 수 있었다. 사실 지금 나는 애정문제연구소에 찾아온 부부의 대화와 행동을 15분 정도만 관찰해보아도 이 부부가 앞으로 행복한 결혼생활을 할 것인지, 이혼의 길을 걷게 될 것인지를 예측할 수 있다! 이 예측은 평균 91%의 정확도로 나타났다. 바꾸어 말하면, 그들의 결혼생활이 성공인지 실패인지를 91%의 확률로 알아맞힐 수 있다는 것이다. 이 결과는 시간이 증명해주었다. 이러한 이혼 여부에 대한 예측은 나의 직관이나 초인적 인지 능력에 의한 것이 아니다. 이것은 나와 내 동료들이 이제까지 오랫동안 축적해온 데이터에 의한, 오로지 과학적 근거에 의한 것이다.

처음 이런 이야기를 접한 사람들은 내 연구 결과를 기이한 것이나 그럴싸하게 꾸민 수많은 새로운 이론 중의 하나로 치부해버리고 싶어 할지도 모른다. 분명 누군가가 당신의 결혼생활에 대해 "이렇게 하면 오래 지속될 거야"라든가 "이혼까지 가지는 않을 거야"라고 말한다면, 당신은 어깨를 으쓱해 보이며 웃고 말 것이다. 많은 기혼자들은 자신이야말로 결혼생활의 달인이라고 믿고 있으며, 어떻게 하면 결혼생활을 더욱 완벽한 결합으로 만들 수 있을지에 대해 자신의 의견을 기꺼이 밝히려 할 것이다.

그러나 실은 '의견'이라는 말이 바로 핵심어다. 내 연구가 발표되기 전에 부부들이 나아가야 할 방향을 제시하는 수많은 관점들이 있어 왔다. 거기에는 지성과 소양을 갖춘 사람들이나 전문 부부문제 상담가들의 견해도 포함된다. 대개 부부들을 도우려는 책임감 있는 치료적 접근은 그들의 전문적인 지식과 경험, 직관, 내담자의 가족사, 종교적인 신념 등에 기초하고 있었다. 그러나 확실한 '과학적인 증거'에 근거한 관점은 결여되어 있었다. 왜냐하면 이제까지

는 왜 어떤 결혼생활은 성공하고 어떤 결혼생활은 실패하는지를 판단할 수 있
는 엄격한 과학적 데이터가 존재하지 않았기 때문이다.

이혼을 예상한다는 것은 대단한 일이지만, 때때로 그 통계는 혼란을 줄 수
도 있다. 이혼율이 50%에 육박하기 때문에 무작정 추측하는 것만으로도 꽤
높은 적중률을 얻을 수 있다는 점을 들어, 사람들이 결혼생활을 평가하는 과
학적 접근법을 무시한다는 것을 나는 알고 있다. 그러나 그러한 생각은 오해
에 근거한 것이다. 널리 인용되는 이혼율 50%라는 수치는 결혼생활 40년차
이상의 일반적인 이혼율에 해당한다. 우리의 연구는 훨씬 더 짧은 기간 동안
결혼생활을 한 사람들의 이혼 가능성에 대해 예측하는 것을 목표로 한다. 예
를 들어, 130쌍의 신혼부부에 대한 연구에서, 우리는 부부의 교감에 대한 분
석 결과를 토대로 그들 중 15쌍의 부부가 향후 7년 안에 이혼할 것이라고 예
측했었다. 실제로 17쌍의 부부가 이혼을 했는데, 거기에는 우리가 예측한
15쌍의 부부도 포함되어 있었다. 우리의 적중률이 98%에 달하는 셈이다.

수년간 우리가 개발한 방법을 사용한 다른 연구소들은 인상적인 예측 성공
률을 기록해왔다. 그러므로 장기간에 걸친 우리의 연구 성과는 변칙적인 것이
아니라 안정적인 과학적 결과라고 할 수 있다. 예를 들어, 아이오와주립대학교
의 랜드 캉거와 UCLA의 탐 브레드버리가 소장으로 있는 연구소는 부부들이
갈등 상황에 대처하는 동안 그들의 심리적 반응을 분석함으로써, 결혼생활의
운명을 매우 정확하게 예측해왔다. 신혼부부에 대한 또 다른 획기적인 연구로
는 심리학자 재니스 키콜트-글레이저와 남편 론 글레이저, 그리고 오하이오
주립대학교에서 이루어진 그들의 동료들의 연구를 들 수 있는데, 그들은 신

혼부부가 다투는 동안 스트레스 관련 혈중 아드레날린 호르몬 지수를 측정했다. 10년 후, 연구팀은 행복한 결혼생활을 영위하는 부부들과 비교했을 때, 이혼한 부부들의 경우 신혼 때 다투는 과정에서 34% 더 높은 수치의 아드레날린이 분비된다는 사실을 밝혀냈다. 또한 이 연구팀은 이혼한 여성의 경우 행복한 결혼생활을 유지하는 여성에 비해, 신혼 때 2배 이상의 스트레스호르몬 ACTH이 분비되었다는 사실을 밝혀냈다. 다시 말하면, 신혼부부의 결혼 첫해 동안의 혈중 호르몬 수치를 측정하는 것만으로 그들의 10년 후 운명을 예측할 수 있다는 것이다.

실험실의 연구를 통해 이혼을 예측하는 것은 부부의 장기적 관계를 연구하는 데 커다란 발전을 이룬 것이긴 하지만, 나는 이것이 이 프로젝트의 가장 중대한 공헌이라고 생각하지는 않는다. 오히려 가장 보람 있는 성과는 이혼을 예측하는 것에 그치지 않고 이혼을 예방할 수 있는 '일곱 가지 원칙'을 정리한 것이다. 더 이상, 왜 어떤 부부들은 그렇게 불행한 결혼생활을 하는지를 궁금해 할 필요가 없다. 수년간의 과학적 데이터와 분석 덕분에 우리는 행복한 결혼생활을 하는 부부들은 다른 부부들과 무엇이 다른지를 확인할 수 있었다.

즉, 내가 연구를 통해 얻은 최대의 성과는 이혼을 예측할 수 있다는 것과 파경을 예방하기 위한 일곱 가지 원칙을 도출해냈다는 데 있다.

결혼생활은 감성지능으로

성공적인 결혼생활을 해나가는 비결은 놀라울 정도로 간단하다. 행복한 결혼생활을 하고 있는 부부는 특별히 똑똑하다거나 부유하다거나 심리학에 더 뛰어난 사람들이 아니다. 그러나 행복한 부부는 일상생활에서 상대방에 대한 부정적인 생각이나 감정—모든 부부가 가지고 있다—보다는 긍정적인 생각이나 감정을 중시하려고 노력한다. 그들은 서로 다른 의견을 가지고 충돌하거나 적대적인 분위기를 조성하기보다 그저 서로의 요구를 감싸 안는다. 배우자가 무언가를 요구할 때, 그들의 모토는 "응, 그렇지만……"보다는 기꺼이 도움을 주는 "응, 그래……"다. 그들의 긍정적인 태도는 오래 지속되는 애정 관계의 핵심인 로맨스, 유희, 재미, 모험, 그리고 함께 배우기 등을 단순 유지시키는 데 그치지 않고 이를 증가시킨다. 이것을 나는 '감성지능emotional intelligence'에 의한 결혼생활이라고 부른다.

"

부부의 대화와 행동을 15분만 관찰하면
그들의 이혼 여부를 예측할 수 있다.

"

아이의 장래 성공 여부를 예측하는 데 감성지능이 중요한 요인으로 널리 인정받고 있다. 풍부한 감정을 습득할 수 있도록 아이를 키우면 그 아이는 다른 사람의 감정을 이해하고 타인과 사이좋게 지낼 수 있게 되어 지능지수IQ와는 무관하게 아이의 장래는 밝아진다. 이것은 부부 사이에서도 마찬가지다. 감성지능이 풍부한 부부는 상호 이해가 깊고 상대방의 위신을 세워주며 서로를 존중하기 때문에 행복한 결혼생활을 유지할 가능성이 높다. 이 감성지능은 부모가 아이에게 가르쳐줄 수 있는 것처럼 부부도 배울 수 있는 기술이기 때문에, 이러한 능력을 계발하는 것은 이혼이라는 불행한 결말을 막는 데 큰 역할을 할 수 있다.

왜 결혼생활을 계속하려고 하는가?

결혼생활이 파경을 맞는 가장 슬픈 이유 가운데 하나는 헤어지고 나서야 결혼의 가치를 깨닫는다는 것이다. 이혼 서류에 사인을 하고, 재산을 나누어 갖고, 각자의 아파트로 이사를 하고 나서 다시 생각해보면, 상대를 잃어버린 것이 얼마나 큰 손실인가를 실감하게 된다.

어떤 사람들은 이혼을 하는 것이 불행한 결혼생활을 질질 끄는 것보다 낫다고 말한다. 심지어 이혼이 단순히 현대적인 추세라고 생각하기도 한다. 그러나 이러한 생각이 이혼한 부부는 물론이고 부부와 관련된 주변 사람들의 마음을 힘들게 한다는 것을 입증하는 증거가 많다.

미시건대학교의 루이 버브루그와 제임스 하우스의 연구에 따르면, 불행한 결혼생활을 하는 사람이나 이혼한 사람은 병에 걸릴 확률이 약 35% 높고, 수명 또한 평균 4~8년 정도 단축된다고 한다. 반대로 행복한 결혼생활을 하는 부부는 이혼했거나 불행한 결혼생활을 하는 사람들보다 오래 살고 병에 걸릴 확률도 낮다. 과학자들은 데이터를 통해 그러한 차이가 확실히 존재한다는 것을 알고 있지만 그 원인을 명확하게 밝히지 못하고 있다. 하지만 불행한 결혼생활을 하고 있는 사람들은 신체적으로나 심리적으로 늘 스트레스를 받아 몸과 마음이 만성적으로 지치게 되어 고혈압이나 심장병 등을 포함한 육체적 질환들이 생기게 된다. 그리고 정신적 스트레스로 인해 심리적 불안, 우울증, 자살, 폭력, 정신질환, 살인, 낭비벽, 쇼핑중독증, 약물 남용 등의 증상을 나타냈다.

　새삼스레 놀랄 일도 아니지만 행복한 결혼생활을 하고 있는 부부에게는 앞서 언급한 증상이 발생할 확률이 훨씬 낮다. 게다가 그런 부부들 중 다수가 건강에 주의를 기울인다. 연구자들은 이런 차이가 배우자에게 정기적인 검진을 받게 하고, 약을 복용하게 하고, 영양가 있는 식사를 하도록 배려하는 등 서로의 건강 상태에 관심을 기울이기 때문이라고 추정한다.

"

행복한 결혼생활을 하고 있는 사람은
이혼한 사람보다 4~8년 이상 오래 산다.

"

　최근에 우리 연구소는 행복한 결혼생활이 질병에 대한 저항의 첨병 역할을 하는 면역 시스템의 기능을 높여, 사람들을 더욱 건강하게 만들어준다는 흥미로운 증거를 찾아냈다. 20여 년 전부터 이혼이 면역 시스템의 기능을 저하시킨다는 것을 연구자들은 알고 있었다. 이론적으로 외부의 세균에 저항하는 면역 시스템의 기능 저하는 당신을 더 많은 감염성 질병과 암에 노출시킨다. 이제 우리는 그 역逆 또한 진실임을 밝혀냈다. 행복한 결혼생활을 영위하는 부부는 면역 시스템의 기능이 저하되는 것을 피할 수 있을 뿐만 아니라, 더 건강한 면역체계를 갖게 되는 것이다.

우리 연구소에서 하룻밤을 지낸 50쌍에 달하는 부부의 면역 시스템을 검사해본 결과, 결혼생활에 만족하고 있는 부부와 무덤덤한 결혼생활을 하고 있는 부부 또는 불행하다고 느끼고 있는 부부 사이에는 놀랄 만한 차이가 있었다. 특히 혈액 샘플을 이용해 면역 시스템의 주요 방어 무기인 백혈구의 반응을 조사해보았더니, 행복한 결혼생활을 하고 있는 부부의 백혈구가 외부로부터 공격을 받았을 때 더욱 잘 증식한다는 연구 결과가 나왔다.

재니스 키콜트-글레이저와 론 글레이저는 면역 시스템의 전사戰士, '킬러 세포'의 효과에 관해서도 테스트해보았다. 그 이름에 걸맞게 킬러 세포는 상처를 입은 세포나 변이된 세포(세균에 침범당한 세포나 암세포 등)를 파괴하고, 종양의 성장을 억제하는 것으로 알려져 있다. 결혼생활에 만족하고 있는 사람들은 그렇지 않은 사람들보다 효과적인 킬러 세포 역시 더 많이 가지고 있었다.

이러한 사실을 과학자들이 확증하기까지는 앞으로 더 많은 연구가 이루어져야 할 것이다. 그러나 중요한 것은 행복한 결혼생활이 부부에게 이러한 이익—면역 시스템의 기능이 강화되어 건강과 장수를 누리는 것—을 제공한다는 사실이다. 체력 증진을 위해 헬스클럽에서 매주 소비하는 시간의 10%만 할애하면, 예를 들어 하루 20분 정도를 신체가 아닌 결혼생활을 충실하게 하는 데 투자하면, 운동하는 것보다 세 배 이상의 효과를 얻을 수 있다.

부부 사이에 금이 가면 남편과 아내뿐 아니라 자녀 역시 상처를 받는다. 부부 사이의 분위기가 험악한 가정에서 자라난 63명의 미취학 아동들을 조사해본 결과 스트레스 호르몬 수치가 비정상적으로 높다는 것을 알게 되었다. 이 것이 아이들의 장래에 어떠한 영향을 주는지는 알 수 없지만, 생물학적 관점에서 볼 때 비정상적으로 많이 분비되는 스트레스 호르몬이 아이들의 행동에 영향을 주는 것은 분명했다. 우리가 그 아이들을 15세가 될 때까지 추적해본 결과 그들 중 대다수가 무단결석, 우울증, 집단 따돌림, 문제 행동(특히 폭력), 낮은 학업 성적에 심지어 등교 거부 행동마저 보였다.

이러한 사실로 미루어볼 때, 불행한 결혼생활을 지속하는 것은 자녀를 위해서도 현명한 일이 아니다. 오히려 '평온한 이혼' 쪽이 끝없는 전쟁 상태에 있는 결혼생활을 지속하는 것보다 훨씬 현명한 선택이라고 할 수 있다. 그러나 '평온한 이혼'이라는 것은 극히 드물어서 이혼을 한 뒤에도 부모가 계속해서 서로를 매도하는 일이 많다. 그 때문에 이혼한 부모를 가진 아이는 불행한 가정에서 자란 아이와 마찬가지로 문제아가 되는 경우가 많다.

혁신적인 연구, 혁명적인 발견

'결혼생활을 구제한다'는 표현을 생각해보면, 불행한 결혼생활의 리스크가 가족 구성원 모두에게 크다는 것을 알 수 있다. 결혼생활 만족도의 중요성에 대한 자료가 많음에도 불구하고, 결혼생활을 안정적이고 행복하게 유지하도록 하기 위한 과학적 연구의 양은 놀랄 만큼 적다.

나는 40여 년 전 처음으로 결혼생활에 대한 연구를 시작하던 시점에 결혼생활에 대한 모든 훌륭한 과학적 자료들을 손에 쥘 수 있었다. 여기서 '훌륭한'이라는 말은 의학에서 사용되는 방법론만큼 엄격한 과학적 방법으로 수집된 자료들을 뜻한다. 그런데 결혼생활에 대한 많은 연구들은 오직 남편들과 아내들에게 설문조사를 실시하여 수행되는 식이었다. '자체 통보 방법self-report method'이라 불리는 이러한 접근법은 비록 유효한 측면이 있을지라도 한계를 지닌다. 일정한 서류 양식의 '행복함' 란에 아내가 표기를 했다는 이유만으로 당신은 아내가 진정 행복한지 확신할 수 있는가? 예컨대, 육체적 학대를 받는 아내들이 결혼생활의 만족도를 조사하는 설문에서 매우 높은 점수를 표기하기도 한다. 학대받는 아내들의 경우 자신이 안전하다고 느낄 때에만 인터뷰 진행이 가능하고 진실을 말할 수 있기 때문이다.

이러한 질적 연구의 부족을 해결하기 위해 나와 내 동료들은 더욱 광범위하고 혁신적인 방법으로 결혼생활 연구에 대한 전통적 접근법을 보완하였다. 우리는 일곱 가지 원칙에 대한 연구를 수행하면서 700명의 부부들을 추적해보았다. 우리는 신혼부부뿐만 아니라 40~60대의 부부들도 조사하였다. 외동 자녀를 둔 부부들과 미취학 아동 및 10대 아이들을 양육하는 부부들도 조사 대상이 되었다. 우리는 다양한 사회경제적 지위, 인종, 민족, 성적지향성을 지닌 부부들의 관계를 조사해왔다.

나의 장기적 연구의 대부분은 광범위한 인터뷰, 즉 부부들의 부모에 대한 정보나 결혼의 과정, 부부관계에 대한 철학 및 어떻게 타인의 결혼생활을 바라보는지에 대한 견해 등, 그들이 나에게 말해준 상세한 사항들을 포함한다. 나는 지나온 나날들에 대해 그들이 서로에게 이야기하는 것, 결혼생활 중 지속적으로 의견 불일치된 사항들에 대해 의논하는 것, 유쾌한 주제에 대해 대화하는 것 등을 녹화하였다. 나는 녹화 도중 생리적으로 얼마만큼 스트레스가 쌓이는지 혹은 마음이 편안한지를 파악하기 위해 그들의 심장박동수, 혈류 속도, 땀 분비, 호흡, 내분비, 면역기능 등을 측정하였다. 나는 이 연구를 진행하면서 부부들에게 녹화된 테이프를 재생해 보여주었다. 그리고 부부들에게 그들이 결혼생활에 대해 의논하는 동안 심장박동수 혹은 혈압이 갑자기 상승할 때, 그들이 어떤 생각을 했으며 무엇을 느꼈는지를 본인의 관점에서 말해줄 것을 요청했다. 그리고 나는 그들의 관계가 어떻게 진행되는지를 지켜보며, 그 연구가 종결될 때까지 적어도 1년에 1회 이상 그들의 안부를 물으며 계속 추적 조사했다.

> 66
>
> 내 워크숍에 참석해 치료를 받은 부부가
> 상담을 받으러 연구소에 다시 오는 비율은
> 일반적인 부부문제 상담 치료를 받은 사람들의
> 약 절반 정도에 불과하다.
>
> 99

나와 내 동료들은 행복한 부부들에 대해 그토록 고된 관찰과 분석을 수행한 첫 번째 연구자라고 해도 과언이 아니다. 우리 데이터는 결혼생활의 내부적 작용들을 엿볼 수 있는, 진정한 의미에서의 '결혼 해부학'의 첫 번째 시도인 것이다. 결과적으로 이 데이터들은 결혼생활을 유지할 수 있게 하는 '일곱 가지 원칙'의 기초가 되었다. 이 원칙은 임상심리학자인 나의 아내, 줄리 가트맨 박사와 함께 개발한 것으로 놀라울 만큼 획기적인 부부 단기 치료법의 시금석이라 할 수 있다.

현재 수많은 부부들이 우리 프로그램에 참여하고 있다. 대부분의 부부는 결혼생활이 깊은 좌절에 빠졌기에 우리를 찾아온다. 그들 중 몇몇은 이혼 직전에 있다. 많은 이들이 '일곱 가지 원칙'에 기초한 단순한 워크숍이 그들의 관계를 획기적으로 전환시키리라는 것에 회의적이었다. 하지만 다행히도 그 회의주의는 사실무근임이 밝혀졌다. 이 워크숍은 '일곱 가지 원칙'이 위기에 놓인 부부들의 삶에 깊고도 힘 있는 변화를 가져다주었음을 보여준다.

결혼생활 치료법의 유효성을 판단할 때 '1년'이 중요한 시점이 되는 듯하다. 대개 그때쯤이면 이미 치료를 받았던 부부가 다시 찾아오기 때문이다. 치료법의 효과를 첫 1년 동안 지속적으로 유지하는 부부는 그 후에도 오랫동안 행복한 결혼생활을 유지하는 경향이 있다. 그래서 우리는 치료를 실시한 640쌍의 부부들을 대상으로 1년 뒤의 결혼생활을 조사해보았다. 성공률은 다행히도 75%에 달했다. 미국 전역에 있는 부부문제 상담소의 경우 재방문 비율이 평균 30~50%였는데, 이에 비해 우리 연구소의 경우는 20%로 매우 낮았다. 특히 주목할 것은 이 치료법을 실시했을 당시, 참가 부부 가운데 27%는 이혼 직전에 있었다는 사실이다. 1년 동안 그들을 추적 조사한 결과, 이 비율이 7%로 떨어졌음을 알 수 있었다. 그 이후, 이혼 직전에 있던 부부들에게 우리의 부부 치료법을 추가로 시행하자 그 비율은 4%로 떨어졌다. 또한 우리는 갈등이 시작되기 전의 부부들에게 예방치료법을 시행하는 것이 이미 갈등을 겪은 부부들을 치료하는 것보다 3배 정도 더 효과가 있다는 사실도 발견했다.

대부분의 부부문제 상담가들이 종종 실패하는 이유

최근에 다른 연구소에서도 우리의 연구 결과와 유사한 결과를 얻어냈고, 부부 치료법을 개선하고 부부문제를 예방하기 위한 테크닉 또한 개발하고 있다. 그러나 유용하고 희망적인 접근법이 점점 늘어나고 있음에도 불구하고, 다수의 부부문제 상담가들은 여전히 핵심이 결여된 치료법만을 제공하는 데 그치고 있다. 어떻게 부부관계를 잘 유지할 수 있을지를 이해하기 위한 다음 단계로 나아가기 위해서, 우리는 결혼과 이혼에 대해 오래도록 신성시되어 왔던 믿음을 벗어던질 필요가 있다.

과거의 결혼생활에 문제가 있었거나 현재 문제에 직면하고 있는 부부는 틀림없이 이제까지 많은 충고를 받아왔을 것이다. 또한 기혼자들 중에는 영원한 사랑을 유지하는 비결을 알고 있다고 생각하는 사람들이 간혹 있다. 그러나 그 비결을 TV에 나온 심리학자에게서 들었든, 똑똑한 네일숍 언니에게서 들었든, 대부분의 경우 내용에 오류가 있다. 심지어 그것이 처음에 재능 있는 이론가로부터 지지를 받았다고 해도 신뢰할 수 없는 아이디어가 많다. 왜냐하면 당신이 모르는 사이, 그저 대중문화에 단단히 자리 잡은 아이디어에 불과한 것들이 많기 때문이다.

문제를 해결하는 가장 좋은 방법으로 알려진 것은 의사소통communication을 통해 부부 사이의 갈등을 풀어나가는 것이다. 이것이 부부 사이의 로맨스와 행복을 지속시키는 왕도라는 것이다. 부부문제 상담가의 조언 역시 똑같다. 당신이 단기 치료법을 선택하든 장기 치료법을 선택하든, 아니면 부부관계 상담 블로그의 글을 정기적으로 읽든 메시지는 한결같다. 그것은 서로 더 많이 '대화하라'는 것이다. 그러나 부부 사이에 갈등이 생겼을 때, 그것이 대수롭지 않은 말다툼이든 서로에게 상처를 주는 충돌이든 혹은 침묵을 지키는 냉전이든, 서로 배우자를 이기려고 하는 의식이 강하다. 배우자가 나쁘고 자신이 옳다는 주장을 되풀이하거나 배우자에게 냉담하게 대함으로써 자신이 얼마나 상처받고 있는지를 호소한다. 대화의 실마리가 완전히 끊어져 있는 상태인 것이다. 그렇기 때문에 결혼생활이 파탄 나는 위험한 상황을 타개하는 길은 의사소통, 즉 배우자의 입장에서 서로의 이야기를 차분하게 애정을 담아 듣고 타협할 수 있는 해결책을 찾아가는 것이다. 실제로 부부관계를 정립하고 유지하는 데 '듣는 스킬'과 '문제 해결 테크닉'이 중요한 것은 사실이다. 그러나 너무나 쉽게 많은 사람들이 이 접근법을 부부들이 문제를 해결하는 데 필요한 '모든 것'으로 간주해버린다. 또한 부부들이 문제 해결을 '잘' 해내지 못하면 필연적으로 실패한다고 말한다. 그러나 이러한 믿음들은 모두 진실이 아니다.

소원한 부부관계를 해결하기 위하여 부부문제 상담가들이 가장 많이 추천하는 방법은 부부가 서로의 이야기를 잘 듣도록 하는 '액티브 리스닝Active Listening'이라는 방법이다. 즉, 상담가는 부부들에게 청자와 화자를 교체하는 형태로 대화를 시도해보라고 조언한다. 아내인 주디가 매일 밤늦게까지 일하는 것에 대해 릭이 화를 내고 있다고 하자. 상담가는 릭에게 주디를 비난하지 말고 자신이 결혼생활에 얼마나 불만을 갖고 있는지를 주디에게 말하도록 한다. 즉, "당신은 매일 밤늦게까지 일하면서 아이 돌보는 일은 모두 나한테 떠넘기다니 너무나 자기중심적인 것 아니에요?"라고 말하는 대신 "당신이 매일 밤늦게까지 일하는 동안 아이들과 함께 있는 나는 외로움에 휩싸여요"라고 말하게 한다.

그런 다음 주디에게 릭이 한 말을 감정을 넣어서 따라하게 하고, 그가 말한 것을 주디가 정확하게 이해하고 있는지를 확인한다. 이것이 '액티브 리스닝'이다. 주디가 그의 감정을 이해하고 있다는 것을 확인한 다음, 그가 말한 것에 비록 동의하지 않더라도 릭의 입장을 존중하고 그에 공감하도록 지도한다. 그러면 주디는 이렇게 말할지도 모른다. "릭, 내가 밤늦게까지 일하는 동안 당신 혼자서 아이들을 돌보는 것이 힘들었을 거예요." 이때 주디는 그녀의 관점에서 반론을 제기하지 않은 채 판단을 보류하면서, 방어적으로 반응하지 않도록 해야 한다. "나는 당신의 말을 듣고 있어요"는 액티브 리스닝의 일반적인 문장이다. "나는 당신의 고통에 공감합니다"는 액티브 리스닝에서 가장 기억할 만한 말일 것이다.

이 방법은 견해 차이가 있다는 것을 두 사람에게 알게 해줌으로써 서로 화를 내지 않고 문제를 해결하는 길을 찾게 한다. 이 방법은 두 사람이 소원해지게 된 원인이 아내의 낭비벽이든, 두 사람 인생의 최종 목적이 크게 다른 데 있든 모두 응용될 수 있다. 이 방법은 많은 문제를 완전히 해결해줄 뿐만 아니라 현재 원만한 결혼생활을 하고 있다고 생각하는 부부의 관계도 악화되지 않도록 막아주는 예방책이 된다.

이 접근법은 어떻게 만들어진 것인가? 이 방법은 저명한 정신과 의사인 칼

로저스가 자신의 환자에게 사용했던 테크닉을 응용하여 결혼생활 치료에 도입한 것이다. 이 치료법은 1960년대에 가장 널리 사용되었고 오늘날에도 상황에 따라 두루 쓰이고 있다. 이 방법에서는 환자가 하는 말에 대해 좋다거나 나쁘다는 판단을 내리지 않고, 환자가 표출하는 기분이나 생각을 모두 수용하는 것이 중요하다. 예를 들어, 환자가 "아내가 미워 죽겠습니다. 아내는 잔소리꾼입니다"라고 불평을 털어놓았다고 하자. 의사는 환자의 말에 고개를 끄덕이고 나서 다음과 같은 말을 해준다. "부인께서는 항상 당신에게 잔소리를 늘어놓는군요. 그래서 당신은 부인을 미워하고 있군요." 의사의 목적은 자신과 환자 사이에 감정이입의 환경을 만들어, 환자가 자신의 마음 깊은 곳에 자물쇠를 채워놓은 진짜 생각이나 감정을 털어놓더라도 안전하다고 생각하도록 하는 데 있다.

이상적인 부부관계는 서로 안심하고 진실한 이야기를 할 수 있는 관계이므로, 두 사람이 무조건적으로 서로를 이해할 수 있도록 훈련하는 것은 매우 중요하다. 각자가 서로의 관점에 공감한다는 표현을 할 수만 있다면 문제 해결은 분명히 더 간단해진다.

문제는 '액티브 리스닝'과 문제 해결만을 강조하는 치료법이 효과를 발휘하지 못하는 경우다. 독일 뮌헨의 연구자인 쿠르트 할베그 박사는 동료 연구원들과 함께 이 '액티브 리스닝'을 시도한 후에도 많은 부부들이 소원한 관계에서 완전히 해방되지 못했다는 것을 발견했다. 그중에서 몇 쌍의 부부는 1년도 채 안 되어 옛날의 소원한 관계로 돌아가 버렸다.

부부문제를 해결하는 데는 여러 종류의 치료법이 있지만, 대부분은 큰 퇴보를 보이고 있다. 사실 가장 효과적이라고 여겨지는 워싱턴대학교의 닐 제이콥슨 박사의 치료법도 성공률이 고작 35~50%에 지나지 않는다. 즉, 35~50%의 부부만이 치료의 결과로서 결혼생활에서 의미 있는 관계 개선을 이뤄냈다. 그리고 1년 후에는 이들 중 절반이 안 되는 부부—치료를 받기 시작한 부부들 중 단 18~25%—만이 좋은 관계를 유지하고 있었다. 얼마 전, 〈컨슈머 리포트 Consumer Report〉소비자를 대상으로 한 미국 월간 정보지가 심리치료를 받은 적이 있는 환자들에 대한 대대적인 조사를 시행했다. 그 결과 많은 환자들이 자신이 받은 치료법에 높은 만족도를 나타냈지만, 부부문제로 심리치료를 받은 부부들의 만족도는 현저히 낮았다. 비록 이 조사가 엄격한 과학적 연구 보고라고는 할 수 없지만, 이는 이 분야의 대부분의 전문가들이 이미 알고 있는 사실, 즉 궁극적으로 현재의 결혼 관련 치료법으로는 다수의 불행한 부부들을 구제해내지 못한다는 사실을 여실히 보여준다.

생각해보면 '액티브 리스닝'에만 전적으로 의존하는 카운슬링이 성공하지 못하는 이유는 어렵지 않게 알 수 있다. 앞의 예로 말하자면 주디는 릭의 고충을 사려 깊게 들으려고 최선을 다했다. 그러나 주디는 부부문제 상담가처럼 환자의 하소연을 객관적으로 들을 수 있는 제3자의 입장이 아니다. 게다가 그 푸념의 대상은 바로 자기 자신이다. 이러한 비판에 직면하더라도 냉정을 잃지 않을 아량 넓은 사람이 있을지 의문이다. 티베트의 달라이 라마 같은 사람이면 모를까. 당신도, 그리고 당신의 배우자도 성인聖人이 아니다. 이런 상태의 부부에게 '액티브 리스닝'을 권하는 일은 간신히 걸음마를 뗀 아기에게 올림픽 수준의 체조를 요구하는 것과 같다.

그렇다고 '액티브 리스닝'이 무용지물이라고 주장하는 것은 아니다. 그것은 갈등을 해소하는 데 매우 큰 역할을 할 수 있다. 만일 '액티브 리스닝'이 자신의 문제 해결에 효과가 있다고 생각한다면 이 방법을 시도해보기 바란다. 그러나 여기에는 함정이 있다. 비록 이 방법을 통해 소원한 부부관계가 개선되었다 하더라도, 이것으로 모든 문제가 해결되는 것은 아니기 때문이다. 당신은 '일곱 가지 원칙'이 모두 필요하다.

> **"**
>
> 행복한 결혼생활을 하고 있는 사람들도
> 크게 다투는 일이 있다.
> 크게 다투는 것이 반드시
> 결혼생활에 해를 끼치는 것은 아니다.
>
> **"**

우리는 부부 700쌍의 결혼생활을 20년 동안 추적 조사한 결과 카운슬링의 표준적인 방법(액티브 리스닝)이 그리 성공적이지 않다는 사실을 알게 되었다. 그 이유는 대부분의 부부가 이를 잘 해내는 것이 불가능했기 때문만은 아니다. 중요한 것은 성공적인 갈등 해소가 곧 성공적인 결혼생활로 이어지는 것은 아니기 때문이었다. 우리는 연구 과정에서 좋은 관계를 유지하고 있는 부부들 가운데 대부분이 갈등의 시기를 겪으면서도 '액티브 리스닝' 같은 방법을 전혀 시도해보지 않았다는 매우 놀라운 사실을 발견했다.

우리가 연구 대상으로 삼았던 벨과 찰리 부부의 사례를 살펴보기로 하자. 45년 이상 결혼생활을 유지해온 어느 날 벨이 찰리에게, "나는 우리에게 아이가 없었으면 좋았을 거라고 생각해요"라고 말했다. 찰리는 이 말을 듣고 깜짝 놀랐다. 다음에 이어지는 그들의 대화는 '액티브 리스닝'의 규칙에서 벗어나 있다. 그들의 대화는 상대방에 대한 감정이입 없이 자신의 생각을 직접 상대방에게 발산하고 있다.

찰리: 당신은 지금껏 내가 아이를 낳지 않겠다고 했던 당신 편을 들어주었다면, 우리의 결혼생활이 더 즐거웠을 거라고 생각하고 있었나요?

벨: 그래요. 내가 아이 낳는 기계라고 생각하고 있었다면, 그건 나에 대한 모욕이라고요.

찰리: 여보, 잠깐만.

벨: 나를 그렇게 생각하고 있었던 거죠!

찰리: 내가 뭘……?

벨: 나는 당신과 많은 시간을 함께 나누고 싶었다고요. 결국에는 힘들고 단조로운 일만 하는 사람이 되고 말았지만요.

찰리: 잠깐만…… 아이를 낳지 않는다는 건 그렇게 단순하지가 않아요.

벨: 아이 없이 멋진 결혼생활을 하고 있는 부부들을 봐요.

찰리: 누가 그런가요?

벨: 윈저 공 부부요.

찰리: (깊은 한숨을 쉬며) 그게 도대체 누군데?

벨: 영국 왕 말이에요. 고귀한 여자와 결혼해서 행복하게 살았다고요.

찰리: 적절한 예는 아닌 것 같군요. 우선 말이지, 그들이 결혼했을 때 그녀는 40세였다고요. 조건이 우리들과는 전혀 다르잖아.

벨: 그녀는 아이를 낳지 않았어요. 윈저 공이 그녀와 사랑에 빠진 이유는 그녀가 아이를 낳을 능력이 있었기 때문이 아니란 말이에요.

찰리: 하지만 벨, 들어봐요. 우리 인간에게는 자기 자손을 남기고 싶다는 강한 생물학적 욕구가 있어요.

벨: 그건 여자에게는 모욕적인 말이에요. 내 인생이 생불학의 시배를 받는단 밀인가요?

찰리: 아무래도 얘기가 안 되겠군 그래.

벨: 어쨌든 아이가 없었다면 좀 더 멋진 결혼생활을 했을 거라고 생각해요.

찰리: 하지만 나는 아이가 있었기 때문에 멋진 결혼생활을 했다고 생각해요.

벨: 그렇게 생각해요? 하지만 그건 내게는 그다지 즐거운 시간이 아니었어요.

찰리와 벨은 이런 말다툼을 되풀이했지만, 서로 40년 이상이나 행복한 결혼생활을 해왔다. 둘 다 그들의 결혼생활에 무척이나 만족하고, 서로에게 헌신하고 있다고 입을 모아 말한다.

의심할 여지없이 그들은 수년 동안 이와 유사한 직설적인 말다툼을 해왔을 것이다. 그러나 그들은 결코 화를 내며 대화를 끝내는 법이 없었다. 이 대화에서 그들은 왜 벨이 모성母性에 대해 이러한 방식으로 생각하는지를 토론하는 데까지 나아갔다. 그녀가 후회하는 주된 이유는 찰리와 함께 보내는 시간이 많지 않았다는 데 있었다. 그녀는 자신이 짜증스럽거나 피곤하지 않기를 바랐다. 그들이 논의를 이어가며 결론을 내는 과정에는 깊은 애정과 웃음이 있었다. 벨이 말하는 내용의 밑바탕에는 그녀가 찰리를 매우 사랑하며, 그와 더 많은 시간을 보낼 수 있었으면 하는 소망이 깔려 있었다. 확실히 그들의 대화에는 논쟁적 태도를 무력화無力化시킬 만한 서로를 향한 긍정적인 면이 존재했다. 그 긍정적인 면이 무엇이든 간에, 단지 '좋은' 대화만을 강조하는 상담은 부부들이 진정으로 가까워지는 데 도움을 줄 수 없다.

결혼에 관한 신화를 탐구하다

부부가 감정적인 문제에 대해 단지 많은 대화를 나눔으로써 결혼생활을 순조롭게 유지할 수 있다는 생각은 부부들이 가장 많이 하는 오해 가운데 하나다. 여러 해에 걸쳐서 나는 결혼생활에 대한 많은 성공 신화를 들어왔다. 그중에는 완전히 거짓일 뿐만 아니라, 잠재적으로는 결혼생활을 파괴하는 요소를 지닌 것도 있었다. 그것들은 부부들을 잘못된 길로 빠져들게 할 뿐만 아니라 자신들의 결혼생활은 절망적이라는 잘못된 생각을 품게 만든다는 점에서 위험하다. 우리가 흔히 들을 수 있는 그런 신화에는 다음의 일곱 가지가 있다.

[신화 1] 노이로제나 인격의 문제가 결혼생활을 깨뜨린다

연구에 의하면, 연애를 할 수 없는 사람은 극단적인 노이로제 증상을 지니고 있는 사람뿐이다. 다시 말해, 연애를 하는 것과 약간의 노이로제가 있는 것과는 큰 상관관계가 없다. 왜냐하면 우리는 모두 합리적이지 않은 구석을 지닌 인간이기 때문이다. 우리는 인간이 지닌 이러한 면을 UCLA의 탐 브래드버리의 용어를 빌려 '지속적 취약성enduring vulnerabilities'이라고 칭한다. 만약 당신이 서로에게 내재한 취약성을 인식하고 그것이 과도하게 커지는 것을 막는 법을 배운다면, 이는 반드시 결혼생활을 저해하는 요인이 되지는 않을 것이다. 예를 들면, 샘은 권위를 내세우는 사람과 잘 사귀지 못하는 성격이다. 그래서 그는 상사와 대면하는 것을 꺼린다. 만일 그가 독선적인 여성과 결혼해 그녀가 항상 이래라 저래라 그에게 명령한다면 그들의 결말은 처참할 것이다. 그러나 그는 다행히도 그를 동등하게 대우하고 군림하려 들지 않는 메건과 결혼했다.

그들과는 달리 결혼생활에 문제를 안고 있는 다른 부부를 살펴보자. 질에게는 항상 자신이 버림받지 않을까 하는 두려움이 마음 깊이 자리하고 있다. 그녀의 남편 웨인은 질에게 헌신적이면서도 다른 여자들에게 뻔뻔스럽게 추파를 던지는 바람둥이였다. 질이 이 점에 대하여 불평하면 웨인은 자신의 바람기를 부추긴 것은 그녀라고 주장했다. 질은 남편의 만성적인 바람기로 인한 정신적 고통을 견디다 못해 별거를 하다가 마침내 이혼이라는 파국을 맞았다. 여기서 말하려는 것은 노이로제가 반드시 결혼생활을 파괴하는 것은 아니라는 사실이다. 중요한 것은 상대방의 '별난' 면을 수용하고, 그것을 애정과 배려, 그리고 존중 어린 태도로 다룰 때, 결혼생활을 성공적으로 유지해나갈 수 있다는 것이다.

물론 극심한 정신질환은 또 다른 문제다. 만약 당신이 강한 사이코패스적

기질을 지녔거나 독자적으로 사고하고 행동하지 못하는 배우자와 결별했다면, 그런 이유로 당신이 비난받지는 않을 것이다.

그러나 많은 부부들에게 매우 까다로운 것은 바로 중간지대를 항해하는 것이다. 다루기 어려운 정신질환이기는 하지만 수용 가능한 것일 때는 어떻게 해야 할까? 예컨대 중독, 우울증, 공포증, 외상 후 스트레스 장애, 인격 장애, 감정 장애가 바로 이러한 범주에 속한다. 만약 이 증상들이 친숙하게 들린다면, 미래를 결정하는 데 이 책에만 의존하지 말 것을 권고한다. 이 경우 전문적 지식을 갖춘 경험 있는 정신질환 전문가에게 추가적인 조언과 도움을 받는 것이 필요하다.

[신화 2] 공통된 취미가 부부관계를 유지시켜준다

이것은 전적으로 공통된 취미를 추구하는 과정에서 당신이 어떻게 교감하는지에 달린 문제다. 카약을 좋아하는 부부가 힘을 합쳐 노를 저어 물살을 부드럽게 헤쳐 나갈 수 있다면, 이 공통의 취미는 서로에 대한 호감과 흥미를 더 풍부하고 깊게 만들 것이다. 그러나 만약 그들이 카약을 타는 것이 "그런 식으로 노를 저으니까 배가 똑바로 나가질 않지. 바보 같으니라고!"라는 말과 함께 끝난다면, 공통의 취미를 추구하는 것이 결혼생활에 조금도 득이 되지 않을 것이다.

[신화 3] 가는 정이 고와야 오는 정도 곱다

성공적인 결혼생활을 하고 있는 부부와 실패한 부부의 차이를 분석한 연구자들은 배우자에 대한 친절한 화답의 정도에도 그 차이가 있다는 것을 발견했다. 예컨대, 행복한 부부는 일상생활에서 한 사람이 가사를 포함한 여러 가지 일을 하면 상대방이 거기에 화답하는 방식을 취하고 있었다. 즉, 행복한 부부들은 상대방의 친절한 말과 행동에 꼭 화답한다는 불문율을 가지고 있다는 것이다. 그와 반대로 불행한 결혼생활을 하고 있는 부부에게는 이러한 불문율이 결여되어 늘 상대방에 대한 분노만이 가득했다. 배우자와의 관계 때문에 고민하고 있는 부부라면, '불문율'의 필요성을 인식함으로써 유대감을 회복할 수 있다.

그러나 '누가 누구를 위해 무엇을 했다'는 식의 누계累計를 따지는 것은 결혼생활이 불행해지려는 징후라 할 수 있다. 행복한 부부는 한 사람이 음식을 준비하면 다른 사람은 설거지를 해야 한다는 식으로 역할 분담의 선을 분명히 그어놓지 않는다. 가사 분담은 배우자와의 관계에 대한 긍정적 감정의 자연스러운 발로이기 때문이다.

만약 배우자의 행동에 점수를 매기고 있는 자신을 발견한다면 이것은 결혼생활에 갈등이 생기고 있다는 표시다.

[신화 4] 충돌을 회피하는 것은 결혼생활을 망치는 것이다

오래도록 결혼생활을 해온 많은 부부들은 충돌을 회피함에도 불구하고 행복한 관계를 유지한다. 앨런과 베티의 예를 살펴보기로 하자. 앨런과 베티는 40년의 결혼생활 동안 결코 마주 앉아 그들의 갈등에 대해 '대화'를 해본 적이 없다. 앨런은 베티에게 화를 내고 나면 ESPN1979년에 설립된 미국의 거대 스포츠 중계 케이블 방송망을 본다. 베티는 앨런에게 화를 내고 나면 쇼핑몰에 간다. 그 후 두 사람은 마치 아무 일도 없었던 것처럼 서로 얼굴을 마주한다. 40년의 결혼생활에서 두 사람은 한 번도 상대방에게 따진 적이 없었다. 그러나 두 사람은 결혼생활에 충분히 만족하고, 서로를 깊이 사랑하고, 같은 가치관을 가지고 있고, 함께 낚시하고 여행하기를 좋아하며, 자녀들도 자신들과 같은 결혼생활을 하기 바란다고 솔직한 마음을 털어놓았다.

부부들마다 서로 다른 다툼거리가 있다. 그때마다 어떤 부부는 어떻게든 말다툼을 피하려 하고, 어떤 부부는 자주 말다툼을 하고, 또 어떤 부부는 결코 언성을 높이는 일 없이 서로의 견해에 대해 이야기를 나누고 타협점을 찾아낸다. 그중에서 어느 것이 최선이라고 말할 수는 없다. 어떠한 방식이든 그것이 두 사람에게 잘 맞기만 하다면 그것이 최선이기 때문이다.

[신화 5] 불륜은 이혼의 도화선이 된다

대부분의 경우, 오히려 이 명제의 역逆이 성립한다. 부부를 이혼에 이르게 하는 결혼생활의 문제는 어느 한쪽(또는 양쪽 모두)이 혼외 관계에서 친밀한 상대를 찾도록 만든다. 밀회는 대부분 섹스를 원하는 것이 아니라 배우자로부터 얻을 수 없는 애정, 배려, 상호 이해, 존경, 주목, 염려, 관심을 다른 데서 얻기 위한 것이다.

지금까지 실시된 이혼에 관한 조사 가운데 가장 신뢰할 수 있는 것으로는 캘리포니아 주 코르테 마데라에 있는 '이혼조정연구소the Divorce Mediation Project'의 린 기지 박사와 조안 켈리 박사가 실시한 조사를 꼽을 수 있다. 그들의 조사에 따르면, 이혼 경험자 가운데 80%가 부부간의 틈이 점점 벌어져서 배우자와의 친밀감을 상실하고, 상대방이 자신을 사랑하지 않거나 이해하지 못한다고 생각해 이혼했다고 한다. 상대방의 불륜 행위가 이혼의 원인이 되었다고 대답한 부부는 불과 20%에 지나지 않았다.

[신화 6] 남자는 생물학적으로 결혼에 적합하게 '설계되지' 않았다

남자가 여자를 찾아 헤매는 것은 자연법칙이어서 남자는 일부일처제에 적합하지 않다는 통설이 있다.

그러나 인간 외의 다른 종種이 어떤 자연법칙을 따르든, 이제 인류의 불륜은 남녀 구분 없이 행해지고 있다. 현재 많은 여성들이 가정에서 나와 사회로 진출하고 있으며, 그에 따라 여성의 불륜 비율 역시 급격히 상승하고 있다. UCLA의 교수였던 영국의 사회학자 아네트 로슨 박사에 따르면, 여성의 대대적인 사회 진출로 인해 현재 젊은 여성의 불륜 비율이 남성의 불륜 비율을 웃돌고 있다고 한다.

[신화 7] 남자와 여자는 다른 별에서 왔다

한 베스트셀러에 의하면 남자는 '화성'에서 왔고 여자는 '금성'에서 왔기 때문에 서로를 완전히 이해할 수 없다고 한다. 그러나 성공적인 결혼은 두 '외계인'의 결합으로 이루어진다. 젠더gender의 차이가 결혼생활의 문제와 관련이 있다는 사실은 부인할 수 없지만, 문제를 발생시키는 직접적인 원인은 아니다.

> **"**
>
> 섹스, 로맨스, 열정을 충족시키는
> 결혼생활의 결정적인 요인은
> 부부간의 우정이라고 아내들의 70%가 대답했다.
> 70%의 남편들 역시 부부간의 우정이
> 결정적 요인이라고 답했다.
> 결국 남자와 여자는 같은 별에서 온 셈이다.
>
> **"**

나는 이런 예를 수없이 많이 들 수 있다. 중요한 것은 단지 결혼생활에 관한 잘못된 신화가 많다는 사실이 아니라, 그러한 신화가 결혼생활을 잘 유지하려고 필사적으로 노력하는 부부들에게 잘못된 정보를 제공해 그들을 실망시킬 수 있다는 것이다. 이런 신화들이 암시하는 것은 결혼생활이란 지극히 복잡한 일이어서 대부분의 사람들이 결혼이라는 제도에 적합하지 않다는 것이다. 나는 결혼생활이 쉬운 일이라고 말하려는 게 아니다. 결혼생활을 오래 지속하기 위해서는 용기와 결단과 융통성이 필요하다는 것은 모두들 알고 있다. 하지만 결혼생활을 잘 유지한다는 것이 정말로 무엇을 의미하는지를 이해하기만 한다면 자신의 결혼생활을 성공적으로 이끄는 일이 더욱 쉬워질 것이다.

2

무엇이 결혼생활을
행복하게 만드는가?

처음 연구를 시작할 때 내가 부부들에게 자주 했던 조언은 일반적인 부부문제 상담가들이 하는 말과 크게 다르지 않았다. 그런데 이런 조언들은 사실 갈등 해소와 의사소통 기술에 관한 철 지난 충고에 지나지 않는다. 그러나 부부관계에 관한 데이터를 쌓고 분석하면서, 나는 이런 충고와는 다른 냉혹한 현실을 직시하지 않을 수 없었다. 즉, 부부가 논쟁을 하는 과정에서 '쿨하게' 행동하는 것이 그들의 스트레스를 줄일 수는 있겠지만, 그들의 결혼생활을 원만하게 하는 데는 도움이 되지 않는다는 것이었다.

행복한 부부의 길은 결혼생활이 거친 파도를 뚫고 헤쳐 나오는 동안의 상호작용을 분석하고 난 후에야 비로소 명확해진다. 무엇이 결혼생활을 행복하게 만드는가? 행복한 결혼생활을 하는 부부들은 다른 부부들보다 현명하고 원만한 성격을 가졌는가? 혹시 단순히 운이 좋은 것은 아닐까? 그들이 다른 부부들에게 가르쳐줄 무엇인가가 있지 않을까?

행복한 결혼생활은 결코 완벽한 조합 덕분이 아니라는 것이 곧 명확해졌다.

서로에 대해 매우 만족한다고 말하는 부부들도 성격이나 관심사, 가족에 대한 가치에서 상당한 의견 차이를 지니고 있었다. 갈등 역시 드문 일이 아니었다. 행복하지 않은 부부들과 마찬가지로 그들도 돈, 일, 자녀, 집안일, 섹스, 상대방의 형제자매 문제로 다투었다. 그러나 그들은 그들이 가진 무엇인가로 이와 같은 어려움을 뚫고 능숙하게 길을 헤쳐 왔으며, 결혼생활을 행복하고 안정적으로 유지하고 있었다.

감성지능에 의한 결혼생활의 비결을 발견하기 위해서는 수많은 부부를 연구하는 일이 필요했다. 어떤 결혼생활도 똑같을 수 없지만, 우리 연구팀이 행복한 결혼생활에 대하여 면밀하게 살펴보면 볼수록 행복한 부부는 일곱 가지 정도의 비슷한 방식을 가지고 있었다.

행복한 결혼생활을 하는 부부들은 스스로가 이러한 일곱 가지 원칙을 지키고 있다는 것을 알지 못할 수도 있지만, 그럼에도 불구하고 모두 이 법칙을 지키며 생활하고 있었다. 불행한 결혼생활에서는 항상 이 일곱 가지의 영역 가운데 최소한 하나, 그리고 통상적으로는 거의 모든 영역이 지켜지지 않고 있었다. 그러므로 이 일곱 가지의 원칙을 숙달한다면 결혼생활은 분명 성공적으로 이루어질 것이다.

당신은 이제부터 부부관계에서 이 요소들 가운데 어떤 부분이 취약한지를 확인하고, 가장 관심을 기울여야 할 부분에 집중하는 방법을 학습하게 될 것이다. 앞으로 나오게 될 이야기들은 행복한 결혼생활을 유지하도록(또는 다시 얻도록) 당신을 이끌어줄 것이다. 그리고 당신이 그러한 방법들을 부부관계에 적용할 수 있도록 도움을 줄 것이다.

우정 vs 다툼

일곱 가지 원칙의 핵심에는 '행복한 결혼생활은 깊은 우정friendship에 바탕을 둔다'는 단순한 진실이 자리 잡고 있다. 여기에서 우정이라는 것은 서로를 존중하고 함께하는 순간을 즐긴다는 의미를 갖는다. 우정에 기반한 결혼생활을 하는 부부들은 서로를 상세하게 안다. 즉, 그들은 상대방이 좋아하는 것과 싫어하는 것, 성격의 독특한 점, 희망 사항이나 꿈에 대해 서로 정확히 안다. 배우자에 대하여 존중하는 마음을 지니고 있으며, 이러한 사랑을 커다란 이벤트가 아니라 일상 속의 작은 행동을 통해 표현한다.

한 수입 업체에서 밤늦게까지 열심히 일하는 너새니얼의 사례를 보자. 다른 부부였다면 그의 일정은 심각한 문젯거리가 되었을 것이다. 그러나 그와 그의 아내 올리비아는 서로 유대감을 유지하는 방법을 찾아냈다. 그들은 자주 전화 통화를 하거나 문자메시지를 주고받는다. 올리비아가 병원 예약이 있을 때, 너새니얼은 이를 기억하고 있다가 어떻게 되었는지 물어보기 위해 전화를 건다. 너새니얼이 중요한 고객과 회의가 있을 때는 그 일이 어떻게 진행되었는지를 걱정하며 올리비아가 전화를 건다. 저녁에 닭고기를 먹을 때면, 너새니얼이 닭다리를 가장 좋아한다는 것을 알기 때문에 올리비아는 그에게 닭다리를 건네준다. 너새니얼이 일요일 아침에 아이들을 위해 블루베리 팬케이크를 만들 때면, 그는 아내가 블루베리를 좋아하지 않는다는 것을 알기 때문에 블루베리를 넣지 않은 팬케이크 몇 개를 만든다. 비록 너새니얼은 종교가 없지만 교회에 가는 것이 올리비아에게 중요하다는 것을 알기에 그녀를 따라 매주 교회에 간다. 그리고 올리비아는 너새니얼의 가족들과 시간을 보내는 것을 딱히 좋아하지는 않지만, 너새니얼에게 가족이 매우 중요하다는 것을 알기에 그의 가족들과 친밀한 관계를 유지해왔다.

이 모든 것들이 따분하고 낭만적이지 않은 것처럼 들릴지 모르지만 결코 그렇지 않다. 사소하지만 중요한 방식으로, 올리비아와 너새니얼은 그들의 사랑의 기반이 되는 우정을 유지하고 있다. 그 결과 그들은 낭만적인 휴가를 함께 보내고 호화로운 기념일 선물을 주고받으면서도 정작 일상생활에서는 연대감이 끊겨 있는 다른 부부들보다 훨씬 더 열정적인 결혼생활을 하고 있다.

우정은 로맨스의 불길에 연료를 공급한다. 또한 우정은 당신이 배우자에게 적대적인 감정을 느끼지 않도록 해준다. 너새니얼과 올리비아는 결혼생활에서의 피할 수 없는 의견 불일치에도 불구하고 우정을 잘 유지해왔다. 때문에 그들은 오리건대학교의 심리학자 로버트 바이스가 말하는 '긍정적 감정 우세', 즉 PSO(positive sentiment override)를 경험하고 있다. PSO는 결혼생활에 대한 풍부한 긍정적 감정이 부정적인 감정을 압도함을 의미한다. 심각한 갈등이 생겨나지 않는 한, 그들은 부부로서의 균형감을 상실하지 않을 것이다. 그들의 PSO는 결혼생활에 대해 낙관적으로 생각하게 하고, 함께하는 삶에 대해 긍정적인 기대를 가지게 하며, 서로를 긍정적으로 바라보게 한다.

예를 하나 들어보자. 올리비아와 너새니얼이 파티를 열려고 한다. 너새니얼이 올리비아에게 이렇게 말한다. "냅킨은 어디 있어요?" 그러자 올리비아는 가시 돋친 목소리로 소리를 지른다. "찬장에 있잖아요!" 그들의 결혼생활이 견고한 우정에 기반하고 있기 때문에 그는 그녀의 말투에 그저 어깨를 으쓱할 뿐 그녀가 그에게 전달한 정보, 즉 냅킨이 찬장에 있다는 것에만 집중한다. 그는 그녀가 날카로운 이유를 시간에 쫓겨 와인 병 코르크를 뽑지 못해서, 즉 그와는 상관없는 일시적인 문제 때문일 것이라 생각한다. 그러나 만일 그들의 결혼생활에 문제가 있었다면, 그는 부루퉁해지거나 "됐어. 신경 쓰지 마. 그냥 사면 되니까!"라고 되받아 소리를 질렀을 가능성이 높다.

PSO는 체중 감량에서의 '설정치'와 유사하다. 신체에는 신체 스스로가 유지하고자 하는 하나의 '설정된' 체중이 있다고 한다. 우리가 얼마나 많이 또는 적게 먹든 간에, 우리의 신체는 일정 중량을 맴도는 강력한 항상성恒常性을 지닌다. 따라서 우리 신체의 신진대사를 재설정(예를 들어, 규칙적인 운동을 하는 방법 등으로)해야만 체중을 감량할 수 있다. 결혼생활에서의 긍정성과 부정성도 이와 유사하게 작동한다. 일단 당신의 결혼생활이 높은 수준의 긍정성으로 '설정'되고 나면, '설정치'가 낮은 경우와 비교했을 때 부정성이 당신의 부부관계를 해칠 가능성은 높지 않다. 그러나 만일 당신의 부부관계가 압도적인 부정성으로 설정된 경우, 이를 회복하기는 쉽지 않다.

대부분의 결혼생활은 높은 설정치를 가지고 시작되기 때문에 많은 부부들은 자신들의 관계가 어긋나리라 생각하지 않는다. 그러나 살다보면 너무나도 빈번하게 이런 행복한 상태가 깨지곤 한다. 시간이 지나면서 짜증과 분노가 점점 쌓여감에 따라, 부부간의 애정이 흐릿해져버리는 순간이 오는 것이다. 부부의 애정은 그저 말뿐인 것이 되어버리고 그들의 일상에 더 이상 애정이 존재하지 않게 된다. 결국 그들의 결혼생활은 '부정적 감정의 우세'로 끝난다. 모든 것이 점점 더 부정적인 방식으로 해석되기 때문이다. 중립적인 어조로 한 말도 인신공격으로 받아들여진다. 남편이 "음식을 넣지 않은 채로 전자레인지를 돌려서는 안 돼"라고 말하면, 아내는 이것을 일종의 공격으로 받아들여서 이렇게 말한다. "나한테 이래라 저래라 하지 마. 실제로 매뉴얼을 읽은 사람은 나란 말이야!" 또 하나의 전투가 시작되는 것이다.

'건전한 관계의 집' 세우기

이 책이 처음 발간된 이후, 여러 해에 걸쳐 나는 동료들과 함께 결혼생활의 우정에 대한 해부학적 구조를 충실히 탐구해왔으며, 그것이 부부관계의 성공에 왜 그렇게 중요한지에 대해 연구해왔다. 너새니얼과 올리비아처럼 행복한 부부를 에워싸고 있는 긍정적인 감정은 정서적 차원에서 상대를 깊이 이해하기에 형성될 수 있는 것이다. 나는 이러한 정서적 연결 과정을 '조율attunement'이라고 부른다. 조율을 성공적으로 해낼수록 부부의 우정은 회복력이 강해지고 부부의 미래는 더욱 밝아질 것이다. 어떤 부부들은 천성적으로 조율에 능하다. 그러나 어떤 부부들(우리들 대부분이다!)은 어느 정도 노력을 기울여야만 조율이 가능하다. 그리고 그것은 노력할 만한 가치가 있는 것이다.

부부가 점점 더 서로를 이해하고 유대감을 가짐에 따라, 그들은 '건전한 관계의 집'을 구축한다. 일곱 가지의 원칙은 '건전한 관계의 집'의 여러 층을 구성한다. 이들 원칙은 그 집을 보호하면서 무게를 지탱하는 기둥인 '신뢰', '헌신'과 복합적인 관계를 맺는다.

애정을 떠받치는 신뢰와 헌신의 중요성은 너무나도 자명하기 때문에 당신은 이것의 이점을 과학적으로 연구하는 것이 불필요하다고 생각할 수도 있다. 그러나 우리는 애정문제연구소의 데이터를 이용해 배우자와의 관계에 헌신하는 것이 '진정으로' 무엇을 의미하는지를 분석해볼 수 있었다. 실제로 게임 이론(갈등 관리와 관련하여 잘 알려진 수학적 접근 방법)의 지각표상을 이용해, 부부가 높은 신뢰 수준을 지니고 있는지 또는 미래에 어떤 종류의 부정적 상황에 직면하게 될 가능성이 있는지를 판단할 수 있는 일련의 공식을 개발할 수 있었다. (우리 연구소에서 발간한《무엇이 결혼생활을 행복하게 만드는가?What Makes Love Last?》는 이러한 신뢰와 부정적 상황, 그리고 부정적 상황에 대한 예방과 부부관계 회복에 관한 연구를 깊이 있게 다루고 있다.) 이러한 공식 가운데는 내가 '부부간 신뢰 매트릭스'라고 부르는 것, 즉 부부간의 신뢰에 대한 지표가 있다.

애정문제연구소를 찾아온 두 신혼부부가 있었다. 처음 보았을 때, 두 부부 모두 '건전한 관계의 집'을 구축할 수 있는 능력을 갖춘 것처럼 보였다. 그러나 우리 팀이 그들 대화의 핵심 내용을 코드화하여 분석해보자, 결과는 놀라운 차이를 드러내 보였다. 먼저 두 부부 중 데니스와 재키 부부는 매우 긍정적인 부부의 범위에 속했다. 너새니얼과 올리비아처럼, 그들은 이미 성공적인 부부관계를 유지하는 데 전문가 수준에 이른 것으로 보였다. 그들은 부부관계에 대해 매우 긍정적으로 생각하고 있었다. 의견이 극단적으로 다른 경우조차도 어느 정도는 배우자의 관점을 인정하고 있었다. 우리 연구소에서 상호작용을 하는 자신들의 모습을 녹화한 영상을 검토하는 과정에서, 그들은 상대방이 행복해 보이지 않거나 상처를 받은 것처럼 보일 때 괴로움을 느꼈다고 말했다. 그들의 심장박동, 혈압 등에 대한 생체 판독 결과로도 이것을 확인할 수 있었다. 그들의 행복감은 배우자의 감정에 따라 달라졌다. 그들은 상대방의 정서에 '조율'되어 있을 뿐만 아니라 상호 존중하며 서로에 대한 높은 수준의 신뢰를 지니고 있었다. 과학적 분석 결과, 전반적으로 그들은 '건전한 관계의 집'을 짓는 데 훌륭한 성과를 내고 있었다.

반면 티나와 맷 부부는 부정적인 부부의 범위에 속했다. 데니스와 재키의 경우와 달리, 이들 두 사람은 정서적 연결에 어려움을 겪고 있었다. 애정문제 연구소에서 대화를 하는 동안, 그들은 서로를 이해하지 못할 뿐만 아니라 부부관계에 대해 굳건한 믿음도 없다는 것을 확인할 수 있었다. 티나의 감정은 남편의 감정과 전혀 연결되어 있지 않았다. 예를 들어, 티나는 맷이 직장에서 승진하지 못한 일에 대해 유감을 표시할 때 자신의 생각을 '중립적'이라고 자평했다. 그녀의 생체 판독 결과 역시, 혈압의 상승이나 심장박동의 증가 등과 같은 스트레스 증가의 어떠한 징후도 보이지 않았다. 티나에 대한 남편의 반응도 유사한 단절을 드러냈다. 이들 부부는 명백히 낮은 신뢰 지수를 가지고 있는 것이다. 만일 앞으로도 그들 사이에 아무런 변화가 없을 경우, 정서적·성적 생활을 공유하는 그들의 능력은 더더욱 낮아질 것이다. 또한 그들이 말다툼을 비롯한 기타 부정적인 상호작용으로부터 벗어날 가능성 역시 현저하게 줄어들 것이다.

티나와 맷의 결혼생활이 상호 지지적 관계를 구축하는 데 방해가 되는 '부정적 감정 우위'의 특징을 지니고 있다는 것은 놀라운 일이 아니다. 실제로 그들은 배우자를 부정적으로 생각하고 있어서, 내가 '바퀴벌레 들끓는 싸구려 러브호텔Roach Motel for Lovers'이라 부르는 상태, 즉 부정성이 압도하는 상태에 빠지게 될 가능성이 높았다. 이 끔찍한 장소는 끝없는 갈등과 악감정으로 얼룩진 관계를 의미한다. 부부가 함께 '체크인'을 하고 나면 그곳에서 빠져 나올 수 없다는 것을 알게 된다. 감정적으로 '바퀴벌레 들끓는 싸구려 러브호텔'에 빠지면, 그들은 각각 배우자가 뼛속까지 이기적이라고 믿게 되기 때문이다. 부부는 '그는 내 감정에 대해선 신경도 쓰지 않아' 또는 '그녀는 완전 자기 멋대로야'라는 각자의 생각으로 가득 찬다. 그리고 점점 더 배우자가 자신의 편에 서 있지 않으며 자신을 지지하지 않는다고 믿게 된다. 이들의 관계는 어느 한쪽이 이기는 것이 다른 한쪽이 지는 것으로 인식되는 제로섬 게임zero-sum game으로 바뀐다. 이와 같은 만성적 불신이 존재하는 상황에서는 안정감이 사라진다. '건전한 관계의 집'이 설 수 없게 되는 것이다. 벽지는 벗겨져 나가고 부부관계는 외부의 힘에 무방비 상태가 된다.

티나와 맷의 미래는 어떤 모습일까? 특별한 개입이 없을 경우 그들은 서로를 배신할 가능성이 높다. 사실 육체적인 외도는 부부의 '건전한 관계의 집'이 무너지고 난 뒤, 그들을 위협하는 불성실한 모습 중 하나의 유형일 뿐이다. 근본적으로 배신은 배우자를 '다른 무엇보다도 우선시하지 않는 삶에서의 모든 선택 행위'를 의미한다. 성적性的이지 않은 배신 역시 성적인 배신(외도)만큼이나 관계를 완전히 파괴할 수 있다. 정서적으로 거리를 두는 것, 배우자에 맞서 자신의 부모 편에 서는 것, 배우자를 존중하지 않는 것, 중요한 약속을 어기는 것 등이 배신에 포함된다. 사실 우리 대부분은 때때로 신뢰를 저버리는 행위를 한다. 그러나 둘 중 어느 한쪽이 배우자를 지속적으로 기만하면 부부관계가 위험해진다. 실제로 애정문제연구소의 연구 결과는 배신행위가 모든 실패한 부부관계의 중심에 존재한다는 것을 보여준다.

대부분의 부부는 데니스와 재키처럼 함께 사는 데 완전히 능숙하지도 않지만, 그렇다고 맷과 티나처럼 불신에 꼼짝 없이 묶여 있지도 않다. 대다수의 부부관계는 이 두 종류의 극단 사이 어디쯤에 있다. 이는 부부가 애정을 유지하기 위해서 반드시 완벽한 관계를 이뤄야만 하는 것은 아니라는 점에서 기쁜 소식이라 할 수 있다. 핵심은 서로에게 보다 잘 '조율'하고 서로에 대한 우정을 우선순위로 삼는 것을 학습해 나가는 것이다. '일곱 가지 원칙'을 지침으로 삼아 이러한 목표를 향해 나아가는 과정에서, 당신은 일상적인 상호작용을 더 잘하게 되었다고 느낄 것이다. 비록 여전히 의견이 서로 다르다 해도 갈등은 훨씬 덜 파괴적이 될 것이다. 이러한 일이 가능한 데는 특별한 이유가 있으며, 이것이 바로 우리 애정문제연구소가 발견해낸 가장 중요한 연구 결과 중 하나다.

회복: 행복한 부부의 비밀 무기

우정을 재발견하는 것, 혹은 우정에 새로운 활력을 불어 넣는 것만으로 부부간의 다툼을 막을 수는 없다. 그러나 그것은 다툼이 걷잡을 수 없게 되는 것을 막는 비밀 무기가 된다. 올리비아와 너새니얼의 의견이 일치하지 않았던 경우를 살펴보자. 도시에서 교외로 이사를 하는 계획을 세우는 과정에서 그들은 갈등을 겪었다. 아파트를 고르고 리모델링 계획을 세우는 일에 대해서는 의견이 일치했지만 새로운 자동차를 사는 일에 대한 생각이 달랐던 것이다.

올리비아는 교외에 사는 대부분의 사람들처럼 미니밴을 사고 싶어 했다. 그러나 너새니얼에게 미니밴은 따분하게만 느껴졌다. 그는 지프를 사고 싶었던 것이다. 그들은 이 문제에 대해 이야기를 하면 할수록 서로 언성을 높였다. 만일 당신이 그들의 침실 벽에 붙은 파리였다면, 아마도 그들의 미래에 대하여 심각한 의문을 품었을 것이다. 그러던 중에 갑자기 올리비아가 자신의 손을 입술에 가져다 대고는 자신들의 네 살배기 아들을 완벽하게 모방하면서 혀를 내밀었다. 너새니얼은 그녀가 그렇게 하려는 것을 알고 있었기 때문에 자신이 먼저 혀를 내밀었다. 그러고 나자 그들은 함께 웃기 시작했다. 여느 때와 마찬가지로 이런 바보 같은 경쟁이 그들 사이의 갈등을 희석시킨 것이다.

우리는 올리비아와 너새니얼이 하는 행동을 '회복 시도repair attempt'라는 전문용어로 부른다. 이 용어는 그 시도가 바보 같은 것이든 그렇지 않든, 부정성이 통제 불가능한 수준으로 높아지는 것을 예방하는 모든 말 또는 행위를 지칭한다. 비록 높은 감성지능을 지닌 부부들이 스스로 그렇게 효과적인 회복 시도 방식을 사용하고 있다는 사실을 자각하지 못한다 해도, 이는 분명 높은 감성지능을 지닌 부부들의 비밀 무기 가운데 하나다. 깊은 우정을 지닌 경우, 부부는 자연스럽게 상대에게 회복 시도를 보내고 자신에게 보내진 회복 시도 역시 올바르게 읽어낸다. 그러나 부부가 '부정적 감정 우세' 상황에 놓인 경우에는 "여보, 미안해"라는 직설적인 회복 시도도 성공 확률이 낮을 수 있다.

회복 시도의 성패는 그들의 결혼생활이 행복할 것인지, 아니면 곤경에 빠질 것인지를 가늠하는 중요한 잣대 가운데 하나다. 그리고 여기서 다시 한 번 회복 시도의 성공 여부를 판가름 짓는 것은 부부가 지닌 우정의 밀도다. 이 말이 너무 단순하거나 명백한 것처럼 들릴지라도 앞으로 펼쳐질 결혼생활의 페이지 속에서 그것이 결코 그렇지 않다는 것을 알게 될 것이다. 부부의 우정을 강화하는 것은 '친절한' 사람이 되는 것과 같은 단순한 일이 아니다. 당신의 우정이 이미 매우 견고하다 해도 그것이 얼마나 더 강해질 수 있는 여지가 있는지를 깨닫는다면 놀랄 것이다. 우리 연구소의 워크숍에 참여하는 많은 부부들은 갈등을 겪는 것이 거의 모든 부부들에게 일어나는 일반적 현상임을 깨닫고는 안도의 한숨을 내쉰다. 중요한 것은 '갈등'이 아니라 '회복'의 성패 여부다.

결혼의 목적

서로 강하게 결합된 부부의 경우, 남편과 아내는 결혼생활의 깊은 의미를 공유한다. 그들은 그저 '함께 사는 것'이 아니라, 서로의 꿈과 열망을 지지하고 삶의 목적의식을 그들의 삶에 함께 투영한다. 이것이 바로 서로에 대한 진정한 존중인 것이다. 존중 없는 결혼생활을 하면 끝없이 무익한 다툼을 되풀이하며 외로움을 느끼게 된다. 부부의 다툼을 녹화한 무수히 많은 영상을 지켜보고 난 후 내가 확신하는 것은 대부분의 다툼이 변기 뚜껑을 열어두었는지 닫아두었는지, 쓰레기를 버리러 가는 것이 누구 차례인지 등의 사소한 일에서 기인하는 것이 아니라는 사실이다. 이러한 피상적인 갈등의 외피 이면에는 다툼의 원인이 되었을 뿐만 아니라 이 사소한 갈등을 더 극심한 것으로 만드는 깊은 차원의 잠재된 갈등이 존재한다.

일단 이러한 사실을 이해하고 나면, 당신은 결혼생활에 대한 가장 놀라운 진실 중 하나를 수용할 준비가 된 셈이다. 그것은 '결혼생활에서의 다툼은 결코 해결될 수 없다'는 것이다. 부부들은 오랜 세월에 걸쳐 서로의 마음을 바꿔보려고 노력한다. 그러나 이것은 불가능한 일이다. 대부분의 의견 불일치가 생활방식, 성격, 가치관의 근본적인 차이에서 기인하기 때문이다. 이런 차이에 대해 반복해서 다투는 것은 시간 낭비일 뿐이다. 대신 이 갈등을 야기하는 근본적인 차이를 이해할 필요가 있다. 즉, 서로를 존중함으로써 그 갈등을 안고 살아가는 방법을 배울 필요가 있다는 것이다. 그러고 난 후에야 부부는 삶에 대해 서로가 공유할 수 있는 의미와 목적의식을 그들의 결혼생활에 투영할 수 있게 된다.

부부가 이러한 목표를 이룰 수 있는 것은 흔히 그들의 통찰력과 천성, 그리고 자신에게 어울리는 사람을 만난 행운 덕분이라고 여겨진다. 그러나 이제 이 책에서 제시하는 '일곱 가지 원칙'은 성공적인 결혼생활의 비결을 모든 부부들이 공유할 수 있게 해줄 것이다. 당신의 부부관계가 현재 어떤 상태이든, 이 원칙을 따르는 것은 매우 긍정적인 변화를 가져다줄 것이다.

당신의 결혼생활을 변화시키는 첫 번째 단계는 '일곱 가지 원칙'을 따르지 않았을 때 어떤 일이 벌어지는지를 이해하는 것이다. 이것은 파경을 맞은 부부들에 대한 그간의 광범위한 연구를 통해 알 수 있다. 실패를 배우는 것은 당신이 동일한 실수를 범하는 것을 막아준다. 혹은 이미 그러한 실수를 범해온 경우라 하더라도 이로부터 빠져나올 수 있도록 한다. 결혼생활이 왜 파경을 맞는지를 알고 '일곱 가지 원칙'이 이런 비극을 어떻게 예방할 수 있는지를 이해한다면, 당신은 결혼생활을 행복하게 만드는 길로 이미 접어든 셈이다.

3

'이혼하는 부부'를
예측하는 방법

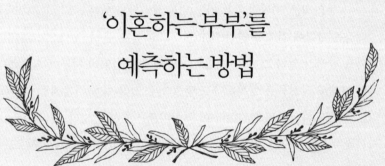

대라와 올리버는 애정문제연구소에서 얼굴을 마주 보고 앉아 있다. 두 사람은 20대 후반의 부부로, 신혼부부에 관한 연구를 위해 모인 130쌍 가운데 한 쌍으로 연구에 동참해주었다. 이들은 또한 주말 하룻밤을 연구소 원룸에서 지내는 데 동의해준 50쌍의 부부 가운데 한 쌍이기도 했다.

대라는 야간에 간호사 양성 학교를 다니고 있고, 올리버는 소프트웨어 엔지니어로 장시간 일하고 있다. 대라와 올리버는 정신없이 바쁜 생활을 하고 있지만 그래도 자신들은 행복하다고 말했다. 그러나 현재 결혼생활에 만족하고 있는 부부라 하더라도 머지않아 이혼에 이르는 부부도 많다. 대라와 올리버는 자신들의 결혼생활이 완전하지 않다는 것을 알고 있었다. 그래도 서로를 깊이 사랑하고 있으므로 앞으로의 인생을 함께 보낼 것이라고 말했다. 앞으로의 인생 계획을 말하는 동안 두 사람의 눈은 빛나고 있었다.

나는 녹화를 진행하면서 현재 의견이 맞지 않아 말다툼을 벌이고 있는 문제에 대해, 여기서 해결할 수 있도록 15분간 대화를 나눠달라고 그들에게 요청했다. 나는 계측기를 그들의 몸에 부착하여 순환계를 다양하게 측정함으로써,

그들이 대화를 나눌 때의 스트레스 정도와 맥박 수를 기록했다. 나는 그들의 대화가 적어도 어느 정도는 부정적일 것이라 예상하고 있었다. 그리고 예상대로 그들의 대화는 결국 말다툼으로 이어졌다. 이러한 상황이 되어도 이해를 나타내는 말이나 미소로 다툼을 진정시키는 능력을 갖고 있는 부부도 있지만, 대부분의 부부들은 갈등상태에 빠진다. 대라와 올리버도 예외는 아니었다. 대라는 올리버가 자신이 맡기로 한 집안일을 전혀 하지 않는다고 비난했고, 올리버는 대라가 늘 시끄럽게 잔소리를 하기 때문에 집안일을 할 마음이 싹 가신다고 반박했다.

나는 이 말다툼을 들으면서, 슬프게도 이 두 사람의 사이는 곧 냉랭해질 것이라고 동료에게 예언했다. 그리고 4년 후 그들은 이혼의 갈림길에 서 있다고 연락을 해왔다. 그때 그들은 여전히 함께 살고는 있었지만, 두 사람 모두 고독감에 시달리며 마치 유령 같은 모습이 되어 예전의 생기 넘치던 결혼생활을 회복하려고 발버둥치고 있었다.

내가 그들의 결혼생활이 실패할 것이라고 예언했던 것은 그들이 말다툼을 했기 때문이 아니다. 서로 화를 내는 것이 곧장 결혼생활의 파경으로 이어지지는 않는다. 신혼부부를 대상으로 실시한 연구결과를 살펴보면, 15분간의 대화를 녹화할 때 대라와 올리버보다 훨씬 더 격렬하게 말다툼을 벌인 부부들도 많았다. 그러나 나는 그들 중 대부분은 행복한 결혼생활을 유지할 것이라고 예언했었는데, 그 예언들은 적중했다. 대라와 올리버가 머지않은 미래에 헤어질 것이라고 예측할 수 있었던 단서는 바로 그들의 말다툼 방식에 있었다. 그 말다툼 방식은 그들의 부정적 성향과 불신을 증폭시키는 것이었다.

첫 번째 신호: 좋지 않은 첫마디

그들의 대화(그리고 결혼생활)가 실패할 것이라고 생각한 가장 큰 이유는 그들이 나눈 대화의 첫 대목 때문이었다. 대라는 처음부터 올리버에게 부정적 태도를 취했고 되풀이하여 비난을 해댔다. 그가 집안일 이야기를 꺼내자마자 그녀는 몹시 빈정거리는 말투로 되받아쳤다. 올리버가 분위기를 바꾸어보려고, "앞으로 당신이《남자들은 돼지다》라는 책을 쓸 때를 대비해서 내가 좋은 소재를 만들어주고 있는 거라고"라며 농담을 던졌지만, 대라는 무표정하게 입을 다문 채 앉아 있었다. 두 사람은 올리버가 가사를 분담할 확실한 방안을 마련하기 위해 좀 더 대화를 했지만, 대라는 "될지 안 될지 두고 보긴 하겠지만, 잘될 것 같진 않네요. 내가 여태껏 집안일 목록을 만들었는데도 별 효과가 없었어요. 그리고 나는 당신 스스로 집안일을 하기를 바랐지만 한 달이 지나도록 그대로잖아요!"라고 그를 시종일관 질책했다. 요컨대, 그녀가 말하는 문제의 핵심은 가사 분담이 아니라 올리버 그 자체라는 것이었다. 사실 대라가 올리버에게 깊은 좌절을 느끼는 데는 정당한 이유가 있었다. 그러나 그녀의 표현 방식이 그들의 입장 차이를 좁히는 데 큰 걸림돌이 된 것이다.

이렇듯 비난과 빈정거림이 담긴 모욕적인 말이 계속해서 나왔는데, 그들의 대화가 이런 방향으로 흘러가버린 데에는 '나쁜 첫마디'가 결정적이었다고 할 수 있다. 대라는 조용하고 부드러운 어조로 이야기했지만 그녀의 말에는 가시가 많았다. 1분 정도에 불과한 초반 대화를 듣고서 그들에게는 문제를 해결할 능력이 전혀 없다고 판단할 수 있었다. 이제까지의 연구 결과를 놓고 볼 때, 이렇듯 첫마디가 나쁜 말다툼은 반드시 나쁜 결과로 귀결된다. 두 사람 중 한 사람이 도중에 어떤 해결책을 내놓더라도 마찬가지다. 통계에 따르면, 처음 3분간의 대화와 그에 따른 부부의 상호작용을 조사하는 것만으로도 96%의 확률로 그 결과를 예측할 수 있다. 일단 첫마디가 나쁘면 결과 역시 나쁘다. 만일 대화의 첫마디가 좋지 않게 시작되었다면, 대화를 중단하고 한 템포 쉬었다가 다시 시작해야 한다.

두 번째 신호: 네 가지 위험 요인

대라가 이야기를 꺼내는 방법이 나빴기 때문에 해결하기 어려운 문제가 발생할 것이라는 경계경보가 울렸다. 말다툼이 시작되자마자 나는 부정적 상호작용을 불러일으키는 특정 요인을 그들의 말 속에서 찾아내기 시작했다. 어떤 말은 부부관계에 치명적인 상처를 입힌다. 나는 이것을 '파멸에 이르게 하는 네 가지 위험 요인'이라고 부른다. 대개 이것들이 결혼생활 속에 끼어들 때 큰 해를 입게 된다. 그 네 가지 위험 요인을 파괴력이 심한 순서로 배열하면 비난·모욕·자기변호·도피다.

[위험 요인 1] 비난

누구나 함께 사는 배우자에게 불만을 갖고 있다. 그러나 불만과 비난에는 차이가 있다. 불만은 특정한 행동이나 사건에 집중된다. "당신, 어젯밤 주방 바닥을 청소하지 않았더군요. 난 그래서 화가 났어요. 교대로 바닥 청소를 하기로 약속했잖아요. 지금 해줄 수 있어요?"라고 배우자를 질책하는 것은 불만의 표현이다. 다른 많은 불만들처럼 여기에도 세 가지 단계가 있다. ① 나의 감정 ("난 그래서 화가 났어요.") ② 특정 상황("당신, 어젯밤 주방 바닥을 청소하지 않았더군요.") ③ 나의 요청("지금 해줄 수 있어요?"). 반면, 비난은 불만 이상의 것으로, 상대방의 성격이나 인격에 대한 부정적인 느낌이나 의견을 수반한다. "당신은 어째서 그렇게도 잘 잊어버리죠? 당신 당번 날인데도 언제나 내가 바닥 청소를 해야 하다니 지긋지긋해요. 당신은 정말로 무책임한 남자라고요"처럼 말이다. 불만 섞인 말은 부드럽게 시작되는 반면, 비난 섞인 말은 냉혹하게 시작된다. 비난의 말에 공통적으로 꼭 들어가는 두 가지 표현이 있다면 그것은 "당신은 항상" 내지는 "당신은 절대"일 것이다. 불만이 비난으로 바뀌는 까닭은 불만을 표하는 말을 한 뒤에 "도대체 문제가 뭐야?"라는 비난의 말을 덧붙이기 때문이다.

대라가 이야기를 시작할 때, 그녀의 불만이 얼마나 쉽게 비난으로 바뀌는지 알 수 있다. 그녀의 말을 다시 한 번 들어보자.

> 대라: 이 문제를 어떻게 해서든 해결하고 싶지만, 잘될 것 같지 않아요. 가사 분담을 정해 놓아도 소용없어요. (단순한 불만) 나는 당신이 스스로 알아서 하길 바랐지만 한 달이 지나도 당신은 하려고 하질 않잖아요. (비난. 그녀는 문제가 그에게 있다는 것을 암시하고 있다. 그러나 설령 그것이 사실일지라도 그를 비난하는 것은 문제를 더욱 악화시킬 뿐이다.)

불만과 비난의 차이를 나타내는 몇 가지 사례가 있다. 그 예를 소개한다.

(불만) 자동차 휘발유가 떨어졌어. 당신이 휘발유를 채워놓겠다면서 하지 않아서
　　　당황했잖아.

(비난) 어떻게 잊어버리기만 하는 거야. 휘발유를 넣어달라고 수천 번은 더 말했
　　　는데도 왜 하지 않지? 당신은 언제나 무책임해.

(불만) 오늘은 너무 피곤해서 잠자리를 같이 못하겠다고 미리 얘기했으면 좋았잖
　　　아. 나는 정말 실망했고 당혹스러웠어. 그저 당신이 잠자리를 할 기분이 아
　　　니라고 말해주기만 하면 되잖아. 나는 당신이 "노$_{no}$"라고 말하는 건 정말
　　　괜찮단 말이야.

(비난) 어째서 늘 그렇게 냉정하고 이기적이지? 당신이 먼저 말을 꺼내놓고 이제
　　　와서 피곤해서 그럴 생각이 없다니 정말 형편없네. 도대체 문제가 뭐야?
　　　불감증이야?

(불만) 저녁식사에 손님을 초대하려면 미리 나에게 알려줬으면 좋겠어. 오늘 밤에
　　　는 당신과 단둘이 조용히 지낼 작정이었는데 말이야. 이번 주에 로맨틱한
　　　저녁식사 계획을 세웠으면 좋겠어.

(비난) 왜 당신은 친구들을 나보다 더 우선순위에 두는 거야? 난 항상 맨 마지막
　　　이라고. 나와 단둘이 지낼 시간을 일부러 피하는 거야?

지금까지 이러한 비난과 유사한 말을 당신 부부 중 누군가가 한 적이 있다 하더라도 걱정할 필요는 없다. 다른 부부들도 이와 비슷한 비난을 서로 주고받고 있다. 이와 같은 첫 번째 위험 요인은 부부관계에서 매우 일반적이다. 서로 상대방을 비난하는 말을 한 적이 있다 하더라도, 그것이 이혼으로 직접 이어진다고 생각할 필요는 없다. 다만 이런 비난을 자주 한다면 이혼의 길을 재촉하게 될 것이다.

[위험 요인 2] 모욕

두 번째 위험 요인은 배우자에 대한 우월감에서 기인한다. 이것은 일종의 무례함이라고 할 수 있다. 올리버가 집안일을 잊지 않기 위해 냉장고에 가사 분담표를 붙여두자고 제안하자, 대라는 말 그대로 올리버의 제안을 비웃었다. "가사 분담표 따위가 정말 효과가 있을 거라고 생각해?"라며 대라가 대꾸했다. 그러자 올리버는 집에 돌아오면 피곤해서 곧바로 가사를 거들지 못하니까 15분 정도는 쉴 수 있게 해달라고 아내에게 부탁했다. 그러자 그녀는 "15분 동안 쉬면, 당신은 당신 몫을 곧장 해치우겠다는 거예요?"라고 따졌다. "아마 그럴 거야. 하지만 쉬게 해주지 않았잖아? 쉬게 해줬어?"라고 이번에는 올리버가 반론을 폈다.

이때 대라에게는 "쉬고 나면 할 거란 말이죠?"라는 말로 험악한 분위기를 누그러뜨릴 기회가 있었다. 그런데도 그녀는 몹시 빈정거리는 투로 이렇게 내뱉어버렸다. "당신은 집에 돌아오자마자 바로 누워버리거나 그렇지 않으면 욕실로 뛰어 들어가잖아요." 그리고 그녀는 "15분 쉬고 나면 당신은 모든 게 다 해결될 거라고 생각하나 보죠? 정말 웃겨"라며 도전장을 내밀었다.

이처럼 심하게 빈정거리는 말은 상대방에게 모욕을 줄 뿐이다. 상대방에게 욕설을 하거나, 상대방이 말하고 있을 때 엉뚱한 곳으로 시선을 돌려서 무시하거나, 조소하거나, 상대방의 흉내를 내거나, 상대방을 발끈하게 하는 농담을 하는 것도 모욕으로 받아들여진다. 이것은 상대방에게 혐오감을 품게 만들어 부부관계에 맹독猛毒으로 작용한다. 배우자가 자신을 혐오하고 있다는 느낌을 받았을 때 문제 해결은 사실상 불가능해진다. 필연적으로 모욕은 화해가 아닌 더 많은 갈등을 만든다.

구두 매장 매니저인 피터는 아내 신시아를 모욕하는 데는 달인이었다. 이 부부가 돈을 어떻게 사용할 것인지에 대해 말하는 것을 보자. 피터는 신시아에게 말했다. "아무래도 우리 두 사람은 자가용과 옷에 대한 가치관이 크게 다른 것 같아. 그건 우리가 누구인지, 우리가 무엇에 가치를 두는지에 대해 많은 것을 말해주는 것 같아. 내가 세차하고 있을 때면 당신은 항상 날 비웃잖아. 당신은 다른 사람에게 돈을 주고 당신 차를 세차시키지만, 이걸 진지하게 생각해본 적 있어? 결과적으로 당신은 차에 터무니없이 많은 돈을 쓰고 있는 거야. 자기 차조차 스스로 세차를 하지 않으니 말이야. 그건 불합리한 거야." 이것은 '모욕 교과서'에 나올 법한 모욕의 모범 사례. 그는 서로 경제관념이 다르다고 지적하고 있을 뿐만 아니라, 신시아의 도덕성에 대해 비난하고 있다.

신시아는 자신이 자동차를 세차하기에는 체력이 달린다고 해명했다. 그러나 피터는 그것을 무시한 채 그녀의 도덕적 품성의 문제를 더욱 비난하면서 "내가 세차를 하는 건 자동차를 오래 타고 싶어서야. 자동차가 낡으면 새 차로 바꾸면 되지 않느냐고 당신처럼 쉽게 생각하는 사람들을 나는 도저히 참을 수가 없어!"라고 말했다.

신시아는 피터가 자신의 입장에서 생각해주기를 바라면서, "내가 세차하는 것을 당신이 도와준다면 나도 직접 세차하고 싶어요. 그럼 정말 고마울 거예요"라고 말했다. 그러나 피터는 화해할 수 있는 기회를 놓치고 더욱 신시아를 궁지에 몰아넣었다. "내가 세차하고 있을 때, 당신이 이제까지 나를 도와준 적 있어?" 신시아는 이쯤에서 그와 화해하고 싶었다. 그래서 "앞으로는 도와줄게요. 내가 세차하는 걸 도와주면요"라고 말했다.

그러나 피터의 본심은 문제 해결에 있는 것이 아니라 어디까지나 그녀를 질책하는 데 있었다. 그래서 그는 "내가 묻고 있는 건, 이제까지 한 번이라도 내가 세차하는 걸 당신이 도와준 적이 있냐는 거야"라고 계속 물고 늘어졌다. "한 번도 없었어요." "그것 봐. 당신한테는 남편을 도와줘야겠다는 아내로서의 책임감이 없어. 만일 당신 아버지가 집을 사주었다면, 당신은 아버지가 집에 페인트칠도 해주는 게 당연하다고 생각할 사람이야." "그럼 내가 당신이 세차할 때 도와주면, 당신도 내가 세차할 때 도와줄 건가요?" "난 당신이 내 세차를 도와주는 걸 원치 않아"라고 말하며 그는 코웃음을 쳤다. "내가 세차하는 걸 도와줄 건가요? 안 도와줄 건가요?" "도와줄 시간이 있으면 도와줄게. 언제나 도와준다고 장담할 수는 없지만……. 그런데 내가 안 도와주면 당신은 어떻게 할 건데? 나를 고소라도 할 거야?"라며 비꼬았다.

이 말다툼을 듣고 있으면 피터의 의도가 신시아를 비난하는 데 있다는 것을 알 수 있다. "그건 우리가 누구인지, 우리가 무엇에 가치를 두는지에 대해 많은 것을 말해주는 것 같아" 또는 "자동차가 낡으면 새 차로 바꾸면 되지 않느냐고 당신처럼 쉽게 생각하는 사람들을 나는 도저히 참을 수가 없어!"라는 피터의 말을 통해, 피터가 신시아를 모욕하는 데는 '나는 높은 도덕성을 가지고 있다'는 가정이 깔려 있음을 알 수 있다.

> **"**
> 서로 모욕을 주는 부부는 그렇지 않은 부부에 비해
> 전염성 질환(감기 등)에 걸리는 비율이 높다.
> **"**

배우자에 대한 부정적인 감정이 강하면 강할수록 배우자를 모욕하고 싶은 충동이 더욱 강하게 작용한다. 이러한 충동은 의견 충돌이 해결되지 않은 채 남아 있을 때 더욱 강해진다. 피터와 신시아가 처음 세차 문제로 말다툼을 시작했을 때는 피터가 그렇게 비판적인 태도를 취하지는 않았을 것이다. 그는 아마 "직접 세차를 해야 해. 밖에서 세차하면 돈이 드니까"라고, 단지 불만을 터뜨리고 싶었을 것이다. 그러나 계속 의견이 어긋나자 그의 불만은 그녀의 품성을 비판하는 데까지 이르러 "당신은 돈을 너무 낭비하고 있는 거야"라고 말하게 된 것이다. 옥신각신한 끝에 피터는 신시아에게 정나미가 떨어져 그 이후의 말이 점점 더 거칠어졌다.

불만의 표현과 비슷한 것으로 '공격적'인 태도가 있다. 이것 역시 부부관계에 치명적인 해를 끼친다. 이것은 위협과 자극을 포함하기에 공격적인 분노의 형태를 띤다. 예를 들면, 남편이 저녁식사 시간에 맞춰서 집에 돌아오지 않는 다고 아내가 불만을 표시하자, 남편은 "그래서 어쩌겠다는 거야?"라고 공격적 인 태도로 대꾸하는 경우다. 피터는 "그런데 내가 안 도와주면 당신은 어떻게 할 건데? 나를 고소라도 할 거야?"라고 신시아를 비웃었다. 그는 농담이라고 생각하겠지만 듣는 쪽에서는 싸움을 걸어왔다고 받아들이게 된다.

[위험 요인 3] 자기변호

피터가 몹시 불쾌한 말을 퍼부어도 신시아는 시종일관 자기변호를 하고 있 었다. 그녀가 피터처럼 자주 세차하지 않은 이유는 힘이 부쳐서 세차를 할 수 없기 때문이라고 주장했다. 신시아가 자기를 변호하는 것은 이해할 수 있지만, 연구에 따르면 자기변호만으로는 좋은 결과를 가져올 수 없다. 자기변호로는 배우자의 마음을 돌리거나 배우자의 사과를 기대할 수 없다. 변명이나 핑계를 대는 것은 상대방을 비난하는 것과 결부되어 있어서, "문제는 나에게 있는 것 이 아니라 당신에게 있다"라고 말하는 것이기 때문이다. 자기변호의 특성은 그것이 항상 '무고한 피해자'의 입장을 취한다는 것이며, 투덜거림을 동반하 거나 혹은 "당신은 왜 나를 그렇게 괴롭히는 거야? 그럼 내가 잘한 건 하나도 없어? 당신을 만족시키는 건 하나도 없냐고?"라는 메시지를 수반한다.

이처럼 자기변호에는 갈등을 악화시키는 요소가 내재해 있는데, 이것이 곧 자기변호가 그토록 치명적인 이유다. 신시아가 피터에게, 세차가 그녀에게 얼 마나 육체적으로 힘든 노동인지를 호소하더라도, 그는 "그래요? 알았어요"라 고 말하지는 않을 것이다. 그는 그녀의 호소를 무시하고 그녀의 말을 한 귀로 듣고 한 귀로 흘려버렸다. 그는 자신이 얼마나 세차를 잘하는지에 대해 말하며 세차를 하는 자신의 도덕적 품성은 높고, 스스로 세차를 하지 않는 그녀의 도덕적 품성은 낮다고 말하고 있는 것이다. 신시아에게는 승산이 없다. 아울러 그들의 결혼생활 또한 승산이 없는 것이다.

비난, 모욕, 자기변호, 도피에 딱히 순서는 없다. 이것들은 릴레이 경주처럼 바통을 서로 넘겨주면서 부부가 릴레이를 멈추지 않는 한 끝없이 계속된다. 올리버와 대라가 벌인 청소에 관한 말다툼이 이를 잘 보여준다. 해결책이 나온 것처럼 보였지만, 대라는 점차 모욕적인 태도를 취하며 올리버가 내놓은 방안을 모두 거부해버렸다. 올리버가 자기변호를 하면 할수록 대라는 더욱 그를 공격했다. 그녀의 몸짓과 말투를 통해 이를 알 수 있었다. 그녀는 테이블 위에 팔을 올려놓고 손가락 끝으로 턱을 어루만지면서 부드러운 어조로 이야기하고 있었지만, 그것은 어디까지나 검사가 심문을 해서 용의자가 난처해하는 반응을 찾아내기 위한 것과 비슷했다.

대라: 그럼 15분 쉬고 나면 당신은 모든 게 다 해결될 거라고 생각하나 보죠? 정말 웃겨. (비난)

올리버: 그렇게 생각하지는 않아. 매주 내가 해야 할 집안일을 정리해서 가사 분담표를 만들어주면 할 수 있는 대로 해볼게요. 그래, 달력에 써서 냉장고에 붙여줘요. 그렇게 하면 눈에 잘 보일 테니까.

대라: 당신이 스마트폰에 해야 할 일을 늘 입력하는 것처럼 말이죠? (비난과 모욕)

올리버: 온종일 스마트폰을 보고 있는 건 아니야. (자기변호)

대라: 그럼, 달력은 보겠다는 거예요?

올리버: 그렇다니까. 하지만 내가 잊어버릴 때는 말해줘요. 내가 뭔가를 잊어버릴 때면 당신은 언제나 '이것도 하지 않고 저것도 하지 않았잖아'라고 화만 내잖아요. 부탁하는 게 아니라. '바빠서 못한 거죠?'라고 다정하게 물어본 적 있어요? 당신 이력서를 내가 대신 써주느라고 밤늦게까지 컴퓨터를 두드리고 있던 날에도 그랬다고. 왜 내가 못했는지를 당신은 생각해보지도 않아. 항상 그랬어요. (자기변호)

대라: 항상 그러지는 않았어요. (자기변호)

올리버: 항상 그랬다니까……. 당신은 좀 더 여유를 가져야 할 필요가 있어요.

대라: (빈정거림을 담아서) 흠……. 쉬기만 하면 문제가 해결될 것 같아?

두 사람은 시종일관 비난, 모욕, 자기변호를 되풀이하고 있기에 문제를 해결하지 못하는 것이다.

[위험 요인 4] 도피

결혼생활에서 대화의 첫마디가 잘못되면 비난과 모욕으로 이어지고 자기변호를 거쳐 결국에는 배우자의 말을 무시하면서 끝이 난다. 여기에 네 번째 위험 요인, 즉 도피가 끼어든다.

일 때문에 집에 늦게 들어온 남편이 집에 들어서자마자 온갖 푸념으로 가득 찬 아내의 비난의 말을 듣고는 TV를 켜는 상황을 예로 들어보자. 남편이 아내의 말을 무시하면 할수록 아내의 목소리는 커진다. 이윽고 그는 견디다 못해 방을 나간다. 아내와 마주 앉아 이야기하기보다는 피하는 길을 선택한 것이다. 그는 아내와의 대화를 회피함으로써 다툼을 피하고 있지만, 동시에 이는 아내와의 결혼생활을 피하는 것과도 같다. 그리고 자신을 아내로부터 격리시킨다. 남편이나 아내는 모두 도피자가 될 수 있는데, 연구 결과에 따르면 이러한 도피 행위는 결혼생활에서 남성에게 훨씬 더 많이 나타난다. 그 이유는 나중에 설명하기로 하겠다.

일반적인 대화에서는 듣는 사람이 말하는 사람에게 진지하게 듣고 있다는 것을 알리기 위하여 상대방의 눈을 응시하며 고개를 끄덕이면서 "그래"라든가, "정말 그래"라며 맞장구를 치는 의사 전달 방법을 사용한다. 그러나 도피자는 상대방에게 이러한 피드백을 주지 않는다. 아무 말도 하지 않고 그저 엉뚱한 방향에 시선을 두면서, 상대방이 무슨 말을 하든지 관심 없다는 듯 들은 체도 하지 않고 돌처럼 무감각하게 앉아 있다.

도피는 대개 결혼생활의 과정에서 비난, 모욕, 자기변호 등 다른 위험 요인이 지나간 뒤에 찾아온다. 그러므로 도피는 배우자에 대한 부정적인 감정이 오랫동안 쌓여온 중년부부에 비하면, 올리버와 같은 신혼의 남편에게서는 그다지 찾아보기 힘들다. 앞의 세 가지 위험 요인이 만들어낸 부정적인 감정 때문에 충분히 고뇌를 맛본 후에 도피라는 피난처로 도망치는 것이다.

다음 사례는 남편 맥과 아내 리타가 어느 파티에서 겪었던 일로 상대방의 행동에 대해 말다툼을 하는 장면이다. 리타는 맥이 술을 너무 좋아하는 것이 문제라고 주장하고, 맥은 친구들 앞에서 큰 소리로 주의를 주어 자신을 모욕

한 리타의 행동이 더 큰 문제라고 주장한다. 그들의 말다툼을 중간 부분에서
부터 재현해보기로 하자.

리타: 그래요. 이번에도 내가 문제란 말이죠? 나는 단지 불만을 말한 것뿐인데 내가 또 문제라는 거군요. 당신은 언제나 그랬으니까요.

맥: 그래. 그랬다면 어쩔 거야? (한동안 침묵한다.) 당신의 짜증과 유치한 행동 때문에 내가 창피를 당했으니까 그렇지.

리타: 당신이 파티에서 술을 좀 덜 마시면 되는 일이잖아요.

맥: (리타와 마주치지 않도록 눈을 내리깔고 입을 다물어버린다. 그는 도피한 것이다.)

리타: 하지만 그것만 빼면 우리 두 사람은 그런대로 잘 해나가고 있잖아요. (웃음)

맥: (여전히 침묵. 도피한 채로 있다. 고개를 끄덕이지도, 눈을 마주치거나 대답도 하지 않고, 표정의 변화도 없다.)

리타: 그렇게 생각하지 않아요?

맥: (대답을 하지 않는다.)

리타: 이봐요. 맥, 듣고 있어요?

세 번째 신호: '홍수'

리타의 불평이 맥에게는 통하지 않는 것처럼 보인다. 그러나 그렇지 않다.
일반적으로 도피하는 사람은 배우자가 하는 불평이나 모욕의 말을 너무 많이
들어서 그로 인한 감정적 부대낌에 대한 방어기제로서 도피를 택하기 때문이

다. 배우자의 불평, 비난, 모욕, 핑계 등 부정적인 감정으로부터 나오는 말을 '홍수'처럼 너무 많이 듣게 되면, 어느 순간 갑자기 자신을 껍질 속에 가두어 버리게 된다. 이 지나친 부정적 말들을 우리는 '홍수洪水'라고 부른다. 이러한 공격에 대하여 자신이 무방비 상태임을 알게 될 때, 대응을 피하는 것이 상책이라 느끼게 된다. 배우자의 비난이나 모욕하는 말의 '홍수'를 뒤집어쓰면 쓸수록 언제 또다시 배우자의 분노가 폭발할지 몰라 배우자를 극도로 경계하게 된다. 그러므로 맥이 취할 수 있는 유일한 방법은 리타의 맹공격으로 인해 생기는 끔찍한 감정으로부터 스스로를 보호하는 것이다. 그가 이렇게 함으로써 맥과 리타의 감정적인 관계는 단절되었다. 불행히도 맥과 리타는 그 후 이혼했다.

다른 부부의 경우를 보자. 남편 폴은 아내 에이미가 부정적인 감정을 폭발시켰을 때, 왜 자신이 도피해버렸는지에 대해 직설적으로 말하고 있다. 다음의 대화에서 폴은 도피자들이 일반적으로 느끼는 감정을 명확하게 표현하고 있다.

에이미: 내가 화를 내고 불평을 하면, 당신도 함께 대화하면서 상황을 더 낫게 만들 수 있잖아. 그런데 갑자기 입을 다물어버리고는 마치 '당신이 어떻게 생각하든 나는 신경 쓰지 않겠다'는 태도를 보이잖아요. 그럴 때면 내 의견이나 생각이 당신에게 전혀 전해지지 않는 것 같아서 정말 비참한 심정이 돼버려. 결혼생활은 그래서는 안 된다고 생각해요.

폴: 그래? 그럼 나도 한마디 하겠는데, 진지한 대화를 하고 싶으면 소리를 고

래고래 지르는 건 그만두라고. 그 목소리를 듣는 순간 나는 당신과 말하고 싶은 마음이 싹 가셔버려.

에이미: 그래요? 나도 상처를 받거나 화가 나면, 당신에게 상처를 주고 싶어서 심한 말을 하게 돼. 그럴 때는 말이에요, 우리 둘 다 서로에게 상처주기를 멈춰야 해요. 나는 '미안해요'라고 사과해야 되겠죠. 당신도 '당신이 이 문제에 대해 얘기하고 싶어 한다는 걸 알아. 당신을 무시하지 않고 나도 대화를 하도록 노력할게'라고 말해야 한다니까요.

폴: 나도 이야기할 거야, 만일……

에이미: 만일 당신 기분이 좋다면 그렇게 하겠다는 거겠죠!

폴: 그게 아니야. 만일 당신이 그렇게 고함을 치고 펄펄 뛰지 않으면 이야기하겠다는 말이야.

에이미는 폴이 입을 다물어버릴 때 어떤 기분이 드는지를 이야기했다. 하지만 폴이 왜 입을 다물어버리는지에 대해서는 들으려고 하지 않았다. 폴은 에이미의 분노를 가라앉혀주지 못했고, 그 후 그들 또한 이혼했다.

결혼생활의 파경은 예측할 수 있다. 우선 서로의 의견이 일치하지 않을 때 좋지 않은 첫마디로 말다툼을 시작하고, 부부가 쉴 새 없이 서로를 비난하고 모욕하며, 자기를 변호하거나 상대를 회피하다보면 결혼생활은 틀림없이 깨지고 만다. 이러한 위험 요인들 가운데 하나만 결혼생활에 끼어들어도 이혼 가능성이 높아지는데, 불행한 결혼생활에는 대개 이 네 가지 위험 요인이 모두 포함되어 있다.

네 번째 신호: 생리적 반응

대화에서 자꾸 도피하려는 맥과 그의 아내 리타가 나누는 이야기를 듣지 못했다 하더라도, 그들의 생리적인 반응만으로도 나는 이혼을 예측할 수 있었을 것이다. 말다툼이 격렬해졌을 때 나타나는 부부의 생리적 변화를 측정해보면 그 부부가 얼마나 스트레스를 받고 있는지를 알 수 있기 때문이다. 생리적 반응에서 가장 확실한 지표 중 하나는 맥박인데, 많이 올라가는 사람의 경우 1분에 100에서 165까지 올라간다. (30세 남성의 정상 맥박 수는 1분에 76회 전후이고 여성은 82회 전후다.) 그리고 사람을 흥분시키는 아드레날린을 포함한 호르몬의 분비량도 변한다. 혈압도 올라간다. 극적으로 변하는 이런 수치들을 통해서 부부가 말다툼을 하는 동안 어느 정도로 강한 스트레스를 받고 있는지를 알 수 있으므로 그들이 결국 이혼할지, 이혼하지 않을지를 예측할 수 있다.

'홍수' 에피소드로 되돌아가보자. 부부가 이혼으로 가는 길을 걷게 되는 데에는 두 가지 이유가 있다. 첫째는 부부가 서로 이야기를 나눌 때 적어도 한쪽이 강한 정신적 스트레스를 받아서 흥분하기 때문이다. 둘째는 네 가지 위험 요인의 작용으로 맥박 등이 올라가, 문제 해결을 위한 생산적인 대화를 하는 것이 사실상 불가능해지기 때문이다.

우리의 몸은 말다툼 등으로 흥분하게 되면 선사시대의 선조로부터 물려받은 매우 원시적인 경계 시스템이 작동된다. 그래서 맥박이 빨라지고 땀이 나면서 우리 몸에 현재 상황이 위험함을 알려준다. 우리는 시험관 아기, 장기 이식, 유전자 치료, 유전자 지도의 작성 등이 가능한 시대에 살고 있지만, 공포에 반응하는 우리의 몸은 동굴에서 살던 선조들과 그다지 달라진 것이 없다. 선조들이 호랑이와 마주쳤을 때와 마찬가지로, 변기 뚜껑을 내려놓는 것을 왜 매번 잊어버리느냐고 다그치는 아내의 모욕적인 말과 마주치면 우리 몸은 똑같이 흥분한다.

배우자와 이야기를 나누는 중에 맥박이 빨라지는 등의 신체적 스트레스가 높아진다면 그 결말은 재앙이 될 것이 뻔하다. 이렇게 신체 스트레스가 높아지면 정보 처리 능력이 감소하는데, 이는 당신의 배우자가 무슨 말을 하고 있는지에 집중하는 것이 더 어려워진다는 것을 의미한다. 당신이 가진 창조적인 문제 해결 능력이나 유머감각은 깡그리 사라지고 반사적인 궤변만 남게 될 것이다. 즉, 비난하고 모욕하는 말로 배우자를 공격하든가 자기변명, 도피와 같은 레퍼토리를 반복할 것이다. 이러한 환경에서 계속 이야기를 하는 것은 상황을 악화시킬 뿐이며 문제 해결의 가능성은 요원해진다.

남성과 여성은 생물학적으로 다르다

대화에서 도피하려는 배우자 가운데 85%는 남편이다. 이것은 남성에게 뭔가 결함이 있어서가 아니라 남성이 진화 과정에서 선조로부터 물려받은 특성 때문이다. 인류학 연구에 따르면, 위험한 환경에서 살아남는 데 적합하도록 남녀의 역할을 엄격히 구분한 선조들로부터 인류는 진화해왔다. 이 과정에서 여성은 양육에 전념하고, 남성은 협동하여 수렵에 전념하도록 특성화되었다.

젖먹이 아기를 키우는 어머니에게서 나오는 젖의 양은 그녀가 얼마나 긴장을 풀고 있는지에 따라 좌우된다. 긴장의 이완 정도가 뇌하수체 후엽 호르몬 (옥시토신)의 방출량과 관계가 있기 때문이다. 여성이 스트레스를 받았을 때, 조금이라도 빨리 마음을 가라앉힐 수 있는 능력을 갖게 된 것은 자연스러운 것이었다. 침착성을 유지할 수 있는 여성의 능력은 아기에게로 갈 영양분의 양을 최적화함으로써 아기의 생존율을 높일 수 있었기 때문이다. 반대로 남성은 자연스럽게 여성과는 반대의 길을 가야 했다. 협동해서 사냥을 할 때 맹수로부터 공격받을 것에 대비하여 항상 주위를 살펴보는 것이 생존에 필요한 중요한 자질이었고, 유사시에는 곧바로 아드레날린을 방출하여 그 흥분 상태를 최대치로 지속시키는 것이 생존뿐 아니라 생식을 위해서도 필요했던 것이다.

현대에도 남성의 심혈관 시스템은 여성의 것보다 스트레스에 강하게 반응하고 진정되는 속도는 느리다. 예컨대, 로버트 레벤슨 박사와 그의 제자 로렌 맥카터의 연구에 따르면, 폭발음을 동시에 들었을 때 남성이 여성보다 맥박이 더 빨라지고 그 지속 시간도 오래간다고 한다. 혈압의 경우도 마찬가지인데, 여성보다 남성의 혈압이 더 높이 올라가고 더 오래 지속된다. 앨라배마대학교의 심리학자 돌프 질만은 한 테스트를 통해 남성에게 고의적으로 무례하게 행동한 후 20분간 스스로 누그러뜨릴 수 있는 시간을 주었을 때, 남성의 혈압은 여전히 격렬하게 요동치고 높게 지속됨을 밝혀냈다. 그러나 여성이 그와 동일한 테스트를 받았을 때, 그들은 20분 만에 차분함을 찾을 수 있었다. 결혼생활 중에 긴장 상황에 직면하면 남성이 육체적으로 더 큰 부담을 느끼기 때문에, 남성이 여성보다 그 긴장 상황을 회피하고자 시도하는 경향이 크다는 것은 놀랄 만한 일이 아니다.

> **66**
>
> 결혼생활의 갈등에서
> 남편이 아내보다 생물학적으로
> 쉽게 흥분하는 것은 사실이다.
>
> **99**

우리의 몸이 생물학적으로 어떻게 반응하는지와 관련하여, 성gender의 차이는 남녀가 결혼생활의 스트레스에 직면할 때 무슨 생각을 하는 경향이 있는지에도 영향을 미친다. 연구의 일환으로, 우리는 부부들에게 자신들의 말다툼 녹화 장면을 보게 하고 그들이 스트레스를 받는 것이 감지되었을 때 무슨 생각을 했었는지를 말하도록 요청했다. 우리의 연구에 따르면, 남성은 스트레스를 받을 때 여성보다 상대방에 대한 부정적인 사고를 더 많이 하는 반면, 여성은 어떻게든 진정하고 타협점을 찾아내는 데 도움이 되는 생각을 하려고 애쓴다. 남성은 일반적으로 자신이 전적으로 옳다고 여겨 '이번에는 반드시 아내를 설득시키겠다' 또는 '어째서 내가 비난받아야 하는가?'라고 생각하는 경향이 있어 공격적인 태도를 보인다. 그렇지 않은 경우에도 자신이 아내의 분노나 불평의 대상이 된 억울한 피해자라는 생각에 "왜 무슨 일이 있으면 나만 비난하느냐?"라는 자기변호로 일관한다.

물론 이것이 모든 남녀에게 들어맞는 것은 아니다. 일반적으로 남성이 여성보다 결혼생활의 갈등으로 인해 더 쉽게 스트레스를 받는다는 가설은 여전히 논쟁 중이다. 그러나 나는 42년간 연구를 해오면서 생리적·정신적 스트레스에는 남녀 간의 차이가 존재한다는 과학적 진실을 발견했다. 이러한 차이로 인해 결혼생활을 하는 동안 부부가 수없이 옥신각신 다투더라도, 아내는 다툼에서 오는 스트레스를 능숙하게 해소하려 노력하고 사려 있는 해결방법을 찾아낸다. 반면 남편은 스트레스를 잘 처리하지 못할 뿐만 아니라, 다툼을 피하기 위해 자기변호 혹은 도피를 하거나 호전적·모욕적 태도로 아내의 입을 막으려고 하는 경우가 많다.

당신 부부의 말다툼이 부정적인 형태로 진행된다고 해서 결혼생활이 위험에 처했다고 할 수는 없다. 사실 이혼할 염려가 없는 부부라고 해도 때때로 네 가지 위험 요인의 '홍수'에 잠겨버리는 예를 많이 볼 수 있다. 그러나 이 네 가지 위험 요인이 부부 사이에 상존하고 있다면, 그리고 부부가 일상적으로 스트레스를 느끼기 시작한다면, 두 사람의 마음은 멀어지고 부부관계는 위험해진다. 그리고 부부 각자에게 고독감이 찾아온다. 이때 제3자가 구원의 손길을 내밀어주지 않는다면, 그들은 곧장 이혼을 하거나 이혼과 다름없는 냉담한 동거 혹은 별거를 하게 된다. 아이들의 생일 파티나 친구를 초대한 저녁식사, 혹은 가족 여행으로 같은 장소에서 함께 시간을 보내더라도 감정적으로는 완전히 단절되고, 그러한 상황을 회복하려는 노력조차 체념하는 부부가 된다.

다섯 번째 신호: 회복 시도의 실패

결혼생활에 네 가지 위험 요인이 침투해서 부부 사이에 깊이 퍼지기까지는 어느 정도 시간이 걸린다. 그러나 앞서 언급했듯이, 이러한 시차에도 불구하고 나는 신혼부부의 대화를 듣기만 해도 그들이 장차 이혼을 하게 될 것인지 아닌지를 대개 예측할 수 있었다. 어떻게 그것이 가능할까? 부부 싸움의 원인을 분석해보면 그 패턴이 비슷하기 때문이다. 그 유사한 패턴들은 그들이 적절한 상담을 받기 전까지는 변화될 가능성이 거의 없다.

이혼 여부를 예측하는 것은 부부 사이에서 회복 시도가 성공하는지 실패하는지에 달려 있다. 앞서 언급한 회복 시도는 부부가 노력해서 함께 만들어가는 것이다. "우리 잠깐 쉬어요"라든가, "내 마음이 진정될 때까지 잠깐만 기다려줘"라는 말 역시 과민한 대화 도중에 긴장 상태를 완화시키는 작용을 한다. 잠깐 동안의 휴지休止로 스트레스를 예방할 수 있기 때문이다.

회복 시도는 부부 사이의 감정적 긴장상태를 완화시켜줄 뿐만 아니라, 스트레스 레벨을 낮추고 맥박이 빨라지는 것을 예방할 수 있기 때문에 결혼생활을 위기에서 구해낼 수 있다. 그러나 네 가지 위험 요인의 영향력이 너무 강해지면 이러한 회복 시도도 상대방에게 무시당하기 쉽다. 특히 한쪽이 적의로 가득 차 있다면, 상대방이 무슨 말을 해도 그것을 선의로 받아들이지 않는 경우가 많다.

불행한 결혼생활의 경우, 네 가지 위험 요인과 회복 시도 실패의 악순환은 마치 연결고리처럼 계속 되풀이된다. 부부가 서로에게 더 모욕적인 언행을 하고 더 방어적인 태도를 취할수록, 상대방의 말을 경청하기 어렵고 회복 시도에 반응하는 것 또한 힘들어진다. 상대방의 회복 시도가 들리지 않게 되면 모욕적 언행과 방어적 태도의 수위는 더 높아지고, 그것은 다음의 회복 시도 또한 더욱 어렵게 만드는 악순환을 낳아 결국 결혼생활을 파탄으로 몰아간다.

내가 부부간의 대화를 단 한 번 듣고 이혼을 예측할 수 있는 것은 바로 이러한 이유에서다. 회복 시도의 실패는 부부를 불행한 미래로 이끄는 확실한 지표이기 때문이다. 네 가지 위험 요인이 존재하는 부부의 경우, 나는 82%의 정확도로 이혼을 예측할 수 있다. 그리고 부부의 회복 시도가 성공하지 못했을 경우에는 그 정확도가 90%대로 증가한다. 말다툼을 하던 중 네 가지 위험 요인이 끼어들었다는 것을 알고, 서로 회복 시도를 할 수 있는 부부는 안정되고 행복한 결혼생활을 꾸려나갈 수 있다. 사실 네 가지 위험 요인은 결혼생활 속에 늘 도사리고 있는 것이지만, 회복 시도를 잘 활용한 신혼부부의 84%는 6년 뒤에도 여전히 행복한 결혼생활을 하고 있었다. 그러나 회복 시도를 사용하지 않은 부부나 어느 한쪽이 건넨 회복 시도를 무시한 부부는 결혼생활에 심각한 위기를 맞았다.

나는 감성지능에 의한 결혼생활을 하는 부부로부터 다양한 종류의 회복 시도가 있음을 배웠다. 그들은 모두 나름의 방법을 가지고 있었다. 올리비아와 너새니얼은 혀를 내민다. 또 어떤 부부는 웃든가 "미안해요"라고 말한다. "서로 큰 소리 치는 건 하지 말아요"라든가 "이야기가 엇나갔네요"라고 한마디 던지는 것도 긴장 상태를 완화시키는 작용을 한다. 모든 회복 시도는 네 가지 위험 요인이 부부 사이에 고착되는 것을 막아주기 때문에 결혼생활을 안정적으로 만들어준다.

회복 시도의 성패는 말주변이 있는지 없는지가 아니라 결혼생활의 상태와 관련이 깊다. 이러한 사실은 행복한 결혼생활을 하고 있는 할과 조디 부부로부터 배울 수 있었다. 화학연구소에 근무하는 할은 일의 특성상 저녁식사 시간에 맞춰 집에 돌아오지 못하는 경우가 종종 있었다. 풀타임으로 일하는 조디는 그것을 충분히 이해하면서도 그 일로 기분이 언짢아지곤 했다. 부부는 애정문제연구소를 찾아와 이 문제에 대해 상의했다. 아이들이 아빠와 함께 식사를 하고 싶다며 아빠가 올 때까지 저녁을 먹지 않겠다고 떼를 쓴다고 조디가 불평을 했다. 그 때문에 아이들의 저녁식사 시간이 불규칙해졌으며, 조디는 그 점이 마음에 들지 않았다. 할은 간식을 줘서 아이들이 허기지지 않게 하면 어떻겠냐고 제안했다. 그러자 놀랍게도 조디가 갑자기 할을 향해 큰 소리로 화를 냈다. "나는 이제껏 아이들이 제때 식사를 하게 하려고 간식을 주지 않았어요! 그렇다면 이제까지 내가 해온 노력은 뭐죠?"

할은 이거 큰일 났다 싶은 생각이 들었다. 그가 집안일에 너무나 무관심했다는 것이 드러났을 뿐만 아니라 설상가상으로 그는 아내의 지성까지도 모욕한 셈이었다. 결혼생활이 원만하지 않은 부부였다면 이것이 발화점이 되어 서로를 공격했을 것이다. 나는 그 다음에 무슨 일이 일어날지 잠자코 지켜보았다. 그들이 행복한 결혼생활을 하고 있다는 사실을 알고 있었으므로, 나는 할이 틀림없이 뭔가 능숙한 회복 시도를 사용할 것으로 기대하고 있었다. 하지만 할은 난처해하면서 겸연쩍은 미소를 지었을 뿐이었다. 그러자 조디는 큰 소리로 웃었고 뒤이어 둘은 평온한 주제로 이야기를 옮겨갔다.

할의 겸연쩍은 미소가 효과가 있었던 것은 그들의 결혼생활이 순탄했기 때문이다. 그러나 올리버의 경우, 가사 문제로 다투었을 때 대라에게 싱긋 웃으며 회복 시도를 했지만 전혀 통하지 않았다. 이처럼 네 가지 위험 요인에 사로잡힌 부부에게는 그것이 아무리 세심하고 능숙한 회복 시도라 할지라도 성공을 거두지 못한다.

아이러니컬하게도 문제를 안고 있는 부부가 문제없는 부부보다 더 많은 회복 시도를 사용하고 있었다. 한 가지 회복 시도가 실패하면 뒤이어 다른 수단을 계속 써보아도 그것들 모두가 실패로 이어졌는데, 이를 지켜보는 것은 제3자인 연구자로서도 마음 아픈 일이었다. 이 차이는 어디서 오는 것일까? 무엇으로 회복 시도의 성공률을 높일 수 있을까? 앞서 언급한 바와 같이, 그것은 부부 사이의 두터운 우정을 향상시킴으로써 이뤄낼 수 있다.

여섯 번째 신호: 나쁜 기억

부부관계가 아주 냉랭해지면 현재와 미래의 관계가 위험 상태에 빠질 뿐만 아니라 과거의 사건마저 위험 요인이 되어 둘 사이를 파고든다. 부부들과 면담을 할 때 나는 항상 과거의 결혼생활에 대해서도 질문을 한다. 배우자에게 혹은 결혼생활에 부정적인 감정을 강하게 품고 있는 배우자는 함께 지낸 과거마저 나쁘게 보는 경향이 있다. 그들이 교제하던 시절과 결혼 첫해에 있었던 일들을 들어보면, 현재 그들이 서로에게 어떤 감정을 갖고 있는지는 알지 못하더라도 그들이 이혼할 것인지, 이혼하지 않을 것인지의 여부를 예측할 수 있다.

대부분의 남녀는 큰 희망과 기대를 갖고 결혼생활을 시작한다. 행복한 부부는 과거 두 사람의 추억을 즐거운 것으로 회상하는 경향이 있다. 비록 결혼식이 계획한 대로 완벽하게 치러지지 않았다 하더라도, 불만족스러웠거나 싫었던 일보다는 그때의 즐거웠던 일들만을 기억하려고 한다. 첫인상, 첫 데이트 때의 흥분, 서로에게 품었던 호감 등을 두 사람 모두 분명히 기억하고 있다. 두 사람이 곤경에 처했던 일에 대해서도 그것을 극복한 서로의 노력을 칭찬하고, 그 일로 인해 두 사람의 유대가 더욱 강해졌다고 즐겁게 이야기할 수 있다.

반대로 불행한 부부에게는 과거의 즐거웠던 기억마저도 불쾌한 것으로 변질된다. 아내는 남편이 결혼식에 30분 늦었던 일을 회상한다. 남편은 결혼식 리허설에서 아내가 그의 절친한 친구와 다정히 이야기했던 일을 회상하며, 이제는 그것을 아내가 친구에게 '꼬리를 친' 것으로 생각한다. 또 다른 슬픈 징후는 두 사람 모두 과거를 고통스러운 기억으로 떠올린다는 점이다. 과거는 별로 중요하지 않거나 고통스러운 것이 되어버려, 그들은 그것들이 사라져버렸으면 하고 바란다.

피터와 신시아가 늘 세차나 돈 씀씀이를 두고 말다툼만 하는 것은 아니다. 그들의 앨범을 보면 함께했던 즐거운 옛 시절의 사진들이 많다. 그러나 그 즐거웠던 추억들은 기억 속에서 사라져버렸다. 나는 그들에게 옛일을 물어보았지만, 그들은 데이트하던 때의 일과 결혼식 장면을 이야기했을 뿐이다. 신시아가 카페에서 바리스타로 일하고 있을 때 손님으로 온 피터와 사귀게 되었다. 신시아는 신용카드 영수증에서 그의 이름과 전화번호를 알아내 분실물취급소에 남겨진 장갑이 그의 것인지 묻기 위해 전화를 걸었다. 그리고 그것은 데이트로 발전했다.

신시아가 말하기를, 그녀는 피터에게 첫눈에 끌렸는데 대학생인 그가 말도 잘하고 미남이었기 때문이었다. 그러나 피터는 그들이 처음 만났을 때 무엇때문에 신시아에게 끌렸는지를 생각해내지 못하는 것 같았다. "글쎄요, (오랫동안 생각해보다가) 솔직히 말해서 잘 모르겠습니다. 저는 결혼 상대를 한 여성으로 좁혀서 교제하고 싶지는 않았으니까요"라고 고백했다.

나는 함께 즐겁게 보낸 시간에 대해 질문했지만 그들은 그것을 좀처럼 생각해내지 못했다. "피크닉 같은 건 가지 않았죠?"라고 신시아가 피터에게 물었다. 피터는 입을 다문 채 어깨를 으쓱했다. 그들이 결혼을 결심하기까지의 과정을 설명할 때도 두 사람에겐 기억의 공백이 있었다. "결혼하면 두 사람의 관계가 깊어지리라 생각했죠. 뭐랄까, 합리적인 수순처럼 보였죠. 그게 가장 중요한 이유 같습니다만……"이라고 피터가 말했다. 그는 레스토랑에서 하얀 장미 꽃다발 속에 하얀 리본을 맨 반지를 그녀에게 건네주고 청혼했던 일을 기억해냈다. 이것으로 그들의 결혼생활은 조금 회복될 것처럼 보였다. 그러나 그 다음에 그는 씁쓸한 미소를 지으며 이렇게 말했다. "그때 일은 결코 잊을 수 없습니다. 신시아는 반지를 보고 약간 몸을 떨면서 내 얼굴을 바라보며 '내 대답이 듣고 싶어요?'라고 말했습니다. 그건 내가 기대했던 반응이 아니었어요." 그는 신시아를 향해 "그때 당신은 미소도 짓지 않았고 무표정했어. 마치 나에게 '이 얼간아'라고 말하는 듯한 얼굴이었다니까"라고 말했다.

"아니야. 그러지 않았어"라고 신시아는 조그만 목소리로 반론을 폈다. 그러나 상황은 조금도 나아지지 않았다. 신시아에게는 결혼 피로연이 끝나자마자 많은 하객들이 부랴부랴 돌아가 버렸던 일이 슬픈 기억으로 남아 있었다. 또한 피터는 친구들이 자동차로 다가와 창문을 스푼으로 톡톡 두드리면서 두 사람에게 키스하라고 요구했던 일을 생각해냈다. "그때는 정말로 난처했어요."

피터 부부가 왜곡된 기억을 갖게 된 것은 그들 사이에 부정적인 감정이 강하게 뿌리내리고 있었기 때문이다. 네 가지 위험 요인이 결혼생활을 지배하면 이것이 부부의 대화를 가로막아 부정성이라는 독버섯을 자라나게 하고, 배우자가 한 일이나 현재 배우자가 하고 있는 일 모두를 혐오하는 감정을 유발한다.

행복한 결혼생활을 하고 있다면, 남편이 퇴근하는 길에 아내가 세탁소에 맡긴 옷을 찾아오겠다고 약속했다가 그것을 깜빡 잊어버렸다 해도, 아내는 "당신, 일에 쫓겨서 스트레스가 많죠? 좀 쉬어요"라며 그 일을 문제 삼지 않는다. 아내는 남편이 바빴거나 약속을 지키지 못할 특별한 상황이 있었을 거라고 생각한다. 그러나 불행한 결혼생활을 하고 있다면, 동일한 상황에서 아내는 "당신은 언제나 사려 깊지 못하고 이기적이야"라고 말하게 된다. 남편이 일을 마치고 집에 돌아오면 정열적인 키스로 맞이하여 하루의 노고를 위로해주는 것이 서로 사랑하고 배려하는 행복한 부부의 모습이다. 그러나 불행한 부부의 경우, 아내가 이렇게 했을 때 남편은 "당신, 나한테 뭐 바라는 거 있어?"라고 억측을 하게 된다.

우리의 연구 대상이었던 남편 미치는 아내 레슬리가 그에게 선물을 사주고, 안아주고, 전화를 걸 때조차 그 저의가 무엇인지를 의심하는 경향을 보였는데, 이는 레슬리에 대해 가지고 있는 왜곡된 기억 때문이었다. 미치는 번번이 그들 부부의 역사를 나쁜 쪽으로 '다시 쓰기' 해왔으며, 결국 매우 부정적인 각본을 완성하고 말았던 것이다. 갈등이 일어날 때마다 그는 분개하며 독선적인 태도를 취했다. 미치가 레슬리에 대해 지닌 부정적 생각은 그를 피곤하게 했고 갈등에 직면할 때마다 그를 분노케 했다. 레슬리에 대한 부정적 생각이 미치에게 일상이 되어버렸으며 결국 그들은 이혼했다.

결혼생활의 끝이 다가올 때

이제까지의 부부간의 역사를 나쁜 쪽으로 다시 쓰려고 들면 부부의 육체적·정신적 교류가 사라지고, 현재의 문제를 개선할 힘마저 상실해 항상 적신호가 깜박거리는 가운데 이혼은 불가피한 것이 된다. 대화가 항상 말다툼으로 끝나고, 결혼생활은 고통 그 자체가 되어 결국 파탄이 나고 만다.

때로 이런 지경까지 다다른 부부가 우리에게 상담을 받으러 온다. 겉으로 보기에 그들에게는 아무런 이상한 점이 없다. 말다툼을 하거나 서로 모욕을 주는 일도 없고 도피하는 일도 없다. 즉, 네 가지 위험 요인이 전혀 엿보이지 않는다. 그들은 부부관계에 대하여 마치 다른 사람의 일을 이야기하는 것처럼 차분하게 이야기한다. 경험이 부족한 부부문제 상담가는 겉모습만으로 그들에게 문제가 없다고 쉽게 진단해버린다. 그러나 실제로 이런 경우는 부부 한쪽 또는 양쪽 모두 이미 감정적으로 결혼생활을 부정하는 상태에 진입해 있는 경우다. 우리가 수행한 연구에 따르면, 감정적으로 멀어진 부부들은 평균 16년 정도 결혼생활을 지속한 이후에 이혼을 한다. 한편, 네 가지 위험 요인의 지배를 받는 부부들은 평균 5~6년 정도 결혼생활을 지속한 후에 이혼한다.

어떤 부부들은 곧바로 이혼을 함으로써 결혼생활을 접는다. 또 어떤 부부들은 냉담한 동거 혹은 별거를 하다가 파경을 맞는다. 어떤 형태를 띠든 관계의 종말을 알리는 조짐은 다음의 네 가지 단계를 거친다.

① 결혼생활에서 나타난 문제들을 심각한 것이라고 생각한다.
② 대화가 무익하다고 느낀다. 혼자서 문제를 해결하려고 한다.
③ 별거를 시작한다(한 집 안에서의 별거를 포함한 물리적·정신적 별거).
④ 외로움에 시달린다.

부부가 이 마지막 단계까지 오면, 한쪽 또는 양쪽 모두 불륜에 이르게 되는 경우가 많다. 불륜은 대개 결혼생활이 사실상 끝났을 때 나타나는 증상일 뿐 그 원인이 아니다. 결혼생활의 종말은 부부 중 한쪽이 방황하기 훨씬 전에 예측할 수 있다.

많은 부부들이 갈등 관계에서 빠져나오지 못하게 되고 나서야 구원을 청하기 시작한다. 그러나 다음의 사실을 알고 있다면, 그 이전부터 이미 적신호가 깜박거리고 있었음을 확인할 수 있다. 그 적신호는 첫째는 부부의 대화 방식의 문제(거친 첫마디, 네 가지 위험 요인, 배우자의 조언 무시 등)이고, 둘째는 회복 시도의 실패, 셋째는 강한 생리적 반응이다. 그리고 넷째는 결혼생활에 대한 심한 비관적 생각이다. 이것들은 모두 부부간의 감정 이탈을 보여주고 있으며, 부부가 그들의 소통 방식을 변화시키지 않는 한 대부분의 경우 이혼을 피할 수 없다.

끝날 때까지 끝난 게 아니다

이 말을 잘 곱씹어본다면, 나는 지금보다 훨씬 더 많은 결혼생활이 구제될 수 있을 것이라 확신한다. 불행한 결혼생활의 구렁텅이에서 허우적거리고 있는 부부라도 올바른 구원의 손길을 만나면 다시 시작할 수 있다. 그러나 애석하게도 이 단계까지 오게 된 부부는 지푸라기라도 잡고 보자는 심정으로 잘못된 것에 매달리기도 한다. 선의가 넘치는 부부문제 상담가들은 부부들에게 의견 차이를 극복하고 부부간의 대화를 개선해나가는 천편일률적인 방법을 되풀이해서 조언한다. 나 역시 예전에는 그런 조언을 해주었다. 처음으로 이혼을 예측할 수 있게 되었을 때, 나는 불행한 결혼생활을 구제할 방법을 발견했다고 생각했다. 구제에 필요한 것은 네 가지 위험 요인에 지배되지 않고 대화를 진척시키는 방법을 가르쳐주는 것이라 믿었다. 그렇게 하면 회복 시도는 성공을 거두고 원만한 해결을 보게 될 것이라고 믿었다.

그러나 많은 부부문제 상담가들과 마찬가지로 나도 잘못 알고 있었다. 수많은 분석을 통해 행복한 결혼생활을 하는 부부들만이 가진 그 무엇인가를 알기 전까지는 불행한 결혼생활을 구제하는 암호를 해독해내지 못했기 때문이다. 20여 년에 걸쳐서 '원만한 부부생활의 비결'을 연구한 결과, 의견 차이가 있을 때 이를 어떻게 다루는지가 중요한 문제가 아니라, 일상생활에서 상대에 대한 배려를 어떻게 표현하는지가 이혼을 예방하는 열쇠라는 것을 알게 되었다. 내가 주창하는 '일곱 가지 원칙'은 부부간의 다툼을 원만하게 처리하는 지침서 역할을 할 뿐만 아니라, 어떠한 결혼생활에서도 신뢰를 그 중심에 놓고 우정을 강화하는 것이 결혼생활의 기본임을 가르쳐준다.

이처럼 우정을 강화해나가는 것은 매우 중요한데, 왜냐하면 그것이 우리 모두가 결혼생활로부터 기대하는 로맨스와 열정, 그리고 멋진 섹스의 원동력이기 때문이다. 실제로 부부들이 나를 찾아와 섹스가 판에 박힌 듯 지루하고 그 횟수도 드물다고 불만을 토로할 때면, 나는 그들에게 섹스 매뉴얼을 권하는 것으로 상담을 시작하지 않는다. 대신 나는 그들이 처음에 지니고 있었던 애정을 재강화하고 재발견할 수 있도록 그들에게 세 가지 원칙을 권한다.

우정은 긍정적 감정의 근본 요인이라 할 수 있기 때문에, 부부가 지닌 우정의 밀도에 따라 관계의 미래를 예측할 수 있다. 살펴본 바와 같이 PSO는 일종의 보험과도 같은데, 이는 회복 시도가 효과적으로 작동하여 부부간의 갈등을 완화시킬 가능성을 크게 증가시킨다. 그래서 결혼생활의 현 상태가 어떻든, 당신이 부부간의 우정을 지속적으로 가꿔나가며 강화시킨다면 그것은 커다란 행복을 가져다줄 것이다. 이 과정에서의 첫 단계는 내가 제시하는 첫 번째 원칙의 주제, 즉 부부가 서로에 대해 얼마나 많이 알고 있는지를 살펴보는 것이다.

4

원칙 1

애정 지도를
상세하게 그려라

로리는 소아과 의사로서 응급실을 담당하고 있었다. 그는 병원에서 누구나
가 좋아하는 평판 좋은 의사였다. 그는 겸손하면서도 인정 있고 유머 넘치는
매력적인 남자였다. 그는 한 달에 평균 20일을 병원 숙직실에서 지내는 일벌
레였다. 그 때문에 자녀의 친구 이름은커녕 자기 집에서 기르는 개 이름조차
몰랐다. 내가 그에게 집의 뒷문이 어디 있느냐고 물었을 때, 아내 리사에게 물
어볼 정도였다.

리사는 집에서 아주 짧은 시간밖에 남편의 얼굴을 마주하지 못하는 결혼생
활과, 자신과 심정적으로 단절되어 있는 남편에게 분노하고 있었다. 그녀는 자
주 남편에게 애정표현을 했지만 그때마다 남편은 난감하다는 듯한 표정을 지
었다. 그 결과 리사는 남편이 자신뿐만 아니라 결혼생활까지도 무시하고 있다
고 생각하게 되었다.

지금까지 그들 부부의 일이 나의 뇌리에서 떠나지 않는다. 자기 집 개 이름
도 모르고 집 뒷문이 어디에 붙어 있는지도 모르는 남자가 있다니……. 그들

부부 사이에는 많은 문제가 있었지만, 그중에서도 가장 근본적인 문제는 남편 로리가 자신의 가족들이 어떻게 생활하고 있는지에 대해 전혀 아는 것이 없다는 사실이었다. 그의 머릿속은 온통 일로 가득 차 있어서 아내의 세계에 관심을 가질 여유가 전혀 없었던 것이다.

로리와 같은 이런 무지함이 이상하게 여겨질지도 모르지만, 단지 정도의 차이만 있을 뿐 우리 주변 사람들 가운데에도 배우자의 생활에 완전히 무관심한 부부들이 많다. 그런 부부들 중 한쪽 혹은 양쪽 모두는 배우자가 기뻐하는 일, 또는 좋아하는 것이나 싫어하는 것, 두려워하는 것과 현재 무엇 때문에 스트레스를 받는지에 대해 아주 단편적인 정보만을 가지고 있을 뿐이다. 아내는 남편이 현대 미술을 좋아하는 것은 알지만 그가 좋아하는 화가가 누구인지, 왜 그 화가를 좋아하는지에 대해서는 대답할 수 없다. 남편은 아내 친구들의 이름도 기억하지 못하고, 그녀가 직장에서 언제나 따돌림을 당하고 있다는 이야기도 귓등으로 흘려버린다.

이와는 반대로 감성지능으로 결합되어 있는 부부는 서로의 개인 생활에 관해서도 충분히 알고 있다. 나는 그들을 '상세한 애정 지도love map를 지닌 부부'라고 부른다. 여기에서 말하는 '애정 지도'란 배우자의 인생과 관련된 정보를 머릿속에 그려놓은 지도라 할 수 있다. 바꾸어 말하면, 애정 지도를 갖고 있는 부부는 행복한 결혼생활을 하기 위한 일종의 충분한 '인지적 공간'을 갖고 있는 사람들이다. 그들은 지금까지 배우자의 인생에서 일어난 큰 사건들을 기억하고 있고, 배우자에게 변화가 일어날 때면 최신 정보를 업데이트하여 정확한 애정 지도를 다시 그린다. 그렇기 때문에 레스토랑에서 샐러드를 먹을 때 아내는 남편이 좋아하는 드레싱을 주문할 수 있다. 아내가 일 때문에 집에 늦게 돌아오면 남편은 아내가 좋아하는 TV 프로그램의 재방송 시간을 알아둔다. 남편은 아내가 그녀의 상사를 어떻게 생각하고 있는지, 아내의 직장에 가려면 어떻게 가야 하는지를 알고 있다. 종교가 아내에게 중요하지만, 그녀가 내면 깊은 곳에 종교에 대한 회의를 갖고 있다는 것도 그는 알고 있다. 아내는 남편이 자신의 아버지를 닮아갈까 봐 두려워하고 있으며, 그 자신을 '자유로운 영혼'이라고 생각하는 것도 알고 있다. 이처럼 그들은 배우자의 인생 목표, 고민이나 걱정, 꿈과 희망을 포함해서 거의 모든 것을 알고 있다.

이러한 애정 지도가 그려져 있지 않다면 배우자를 충분히 안다고 말할 수 없다. 진정한 모습을 알지 못한 채 어떻게 배우자를 진심으로 사랑하고 있다고 말할 수 있겠는가? 그래서일까? 섹스를 통한 애정 표현을 성경에서는 "서로를 아는 것"이라고 표현하고 있다.

아는 것이 힘이다

배우자에 대한 지식은 사랑을 키워줄 뿐만 아니라, 결혼생활이 폭풍에 휩쓸렸을 때에도 그것을 견뎌낼 수 있는 강한 힘을 준다. 서로에 대한 상세한 애정 지도를 갖고 있는 부부는 역경에 처하거나 의견 충돌이 있을 때, 이에 대처할 준비가 훨씬 더 잘 되어 있다. 그 예로 결혼생활에 대한 불만이나 이혼의 큰 이유 가운데 하나인 첫아이의 출생에 대해 검토해보자. 우리가 연구한 신혼부부들 가운데, 처음으로 부모가 되었을 때 67%의 부부가 결혼생활의 만족도 면에서 현저한 하락세를 보였다. 그러나 나머지 33%는 불만을 느끼지 않았고, 그 가운데 절반 정도는 오히려 만족도가 상승했다.

이처럼 그들이 두 부류로 나뉘게 된 이유를 생각해보자. 우리 연구소의 연구원 앨리슨 샤피로의 조사에 따르면, 아이를 낳고 나서 결혼생활이 만족스러워졌다고 말하는 50쌍의 부부는 모두 상세한 애정 지도를 갖고 있었다. 아이의 출생이라는 극적인 사건을 겪으면서 애정 지도가 그들을 지켜주었던 것이다. 항상 감정이나 생각을 공유하고 있는 부부는 아이의 출생 때문에 탈선하는 일이 없다. 하지만 배우자에 대한 깊은 지식이나 정보를 갖고 있지 않은 부부들은 갑작스럽고도 극적인 일상생활의 변화에 당혹스러워하면서 방황하게 된다.

매기와 켄은 아주 짧은 기간 동안의 교제를 거쳐 결혼을 했기 때문에 서로에 대해 충분히 알 시간이 없었다. 그러나 그들은 친밀한 관계를 구축해나가며 취미나 운동 등 서로 좋아하는 것뿐만 아니라, 내면 깊숙이 자리한 소망이나 신념, 두려움 등에 대해 이야기를 나누었다. 아무리 바쁘더라도 서로를 우선순위에 두고, 매일 있었던 일을 상대방에게 이야기하는 시간을 가졌다. 그리고 적어도 1주일에 한 번은 외식을 했는데, 그 외식 자리는 오로지 대화하는 것이 목적이었다. 정치와 날씨, 자신들의 결혼생활에 이르기까지 여러 가지가 화젯거리로 올랐다.

딸 엘리스가 태어났을 때, 매기는 컴퓨터 프로그래머 일을 그만두고 육아에 전념하기로 결정했다. 그녀는 스스로의 결정에 놀랐었다고 한다. 그녀는 그때까지 자신의 경력 관리를 인생의 가장 중요한 목표로 삼아왔기 때문이다. 그러나 어머니가 되고 나서 그녀의 인생관이 바뀌었다. 그녀는 딸 엘리스를 위해서라면 자신의 희생을 마다하지 않았다. 그때까지 모터보트를 사기 위해 저축했던 돈을 엘리스의 대학 학자금으로 쓰기로 했다. 사실 매기에게 일어난 변화는 다른 많은 엄마들이 겪는 일이기도 하다. 부모가 되는 경험은 매우 심오한 것이어서 자신이 누구이고, 무슨 목적으로 살아가며, 무엇이 소중한 것인지에 대해 인식의 전환을 겪을 수밖에 없다.

처음에 켄은 아내의 변화가 혼란스러웠다. 그가 충분히 알고 있다고 생각했던 여자가 그의 눈앞에서 나날이 바뀌어가는 것이었다. 그러나 두 사람의 마음은 강하게 결합되어 있었으므로 켄은 매기의 생각이나 감정을 차츰 따라갈 수 있었다.

대부분의 경우에 아기가 태어나면 남편은 소외감을 느낀다(이에 대한 자세한 내용과 이에 대처하는 방법은 제10장에 제시되어 있다). 아내의 '변신'에 적응하지 못하면 남편은 아내를 이해할 수 없고 그 때문에 불행해진다. 매기를 이해하는 것이 최우선순위였던 켄은 다른 많은 남편들과는 달랐다. 그는 모녀관계라는 새롭고도 매력적인 결합의 세계로부터 물러서지 않았다. 그 결과 두 사람은 서로를 잃지 않았고, '부모'로의 이행을 함께 잘 견뎌냈다.

상세한 애정 지도를 갖고 있지 않으면 아이의 출생이라는 큰 사건이 부부 사이에 간극을 만든다. 결혼생활에 큰 변화를 미치는 이직, 이사, 질병, 퇴직 등도 부부 사이에 간극을 만들 수 있는 요소를 내포하고 있다. 또 오랜 결혼생활에서 오는 단조로움도 마찬가지다. 서로를 정확히 알고 이해할수록 생활이 급격히 바뀐다고 해도 두 사람은 한층 더 굳은 결합을 유지할 수 있다.

애정 지도 테스트

다음 질문에 대한 솔직한 답을 통해 자신의 현재 애정 지도의 수준을 한눈에 알수 있다. 현재 자신의 결혼생활이 어떠한지를 정확히 파악하기 위해 부부가 함께질문에 답해보라. 다음 각 문장을 읽고 '예'나 '아니오'에 표시하라.

1. 배우자의 절친한 친구 이름을 말할 수 있다. 예/아니오

2. 배우자가 현재 무엇 때문에 스트레스를 받고 있는지 말할 수 있다.

예/아니오

3. 최근에 배우자의 신경을 몹시 곤두서게 하는 사람들의 이름을 알고 있다.

예/아니오

4. 배우자가 이루고 싶어 하는 것을 몇 가지 말할 수 있다. 예/아니오

5. 배우자가 가진 종교에 대한 믿음과 생각을 잘 알고 있다. 예/아니오

6. 배우자의 인생철학에 대해서 이야기할 수 있다. 예/아니오

7. 배우자가 가장 싫어하는 친척 이름을 말할 수 있다. 예/아니오

8. 배우자가 가장 좋아하는 음악을 알고 있다. 예/아니오

9. 배우자가 가장 좋아하는 영화 세 편을 말할 수 있다. 예/아니오

10. 배우자가 지금껏 경험한 가장 특별한 사건을 세 가지 이상 알고 있다.

예/아니오

11. 배우자가 어린 시절에 경험한 가장 괴로웠던 일을 말할 수 있다. 예/아니오

12. 배우자가 이루고 싶어 하는 최대의 꿈과 소망을 말할 수 있다.   예 / 아니오

13. 배우자가 현재 가장 걱정하고 있는 것을 말할 수 있다.   예 / 아니오

14. 복권당첨으로 큰돈을 받게 되면, 배우자가 무엇을 하고 싶은지를 알고 있다.

  예 / 아니오

15. 배우자를 처음 만났을 때의 첫인상을 자세히 말할 수 있다.   예 / 아니오

16. 주기적으로 배우자의 주변 일들을 알려고 노력한다.   예 / 아니오

17. 배우자는 내가 현재 스트레스를 받고 있다는 사실을 잘 알고 있다.   예 / 아니오

18. 배우자는 내 친구들의 이름을 알고 있다.   예 / 아니오

19. 배우자가 나를 충분히 알고 있다고 생각한다.   예 / 아니오

20. 배우자는 내 꿈과 희망을 알고 있다.   예 / 아니오

채점: '예'를 1점으로 해서 점수를 계산하라.

10점 이상: 당신 부부는 강하게 결합되어 있다. 배우자의 일상생활, 두려움, 꿈에 대해서 꽤 상세한 애정 지도를 갖고 있다. 당신은 어떻게 하면 배우자의 관심을 자기 쪽으로 향하게 할 수 있는지를 알고 있다. 이 정도 점수라면 다음의 애정 지도 연습에서도 쉽게 만족스러운 성적을 거둘 수 있을 것이다. 이 연습은 배우자와 마음이 얼마나 강하게 결합되어 있는지를 확인하기 위한 것이다. 배우자에 대한 지식과 이해를 당연한 것으로 생각하지 말고, 항상 부부 관계를 견고하게 하여 어떠한 돌발적인 문제에도 대처할 수 있도록 노력하기 바란다.

10점 미만: 당신 부부의 결혼생활에는 개선해야 할 점이 있다. 아마 서로를

진정으로 알 수 있는 충분한 시간을 갖지 못했거나 그런 방법을 찾지 못했는지도 모른다. 또는 수년간 생활패턴이 바뀌었음에도 불구하고 부부가 가진 애정 지도가 예전 그대로인지도 모른다. 서로 이야기를 나눌 시간을 충분히 갖고 배우자를 더 잘 파악하면 부부관계는 좀 더 강화될 것이다.

배우자가 자신을 충분히 알고 있으며 이해하고 있다고 느끼는 데서 오는 기쁨보다 더 위대한 선물은 없다. 서로를 알아가는 일이 결코 귀찮은 것이 되어서는 안 된다. 다음에 나오는 애정 지도 연습을 게임으로 만든 이유가 여기에 있다. 이 게임을 즐김으로써 상호 이해가 넓어지고 깊어질 것이다. 이 장에 있는 모든 연습을 끝마치면, '당신을 아는 것이 당신을 사랑하는 것To Know You Is to Love You'이라는 옛 노래 가사에 담긴 진실을 깨닫게 될 것이다.

배우자의 판단이나 조언을 그냥 지나치지 마라. 이 게임의 목적은 단순히 사실을 알아내는 데 있음을 기억해야 한다. 당신의 목표는 배우자의 말을 귀담아 듣고 배우자에 대해 알아가는 것이다.

연습 1: 애정 지도 20가지 질문 게임

다음의 게임을 부부가 놀이하는 기분으로 함께 즐기기 바란다. 이 게임을 여러 번 할수록 애정 지도의 개념을 더 잘 이해할 수 있으며, 그것을 두 사람의 관계 개선에 응용할 수 있다.

STEP 1

각자 종이 한 장과 펜 혹은 연필을 준비한다. 각자 1부터 60까지의 번호 중에서 아무 숫자나 생각나는 대로 20개(1, 5, 6……과 같은 식으로)를 종이에 쓴다.

STEP 2

번호가 붙은 질문이 아래에 준비되어 있다. 자신이 고른 번호에 해당하는 질문에 대한 답을 쓰면 된다. 그리고 배우자에게 그 질문을 해서 정답을 맞히면 팔호 안의 점수를 배우자에게 주고, 나도 1점을 가진다. 만일 정답이 아니면, 둘 다 점수를 얻지 못한다. 당신이 대답할 때도 이와 동일한 규칙이 적용된다. 둘 다 배우자의 20가지 문항에 답을 한 후, 더 높은 점수를 획득한 사람이 이긴다.

1. 나의 가장 친한 친구 두 명의 이름은? (2)

2. 내가 가장 좋아하는 가수나 작곡가, 악기는? (2)

3. 우리가 처음 만났을 때 내가 입고 있었던 옷은? (2)

4. 내가 가장 좋아하는 취미는? (3)

5. 내가 태어난 곳은? (1)

6. 최근 나의 가장 큰 스트레스는? (4)

7. 내가 어제와 오늘 한 일 중에서 가장 중요한 일은? (4)

8. 나의 생일은? (1)

9. 우리의 결혼기념일은? (1)

10. 내가 가장 좋아하는 친척은? (2)

11. 내가 가장 이루고 싶은 꿈은? (5)

12. 내가 가장 좋아하는 웹사이트는? (2)

13. 내가 가장 두려워하는 사람은? (3)

14. 둘이 잠자리를 가질 때, 내가 가장 선호하는 시간대는? (3)

15. 내가 가장 잘할 수 있다고 생각하는 일은? (4)

16. 나를 성적으로 가장 흥분시키는 것은? (3)

17. 내가 가장 좋아하는 음식은? (2)

18. 내가 가장 즐겁게 저녁시간을 보내는 방식은? (2)

19. 내가 가장 좋아하는 색깔은? (1)

20. 나의 인생에서 개인적으로 가장 잘하고자 노력하는 일은? (4)

21. 내가 가장 좋아하는 선물은? (2)

22. 내가 어렸을 때 겪었던 최고의 경험은? (2)

23. 휴가를 보내는 방법 중 내가 가장 좋아하는 방법은? (2)

24. 휴식을 취하는 방법 중 내가 가장 좋아하는 방법은? (4)

25. (당신 이외에) 나에게 가장 의지가 되는 사람은? (3)

26. 내가 가장 좋아하는 스포츠는? (2)

27. 일과 중 한가한 시간에 내가 가장 하고 싶어 하는 것은? (2)

28. 내가 주말에 가장 하고 싶어 하는 활동은? (2)

29. 나에게 가장 안식처 같은 장소는? (3)

30. 내가 가장 좋아하는 영화는? (2)

31. 나의 인생에서 가장 기대하고 있는 중요한 일은? 그리고 그 일에 대해 내가 느끼고 있는 감정은? (4)

32. 다툼을 해결할 때 내가 가장 선호하는 방법은? (2)

33. 내가 어렸을 적에 가장 절친했던 친구 이름은? (3)

34. 내가 가장 좋아하는 잡지는? (2)

35. 내 최대의 라이벌은? (3)

36. 내가 생각하는 가장 이상적인 직업은? (4)

37. 내가 가장 두려워하는 것은? (4)

38. 내가 가장 싫어하는 친척은? (3)

39. 내가 가장 좋아하는 명절은? (2)

40. 내가 가장 즐겨 읽는 책의 종류는? (3)

41. 내가 가장 좋아하는 TV 프로그램은? (2)

42. 나는 침대의 어느 쪽에서 자는 것을 좋아하는가? (2)

43. 내가 가장 슬프다고 생각하는 일은? (4)

44. 내가 가진 가장 큰 걱정이나 근심거리 중의 하나는? (4)

45. 내가 가장 두려워하는 병은? (2)

46. 내가 지금껏 가장 당혹스러웠다고 생각하는 순간은? (3)

47. 내가 어렸을 적에 겪었던 일 중 최악의 경험은? (3)

48. 내가 가장 존경하는 두 사람은? (4)

49. 내 인생 최악의 인간은? (3)

50. 우리가 함께 알고 있는 사람 중 내가 가장 싫어하는 사람은? (3)

51. 내가 가장 좋아하는 디저트는? (2)

52. 나의 주민등록번호는? (2)

53. 내가 가장 좋아하는 소설 제목은? (2)

54. 내가 가장 좋아하는 식당 이름은? (2)

55. 내가 마음속에 품고 있는 가장 큰 꿈이나 희망, 소원은? (4)

56. 내가 가진 비밀스러운 야망은? (없다고 생각하면 '없음'이라 기재하라.) (4)

57. 내가 가장 싫어하는 음식은? (2)

58. 내가 가장 좋아하는 동물은? (2)

59. 내가 가장 좋아하는 노래는? (2)

60. 내가 가장 좋아하는 스포츠 팀은? (2)

이 게임을 되도록 자주하라. 게임을 많이 하면 할수록 애정 지도의 개념과 배우자와 관련한 정보를 잘 이해할 수 있다.

연습 2: '열린 질문'하기

애정 지도를 그리는 것만큼이나 중요한 것이 애정 지도를 업데이트해 나가는 것이다. 그 과정에는 '열린 질문'을 하는 것, 그리고 그 답을 기억하는 것이 포함되어야 한다. 열린 질문은 '예' 혹은 '아니오'와 같은 단순한 답을 할 수 없는 성격의 것이다. 대신 그것은 서로의 경험, 의견, 감정으로 배우자를 초대한다. 열린 질문을 하는 것은 배우자의 인생과 내면에 대해 진정한 흥미를 갖고 그것을 알고자 하는 것이다.

방법: 다음은 열린 질문들의 목록이다. 이 중 4개의 문항을 골라서 배우자에게 질문하라. 배우자가 질문에 답을 하고 나면, 그 질문에 대한 당신의 견해를 말하라. 이제 당신의 배우자가 4개의 문항을 골라서 당신에게 질문을 할 차례다. 물론 질문의 목록에 구애받지 않고, 스스로 열린 질문을 만들어서 서로 주고받을 수도 있다. 중복되는 질문은 피하면서, 이처럼 반복해서 얼린 질문들을 주고받는 시간은 재미뿐만 아니라 깨달음을 줄 것이다.

1. 지금으로부터 3년 후에 당신의 삶이 어떻게 바뀌었으면 좋겠다고 생각하는가?

2. 미래에 당신이 하는 일에 변화가 있을 거라고 생각하는가? 있다면 어떻게 변화할 것이라고 생각하는가?

3. 우리 가정에 대해 어떻게 생각하는가? 만약 무엇인가가 바뀔 수 있다면 어떤 변화를 원하는가?

4. 만약 당신이 100년 전에 살았다면, 당신의 삶이 어땠을 것이라 생각하는가?

5. 당신은 엄마(혹은 아빠)로서, 당신의 엄마(혹은 아빠)와 비교할 때 어떤가?

6. 우리 아이가 어떤 사람이 되리라 생각하는가? 이에 대해 염려나 희망사항은 무엇인가?

7. 당신의 직업에 대해 어떻게 생각하는가?

8. 만약 당신이 5년간의 삶을 다시 살 수 있다면, 지나온 당신의 인생 중 어느 기간을 다시 살고 싶은가? 그리고 그 이유는 무엇인가?

9. 당신은 현재 부모가 되는 것에 대해 어떻게 생각하는가?

10. 만약 당신의 과거에서 한 가지를 바꿀 수 있다면, 무엇을 바꾸고 싶은가?

11. 현재 당신의 삶에서 일어나는 일 중 가장 관심 있는 일은 무엇인가?

12. 만약 당신이 지금 즉시 세 가지 기술을 가질 수 있다면, 무엇을 고를 것인가?

13. 당신의 미래에 관해서 가장 염려되는 것은 무엇인가? 그리고 그 이유는 무엇인가?

14. 당신의 절친한 친구는 누구라고 생각하는가? 최근에 변화가 있었는가?

15. 당신은 친구로서 지녀야 할 자질 중 무엇이 가장 가치 있다고 생각하는가?

16. 당신의 인생에서 최고의 순간과 최악의 순간은 언제였는가?

17. 만약 당신이 역사 속의 다른 시간에서 살 수 있다면, 언제를 선택할 것인가? 그리고 그 이유는 무엇인가?

18. 만약 당신이 다른 직업을 선택할 수 있다면, 어떤 직업을 선택하겠는가? 그리고 그 이유는 무엇인가?

19. 당신의 성격 중 한 가지를 바꿀 수 있다면 무엇을 바꾸겠는가? 그리고 그 이유는 무엇인가?

20. 당신의 삶에서 무엇인가 결여되어 있다고 느끼지는 않는가? 만약 느끼고 있다면 그것은 무엇인가?

21. 지난해에 당신에게 무엇인가 변화가 있었다고 생각하는가? 만약 있었다면 어떤 변화가 있었는가?

22. 만약 당신이 우리 가정을 완벽하게 설계할 수 있다면, 그것은 어떤 모습인가?

23. 만약 당신이 다른 사람의 인생을 살 수 있다면, 누구의 인생을 선택하고 싶은가?

24. 지금 당신 인생의 꿈은 무엇인가?

25. 당신의 현재 목표는 무엇인가?

26. 당신의 인생 목표는 최근에 어떤 변화가 있었는가?

27. 당신이 생각하는 부부로서의 우리 목표는 무엇인가?

28. 만약 당신과 관련한 한 가지를 바꿀 수 있다면, 그것은 무엇인가?

29. 당신은 인생에서 어떤 모험을 하고 싶은가?

애정 지도 질문은 당신의 삶의 큰 윤곽을 그리는 데 유용하다. 그러나 애정 지도는 단순히 광범위하기만 해서는 안 되고 심오해야 한다. 다음 연습은 당신의 애정 지도가 더욱 깊은 의미를 가질 수 있도록 도움을 줄 것이다.

연습 3: 나는 누구인가?

배우자의 내면을 알면 알수록 두 사람의 관계는 더욱 깊어지고 서로의 결합도 단단해진다. 이 질문은 자아 탐색을 통해 자기 자신을 더욱 잘 파악하고, 그 정보를 배우자와 공유할 수 있도록 하기 위한 목적으로 만들어졌다. 당신과 배우자 스스로를 일종의 '열린 책'이라고 생각하고 이 연습을 시작하라. 삶의 변화 속에서 두 사람도 변했다. 지금의 두 사람은 5년, 10년, 30년 전 결혼 서약을 나누던 때의 두 사람과 같지 않다.

이 연습의 많은 질문들은 두 사람의 결합을 단단히 하는 데 힘이 될 것이다. 시간을 충분히 갖고 솔직하게 답변하기 바란다. 사실 당신이 당장 해야 할 일, 지켜야 할 마감일, 보내야 할 이메일, 돌봐야 할 아이들이 없을 때, 즉 그 무엇으로부터도 방해받지 않을 때까지 기다렸다가 질문에 답하는 것이 최선이다. 이 질문들을 바로 그 자리에서 모두 대답할 수 없을지도 모르고, 또 모두 대답하지 않아도 된다. 차분히 생각해보고 나서 천천히 진행하는 것이 중요하다.

질문에는 되도록 정직하게 답변해야 한다. 모든 질문에 답을 할 필요는 없다. 자신과 관계있는 질문에만 답하면 된다. 답은 자신의 노트에 기록해둔다. 상세하게 기록하는 것이 힘들다면 그 대강의 내용만 기록해도 좋다. 그러나 이것을 기록하는 것이 이 연습의 성패를 좌우하는 중요한 과정임을 기억해야 한다. 기록이 끝나면 노트를 교환하여 서로 기록을 공유한다. 그리고 대화의 시간을 갖고, 결혼생활에 도움이 되는 정보들을 교환하라.

나의 노력과 성취

1. 당신이 성취한 일 중 특히 자랑스러운 일은 무엇이었으며, 그것은 언제 일어난 일인가? 그 일을 '해냈다!'고 생각했을 때의 심정이 어떠했는가? 그리고 어떤 기대 이상의 성과가 있었으며, 그때까지의 고생, 고뇌, 스트레스, 괴로움 등을

어떻게 이겨냈는지도 써보라.

2. 이 일을 성취해냄으로써 당신의 생활에는 어떠한 변화가 있었는가? 당신 자신
   에 대한 생각이나 능력에 대한 신뢰에 어떠한 영향을 미쳤는가? 당신이 추구하
   는 목표에는 어떠한 영향을 미쳤는가?

3. 그때의 자부심이 당신의 인생에 어떻게 작용했는가? 어렸을 때 부모님이 당신
   을 자랑스럽게 여긴다고 말한 적이 있었는가? 그때 부모님은 어떤 말을 했는
   가? 다른 사람들은 당신의 성취에 대하여 어떤 반응을 보였는가?

4. 당신의 부모님은 당신에게 사랑한다는 표현을 자주 했는가? 부모님은 서로에
   대한 애정 표현을 자주 했는가? 만일 표현하지 않았다면, 그것이 현재 당신의
   결혼생활에 어떤 영향을 미치고 있다고 생각하는가?

5. 당신의 성취에 대한 자부심이 결혼생활에 어떤 영향을 미치고 있다고 생각하
   는가? 스스로의 노력은 결혼생활에 어떤 영향을 미치고 있는가? 배우자가 알
   아주고 이해해주기를 바라는 자신의 모습, 자신의 과거와 현재, 그리고 미래의
   계획은 무엇인가? 서로의 자부심을 어떻게 표현하는가?

나의 상처와 치유

1. 당신은 어떤 고통스러운 시기가 있었으며 어떤 힘든 사건을 겪었는가? 그때의
   스트레스와 강박, 절망과 고독감에 몸부림쳤던 기억도 함께 써보라. 아직까지
   남아 있는 커다란 마음의 상처와 외상, 그로 인한 상실감, 실망, 시련, 고난에
   대해서도 써보라. 예를 들면, 타인과의 관계가 악화되었던 일, 굴욕적이었던
   일, 학대받은 일, 강간당한 일 등.

2. 당신은 그러한 트라우마trauma를 어떻게 극복해왔는가? 아직도 남아 있는 상처는 무엇인가?

3. 당신은 그 후 어떻게 괴로움을 치유하고, 스스로를 다시 일으켜 세웠는가? 마음속의 불만은 어떻게 없앴는가?

4. 당신은 그런 일이 두 번 다시 일어나지 않도록 하기 위해 어떻게 스스로를 방어하고 있는가?

5. 그때의 상처, 그리고 그 상처를 치유하고 원래 상태로 회복하여 그 상처로부터 자신을 방어하고 있는 것이 지금의 결혼생활에 어떤 영향을 미치고 있는가? 이런 경험을 한 당신에 대하여 배우자가 어떤 점을 이해해주기를 바라는가?

나의 감성 세계

1. 어렸을 때, 당신의 가족은 다음의 감정을 어떻게 표현했는가?

- 분노

- 슬픔

- 두려움

- 애정

- 서로에 대한 관심

- 서로에 대한 자부심

2. 어렸을 때 당신은 서로 고함치는 부모, 실의에 빠진 부모, 상처를 안고 사는 부

모에 대해 어떻게 대처했는가? 이 고통스러운 경험이 지금의 결혼생활 및 당신과 가까운 사람들(부모, 자녀, 친척, 친구)에게 어떤 영향을 미치고 있는가?

3. 분노, 슬픔, 두려움, 긍지, 사랑 등 자신이 느끼는 감정, 그리고 그것을 표현하는 것에 대한 당신 나름의 철학은 무엇인가? 배우자와 함께 희로애락을 공유하는 것이 어려운가? 이에 대한 당신의 기본적인 관점은 무엇인가?

4. 감정을 표현하는 데 당신과 배우자 사이에는 어떤 차이가 있는가? 그 차이는 어디에서 비롯되는가? 그 차이는 당신에게 어떤 영향을 미치고 있는가?

나의 사명, 그리고 내가 남기고 싶은 것

1. 자신의 무덤을 바라보며 서 있다고 상상해보라. 비문碑文에 무엇이라고 쓰고 싶은가? "여기에 ○○○ 잠들다"라고 시작하여, 나머지를 채워보라.

2. 자신의 추도문追悼文을 써보라(간결한 문장이 아니어도 좋다). 사람들이 당신의 인생을 어떻게 생각해주기를 바라는가? 그들이 당신을 어떻게 기억해주기를 바라는가?

3. 앞으로의 남은 인생에서 당신이 해야 할 일을 써보라. 당신의 인생 목표는 무엇인가? 그것은 무엇을 위한 것인가? 무엇을 이루고 싶은가? 그것을 위해서 노력하고 있는 것은 무엇인가?

4. 당신은 죽을 때, 무엇을 남기고 싶은가?

5. 당신이 아직 못 다 이룬 중요한 목표는 무엇인가? 특별한 것을 창조해내는 것이든, 특별한 경험을 쌓는 것이든 상관없다. 예를 들면, 밴조banjo를 배워 연주하고 싶다든가, 등산을 하고 싶다든가 하는 사소한 일이라도 좋다.

내가 되고 싶은 인물상

잠시 시간을 갖고 이제까지 기록해온 것들을 다시 생각해보기 바란다. 우리는 모두 이상적인 사람이 되고 싶어 한다. 그러기 위해서는 극복해야 할 것이 있다.

1. 어떤 사람이 되고 싶은지를 서술해보라.
2. 당신은 그런 사람이 되기 위해서 무엇을 해야 하는가?
3. 그런 사람이 되기 위해서 당신이 이미 직면한 바 있는 고난은 무엇이었는가?
4. 당신은 그런 사람이 되기 위해서 어떠한 내면적 분투를 겪어야 했는가? 혹은 겪어야 하는가?
5. 당신은 스스로의 어떤 점을 가장 바꾸고 싶다고 생각하는가?
6. 당신은 어떤 꿈을 단념했는가?
7. 앞으로 5년 후, 당신의 생활이 어떠했으면 좋겠는가?
8. 당신이 되고 싶은 사람의 이미지와 가장 가까운 인물은 누구인가?

다음 단계

이제까지 해온 '연습'들이 부부의 통찰력을 키우고 애정 지도를 더욱 상세하게 그릴 수 있게 하여, 부부생활을 개선시키는 데 도움이 되리라고 믿는다. 배우자에 대해 더 잘 알고, 서로의 마음속 생각들을 공유하는 것이 행복한 결혼생활의 첫걸음이다. 그리고 이것은 평생에 걸쳐 수행해야 할 과정이다. 시간이 나면 몇 번이고 기록들을 다시 읽어보고, 자신과 배우자에 대한 지식을 업데이트해나가기 바란다. 그리고 늘 배우자에게 할 질문들을 생각하라. 내가 아는 한 부부문제 상담가는 행복한 결혼생활을 유지하는 열쇠가 "오늘 기분이 어때요?"라고 묻는 것이라고 부부들에게 조언한다.

그러나 애정 지도는 단순히 첫걸음일 뿐이다. 서로를 '아는' 것만으로는 행복한 부부가 될 수 없다. 행복한 결혼생활을 하는 부부는 이러한 지식들을 소중히 여기고, 그 수준을 높이려고 다방면으로 노력하고 있다. 초급자들은 먼저 이 애정 지도를 서로를 이해하는 데 사용하고, 배우자를 '배려하고 존중하는 마음'을 키우는 수단으로 삼기 바란다. 이것은 다음 장에서 설명할 '원칙 2'의 기초이기도 하다.

5

원칙 2

배우자를 배려하고
존중하는 마음을 길러라

애정 지도가 우표 크기 정도밖에 되지 않았던 의사 로리를 기억하는가? 심지어 그는 자기 집 개 이름도 몰랐다. 아내 리사는 일벌레인 남편을 여러 해 동안 참아왔다. 그들의 관계에 결정적인 전환점이 찾아온 것은 어느 크리스마스 날이었다. 그날 로리는 여느 때와 마찬가지로 일을 하고 있었다. 리사는 남편과 함께 크리스마스 깜짝 파티를 하기 위해 맛있는 음식을 싸들고 아이들을 데리고 병원으로 향했다.

온 가족이 병원 휴게실에서 음식을 먹는 동안, 로리는 예고도 없이 아이들을 데리고 병원에 들이닥친 리사에게 화를 냈다. 그는 "어째서 이런 짓을 하는 거야? 나한테 창피 주고 싶어서 그래?"라며 그녀를 몰아세웠다.

그때 마침 다른 의사로부터 그에게 전화가 걸려왔다. 수화기를 든 그의 얼굴은 화난 표정에서 부드럽고 온화한 표정으로 바뀌었을 뿐만 아니라 목소리도 다정하고 우정 어린 톤으로 바뀌어 있었다. 그러나 수화기를 내려놓자마자 다시 로리의 얼굴은 리사를 향한 분노로 이글거렸다. 그 순간 리사의 마음속에서 무슨 일인가가 일어났다. 분명 남편은 다정한 사람이었지만 그녀에게만은 아니었다. 리사는 곧장 음식을 다시 싸서 아이들을 데리고 집으로 돌아왔다.

이런 일이 있은 후부터 리사는 아이들을 재우고 한밤중에 혼자 외출을 했다. 그러자 로리는 그녀에게 이혼을 요구했다. 이혼 직전의 상황에 이르자, 그들은 최후의 수단으로 내게 상담을 받으러 왔다. 상담의 일환으로 시작된 첫 대화에서 리사는 로리에게 다가가기 위해 몇 번이나 회복 시도를 했지만 전혀 통하지 않았다.

그런데 그들의 결혼생활을 되살릴 작은 희망의 불씨가 발견되었다. 어느 TV 프로그램에서 우리 연구소를 취재하면서 그들 부부의 대화를 녹화하고 싶다고 제안하자 그들은 승낙했다. 녹화 중에 방송 진행자가 로리와 리사에게 그들이 처음 사귀게 된 과정을 물었는데, 로리가 첫 데이트 때의 이야기를 하면서 그의 얼굴이 생기 있게 빛나기 시작한 것이다. 다음은 그들이 회상한 내용이다.

로리: 리사가 매우 겁이 많다고 생각했습니다. 그녀가 겁쟁이가 된 배경을 알고 있었기 때문에, 나는 그녀를 내 사람으로 만드는 데 오랜 시간이 걸리리라는 것도 알고 있었습니다. 그래서 저는 전혀 초조하지 않았어요. 적어도 5년쯤은 걸리는 장기전이라고 생각했습니다.

리사: 당신이 첫 데이트를 하면서 5개년 계획을 세웠다고요?

로리: 그래. 약간 과장이긴 하지만 말이야. 식사 한 번 하는 것만으로는 당신을 설

득할 수 없을 거라고 생각했으니까.

리사: 우와!

로리와 리사는 당시의 이야기를 하면서 손을 맞잡았다. 리사의 얼굴도 생기로 빛나기 시작했다. 그는 결혼한 이후로 그녀의 마음을 사로잡는 말을 해본 적이 없었다. 이 사소한 장면은 그다지 극적으로 보이진 않았지만(사실 TV에서도 두 사람의 말을 부분적으로만 인용했다), 나는 경험이 풍부한 연구자로서 두 사람의 마음이 통하기 시작했다는 단서를 놓치지 않았고 그들의 결혼생활에 대해 실낱같은 희망을 품게 되었다.

서로 반목하는 것처럼 보였지만, 그들이 데이트하던 시절의 즐거운 추억을 간직하고 있다는 것은 마음속에서 여전히 서로에 대한 '배려와 존중'이 희미하게나마 빛을 발하고 있다는 증거였다. 이것은 상대방을 좋아하고 존중할 만한 가치가 있는 사람이라고 생각했던 결혼 초의 감정이 여전히 남아 있음을 보여준다.

만일 로리와 리사의 경우처럼 상대를 배려하고 존중하는 마음이 부부에게 남아 있다면 파경 직전의 결혼생활을 소생시킬 수 있다. 로리와 리사의 경우처럼 갈등이 심한 결혼생활을 소생시키는 일이 쉽다는 말을 하는 것은 결코 아니다. 이것은 쉬운 일이 아니지만, 그렇다고 불가능한 일도 아니다. 로리와 리사의 부부문제 담당 의사인 로이스 에이브럼스는 앞에서 말한 것과 같은 테크닉을 사용해서, 그들의 마음속 깊은 곳에 있는 긍정적 감정을 이끌어내어 키워줌으로써 그들의 결혼생활을 되살릴 계획을 세웠다. 2년 동안 이 부부에게는 큰 변화가 있었다. 로리는 자신의 전담 업무를 수련의에게 넘겨주고 근무 스케줄도 조정했다. 그는 매일 저녁 가족과 함께 식사를 하고, 밤에는 리사와 함께 포크 댄스 동호회에 나갔다. 서로에 대한 원망을 떨쳐버리고 둘이 함께 결혼생활을 되살려낸 것이다.

배려와 존중의 마음은 두 사람의 로맨스를 꽃피울 뿐 아니라, 그 꽃이 언제까지나 지지 않도록 하는 가장 귀중한 요소다. 행복한 결혼생활을 하고 있는 부부라 하더라도 배우자의 인격적인 결함을 보면 때때로 그것을 비난하고 싶어진다. 그러나 그들은 자신이 배우자로 선택한 사람이 존중할 만한 가치가 있는 사람임을 잊지 않는다. 배려와 존중이 완전히 사라질 때, 두 사람의 관계는 회복 불가능한 상태에 이르게 된다.

과거로부터 배우기

로리와 리사의 예에서 볼 수 있는 것처럼 부부가 서로에게 배려와 감사의 마음을 가지고 있는지를 파악하려면 그들이 지나간 시간을 어떻게 추억하는지를 살펴보면 된다. 결혼생활이 수렁에 빠져 있는 부부에게 현재의 결혼생활을 묻고 상대방을 칭찬하는 말을 이끌어내려 하는 것은 부질없는 일이다. 그러나 과거 이야기에 이르면 그들에게 긍정적 감정이 남아 있다는 것을 종종 감지할 수 있다.

물론 긍정적 감정이 전혀 남아 있지 않은 부부도 있다. 이런 부부에게는 원망만이 악성 종양처럼 기억 전체에 퍼져, 그때까지의 즐거웠던 추억조차도 모두 지워져버리고 없다. 우리는 그러한 서글픈 결말을 세차 문제로 으르렁대던 피터와 신시아에게서 볼 수 있었다. 그들에게는 처음 사귀기 시작했을 때의 기억조차 별 의미 없는 것이 되어 있었다. 그들에게 연애 시절 이야기를 해달라고 부탁하자, '당신이 해봐' 하는 눈길로 서로 얼굴만 쳐다보다가 두 사람 모두 입을 다물어버렸다. 피터는 당시 신시아가 지녔던 존중할 만한 자질을 하나도 기억해내지 못했다. 그들의 결혼생활을 구제할 방법은 전혀 남아 있지 않았다.

> 66
>
> 지나온 결혼생활과 배우자의 자질에 대해
> 긍정적 감정을 되살릴 수 있는 부부의 94%는
> 앞으로도 행복한 결혼생활을 할 가능성이 높다.
> 행복했던 기억들이 왜곡되어 있다면,
> 그것은 결혼생활이 위기에 처했다는 뜻이다.
> 이는 도움이 필요하다는 것을 알리는 징후다.
>
> 99

이와 반대의 경우가 우리 연구에 참가해준 마이클과 저스틴이었다. 그들은 옛날 일에 대한 질문을 받으면 눈을 반짝였다. 그들의 결혼식은 더할 나위 없이 멋졌고, 신혼여행은 '환상적이었다'는 말로 밖에 표현될 수 없을 만큼 훌륭했다고 말했다. 내가 여기서 말하고자 하는 것은 단순히 그들이 신혼 시절에 대해 긍정적 감정을 갖고 있다는 점이 아니라, 그 기억이 매우 생생하다는 점이다.

마이클은 저스틴보다 몇 학년 선배였으며 같은 고등학교에 다녔다. 마이클은 스포츠 스타였는데, 저스틴은 지방 신문에 실린 그의 사진을 모아서 스크랩북을 만들었을 정도로 그에게 흠뻑 빠져 있었다(그녀는 네 번째 데이트를 할 때 그에게 자신의 마음을 고백하면서 그 스크랩북을 보여주었다). 마이클이 고등학교를 졸업하고 여러 해가 지난 뒤, 그의 여동생과 친구였던 저스틴은 주말에 대학에 다니는 오빠를 만나러 간다는 그의 여동생을 따라가 처음으로 그와 정식으로 만나게 되었다.

마이클은 저스틴을 보는 순간 바로 그녀가 결혼 상대라고 직감했다. 그러나 그녀가 자기를 좋아해줄지 몰라 조바심이 났다. 마이클은 헤어질 때 저스틴에게 편지를 건네면서 자신의 마음을 전했다. "그때까지 저는 여자를 진지하게 쫓아다닌 적이 없었습니다. 저스틴만은 예외였죠. 그녀는 내게 특별한 존재였습니다"라고 마이클이 말했다.

그들은 몇 시간 동안이나 함께 걸으면서 이야기를 나누었던 것을 기억해냈고, 대학에 다니는 동안 매일 편지를 주고받았다고 말했다. 마이클은 그 당시 가장 괴로웠던 일에 대해 "저스틴과 떨어져 있었던 거요. 그녀가 너무나 그리웠거든요"라고 말했다. 저스틴이 마이클에 대하여 품고 있던 애정과 자부심과 존경의 마음은 다음과 같은 그녀의 말에서 잘 드러난다. "만일 내가 마이클과 결혼하지 않는다면 다른 누군가가 그를 빼앗아 가 버릴 것만 같았어요. 나는 어떻게 해서든 이 사람을 내 남편으로 맞고 싶었어요." 마이클은 "다른 여자와도 데이트를 해봤지만, 그중 어느 누구와도 평생을 함께할 마음이 생기지 않았습니다. 내가 함께하고픈 사람은 그녀뿐이었습니다. 그녀와 결혼해서, 그녀는 나에게 특별한 사람이라는 걸 모두에게 알리고 싶었습니다"라고 말했다.

마이클의 한 친구는 저스틴이 그의 시간을 너무 많이 빼앗아버려서 그와 어울릴 시간이 줄어들었다고 불평을 할 정도였다고 저스틴이 회상했다. 그러자 마이클이 말했다. "나는 저스틴에게 시간을 '빼앗겼다'고는 전혀 생각하지 않았습니다. 그저 나의 시간을 그녀와 '함께한' 것뿐인데, 그 친구는 그걸 이해하지 못하더군요."

이런 마이클과 저스틴이 그 후에도 행복한 부부로 살아가고 있다는 이야기를 듣더라도 전혀 놀라울 게 없다. 긍정적 감정으로 상대방을 바라보는 것은 부부 사이에 감정의 골이 생겼을 때 그에 대한 강력한 완충제 역할을 한다. 저스틴과 마이클은 서로에 대한 좋은 감정을 유지하고 있기에, 말다툼을 할 때마다 별거나 이혼과 같은 극단적인 생각을 하지 않는 것이다.

경멸에 대한 해독제

행복한 결혼생활을 영위하는 부부는 틀림없이 서로를 좋아하고 배려하고 존중하는 사이일 것이다. 그러나 원만한 결혼생활의 핵심인 우정이 얼마나 중요한지를 잊으면 배려와 존중은 쉽게 깨질 수 있다. 배우자의 긍정적인 면만을 마음에 새겨두면, 비록 두 사람이 서로의 흠을 들쑤셔내는 일이 생기더라도 결혼생활이 악화되는 일은 없다. 그 이유는 배우자를 배려하고 존중하는 마음이 배우자에게서 들은 모욕의 말을 해독하는 작용을 하기 때문이다. 배우자를 존중하는 마음이 있으면 설령 의견이 어긋나더라도 배우자에게 화를 내는 일이 줄어든다. 따라서 배려와 존중의 마음은 앞서 언급한 비난·모욕·자기변호·도피, 즉 네 가지 위험 요인 때문에 부부관계가 깨지는 것을 막아준다.

만일 부부 사이에 배려하고 존중하는 마음이 완전히 사라져버린다면 결혼생활은 극심한 갈등에 직면하게 된다. 만일 배우자가 존경할 만한 가치가 있는 사람이라는 믿음이 사라졌을 때 과연 배우자에게서 무엇을 기대할 수 있겠는가? 그러나 당신의 배려와 존중이 밑바닥까지 추락했다고 할지라도 부부관계를 회복할 여지는 여전히 남아 있다. 이러한 경우, 배려와 존중을 새로이 활성화시킬 수 있는 핵심적인 방법은 감사를 표할 수 있는 배우자의 자질과 행동을 찾아내는 습관을 갖는 것이다. 찾아낸 후에는 당신이 발견한 것이 무엇인지 밝히고 당신이 느끼는 감사를 배우자에게 표현해야 한다. 이러한 매일매일의 감사가 반드시 배우자의 큰 행동에 대한 것일 필요는 없다. 아주 소박하고 일상적인 순간을 찾아내면 된다. 즉, 배우자가 일상 속에서 아주 사소한 것을 잘 해냈을 때 진심을 다해 칭찬해주는 것이 필요하다. "언니가 우리 집에 올 때마다 환영해줘서 고마워요"부터 "오늘 당신 옷이 정말 근사한데요"라는 사소한 것에 대한 칭찬까지 말이다.

대체로 부부들은 배우자의 긍정적 행동을 찾아내고, 이에 감사를 표하는 데 인색하다. 그들은 그것을 겉치레라고 생각하기 때문이다. 그러나 감사하는 습관을 기르는 것은 결코 부부관계를 보기 좋게 '꾸미는' 것이 아니다. 이런 감사 표현은 실질적으로 관계를 긍정적으로 재설정하게 해준다. 단지 이러한 사실을 아는 것만으로도 결혼생활에 회의를 느끼고 있는 부부들에게 큰 변화를 가져올 수 있다.

엘리자베스 로빈슨과 게일 프라이스의 연구에 따르면, 감사 표현은 가정에 진실한 행복을 가져다줄 수 있다. 그들은 저녁시간 동안 부부들 사이에 얼마나 많은 긍정적 행동들이 오가는지를 관찰하고 기록했다. 그 후 그들은 부부들 스스로가 느낀 긍정적 교감의 횟수를 셈하도록 요구했다. 연구자들은 객관적 관찰자인 자신들이 부여한 점수와 부부 스스로가 부여한 점수를 비교했다. 그 결과, 자신들이 불행한 결혼생활을 하고 있다고 생각하는 부부의 경우, 실제로 그들이 나눈 긍정적 교감의 절반 정도밖에 인식하지 못했다는 사실이 밝혀졌다. 그들은 배우자의 잘못을 주목하는 데만 익숙했기에 배우자의 긍정적 행동의 절반가량을 완전히 놓쳐버린 것이다.

배려와 존중에 관한 질문

배우자에 대한 배려와 존중을 잘 실천하고 있는지 파악하기 위해 다음 질문에 답해보라. 문항을 읽고 맞으면 '예', 그렇지 않으면 '아니오'에 표시하라.

1. 배우자의 칭찬할 만한 점 세 가지를 쉽게 말할 수 있다.　　　예 / 아니오
2. 배우자와 떨어져 있으면 보고 싶어진다.　　　예 / 아니오

3. 배우자에게 어떤 형태로든 '사랑한다'고 표현할 수 있다.　　　예 / 아니오

4. 배우자에게 자주 스킨십이나 키스를 한다.　　　예 / 아니오

5. 나는 사랑받고 있으며, 배우자는 나에게 마음을 써준다.　　　예 / 아니오

6. 나는 배우자가 참으로 자랑스럽다.　　　예 / 아니오

7. 나는 배우자와 결혼한 이유를 바로 열거할 수 있다.　　　예 / 아니오

8. 만일 다시 태어나도 나는 지금의 배우자와 결혼할 것이다.　　　예 / 아니오

9. 나는 성생활에 전반적으로 만족한다.　　　예 / 아니오

10. 배우자는 나를 정말로 존중해준다.　　　예 / 아니오

11. 배우자는 나의 단점까지도 잘 이해해준다.　　　예 / 아니오

12. 배우자는 나를 섹시하고 매력이 있다고 생각한다.　　　예 / 아니오

13. 배우자는 나를 성적으로 흥분시키는 무엇인가를 갖고 있다.　　　예 / 아니오

14. 배우자는 내가 성취한 일을 기뻐해준다.　　　예 / 아니오

15. 내가 방에 들어갈 때면 배우자는 나의 얼굴을 보고 기뻐한다.　　　예 / 아니오

16. 배우자는 내가 하는 일들에 고마움을 표시한다.　　　예 / 아니오

17. 배우자는 전부는 아니더라도 대체로 나의 성격을 좋아한다.　　　예 / 아니오

18. 우리 사이에는 불타는 듯한 정열이 있다.　　　예 / 아니오

19. 우리 사이에는 아직까지 로맨틱한 감정이 남아 있다.　　　예 / 아니오

20. 우리는 잠들기 전에 반드시 어떤 형태로든지 서로에게 애정을 표현한다.

　　　예 / 아니오

채점: '예'라고 답한 문항에 각 1점을 부여하라.

10점 이상: 당신 부부는 굳건한 관계를 유지하고 있다. 당신 부부는 서로를 존중하고 있기 때문에 가끔씩 한쪽에서 부정적인 감정이 싹트더라도 쉽게 흔들리지 않는다. 사랑하는 사이라면 서로에게 강한 애정을 갖는 것이 당연하다고 생각할지도 모르지만, 결혼생활을 오래 하다 보면 배려하고 존중하는 마음이 얼마쯤 줄어든다. 배려와 존중은 유지해야 할 가치가 있는 선물과도 같은 것임을 명심해야 한다. 때때로 이 질문들에 다시 답을 해 보는 것은 늘 배우자를 향해 긍정적인 감정을 품는 데 도움을 줄 것이다.

10점 미만: 당신의 결혼생활에는 개선해야 할 부분이 있다. 점수가 낮다고 해서 비관할 필요는 없다. 배려하고 존중하는 마음이 소멸한 것처럼 보이더라도 실제로는 부정적인 감정, 상심, 배신감 때문에 그 마음이 가슴속 깊이 숨어버린 경우가 많다. 마음속 깊이 내재해 있는 긍정적인 감정을 캐내어 재생시켜주면 결혼생활은 크게 개선될 것이다.

만일 배우자를 배려하고 존중하는 마음이 자신에게 없다는 것을 알았다면, 우선 그러한 마음이 얼마나 가치 있는 것인지를 이해하는 데서부터 시작해야 한다.

결혼생활을 장기적인 관점으로 봤을 때, 배려와 존중은 더욱 중요하다는 사실을 기억하라. 왜냐하면 그러한 마음은 서로에 대한 비난—결혼생활을 망치는 네 가지 위험 요인 중 하나—의 말이 당신의 삶을 지배하지 않도록 막아주기 때문이다.

서로를 비난하면 그때마다 부부를 연결하고 있는 끈은 점점 가늘어진다. 마음속 깊이 자리한 배우자에 대한 긍정적 감정이 높아지면 높아질수록 서로 의견이 일치하지 않는 일이 있다고 해도 배우자를 비난할 마음이 생기지 않게 된다.

작은 불꽃에 부채질하기

배우자를 배려하고 존중하는 마음을 되살리고 그 정도를 높이는 방법은 간단하다. 오랫동안 묻혀 있던 상대방에 대한 긍정적인 감정을 일깨우려면 그것을 생각해내어 말로 표현해보아야 한다. 먼저 잠시 묵상을 하면서 상대방의 어떤 점을 소중히 여기는지를 생각해본다. 현재 상대방에 대하여 미친 듯이 화가 나 있어 그런 생각을 할 여지조차 없는 상태라면 다음의 연습이 그 실마리가 될 것이다.

다음 연습은 아주 단순한 것처럼 보이지만, 그럼에도 불구하고 강력한 효과를 가지고 있다. 결혼생활의 긍정적 측면에 대하여 배우자와 이야기를 나누다 보면 두 사람의 결속은 그만큼 강해진다. 다음 연습은 결혼생활의 문제에 잘 대처할 수 있도록 해주기에, 긍정적인 변화로의 출발점이 된다.

여러 번에 걸쳐 다음 연습을 해보기 바란다. 다음 연습은 문제를 안고 있는 부부만을 위해서 고안된 것이 아니다. 안정되고 행복한 결혼생활을 하고 있는 부부의 경우에도 다음 연습은 로맨스를 더욱 강화시킬 수 있는 훌륭한 방법이 될 것이다.

다음 목록에서 배우자에게 고마움을 표하고자 하는 항목 다섯 개를 선택하라. 그리고 배우자가 각 항목을 어떻게 수행했는지 구체적 예시를 덧붙이고, 당신이 고마움을 느끼는 배우자의 긍정적 자질을 제시해보라. 내 워크숍에서 나는 이 연습의 효과를 곧바로 목격할 수 있었다. 연습이 시작되자 뻣뻣하고 어색하게 앉아 세션을 시작했던 부부들의 긴장이 갑자기 풀리기 시작했고 방은 웃음으로 가득 찼다. 나는 이 연습을 수행하는 부부들을 바라보면서, 그들이 이 연습을 통해 그동안 놓치고 있었던 것들을 다시 찾아냈다고 느꼈다.

- 저녁식사를 준비해줘서 고마워요. 맛있었어요.
- 주방을 청소해줘서 고마워요.
- 빨래를 해줘서 고마워요.
- 설거지를 해줘서 고마워요.
- 배관공(전기 기사 등)을 불러줘서 고마워요.
- 집안일을 함께 해줘서 고마워요.
- 집을 아름답게 꾸며줘서 고마워요.
- 아이들을 돌봐줘서 고마워요.
- 아이들에게 좋은 아빠/엄마가 되어줘서 고마워요.
- 당신이 아이들에게 잘 대해줘서 고마워요.
- 아이들을 병원에 데려가줘서 고마워요.

- 아이들과 함께 시간을 보내줘서 고마워요.

- 내가 스트레스 받은 일을 이야기할 때마다 나를 이해해줘서 고마워요.

- 나의 하루가 어땠는지 들어줘서 고마워요.

- 내가 무례한 사람을 만나 화가 났던 이야기를 들어줘서 고마워요.

- 나는 저녁식사 시간에 당신과 대화를 나누는 것이 정말 즐거워요.

- 내 말을 잘 들어줘서 고마워요.

- 당신이 원하는 것이 무엇인지 이야기해줘서 고마워요.

- 당신의 느낌을 내게 말해줘서 고마워요.

- 운전해줘서 고마워요.

- 내가 아플 때 간호해줘서 고마워요.

- 내 부모님과 함께 시간을 보내줘서 고마워요.

- 내게 커피를 타줘서 고마워요.

- 빵이 참 맛있네요. 사다줘서 고마워요.

- 내 대신 병원에 예약을 해줘서 고마워요.

- 내가 비난받을 때, 당신이 어디선가 갑자기 나타나줘서 고마워요.

- 늘 다정하게 대해줘서 정말 고마워요.

- 함께 산책하는 것이 정말 좋아요.

- 나와 함께 시간을 보내줘서 고마워요.

- 내가 필요한 것에 마음을 써줘서 고마워요.

- 나에게 꽃을 보내줘서 고마워요.

- 내게 늘 관심을 가져줘서 고마워요.

- 내가 당신 인생의 가장 소중한 사람이라는 느낌을 줘서 고마워요.

- 내가 좋아하는 음악을 틀어줘서 고마워요.

- 함께 외식을 해줘서 고마워요. 정말 좋았어요.

- 내가 슬플 때 당신이 거기 있어줘서 고마워요.

- 나에게 공감해줘서 고마워요.

- 내 편이 되어줘서 고마워요.

- 나에게 위안을 줘서 고마워요.

- 내게 부드럽게 대해줘서 고마워요.

- 파티 정말 즐거웠어요. 나와 함께해줘서 고마워요.

- 나를 붙잡아줘서 고마워요.

- 웃어줘서 고마워요.

- 내게 삶의 활력을 줘서 고마워요.

- 내게 여유를 줘서 고마워요.

- 일을 마치고 집에 돌아올 때 따뜻하게 맞이해줘서 고마워요.

- 당신과 함께했던 소풍이 정말 좋았어요.

- 당신이 변함없이 나만 바라봐줘서 고마워요.

- 나를 사랑해줘서 고마워요.

- 그 색깔은 당신에게 환상적으로 잘 어울려요.

- 당신이 내 가족들에게 잘 대해줘서 고마워요.

- 가족을 위해 열심히 일해줘서 고마워요.

- 우리를 위해 저축해줘서 고마워요.

- 도저히 당신에게서 눈을 뗄 수가 없네요.

- 당신 오늘밤 멋진데요.

- 당신에게서 좋은 향기가 나요.

- 나는 당신과의 잠자리가 좋아요.

- 나를 안아줘서 고마워요.

- 나와 함께 샤워해줘서 고마워요.

- 당신은 키스를 정말 잘해요.

- 나는 당신과의 스킨십이 좋아요.

연습 2: 부부관계의 역사와 철학

다음 질문은 로리와 리사가 서로를 배려하고 존중하는 마음을 되찾은 상황을 토대로 만든 것이다. 그들은 서로의 질문에 대답하고 그것에 대해 이야기함으로써, 두 사람이 어떤 만남을 거쳐서 왜 결혼했는지를 기억해낼 수가 있었다.

이 연습을 수행하기 위해서는 무엇으로부터도 방해받지 않는 시간을 확보하는 것이 필요하다. 이 질문에는 정답이 없다. 이 연습의 목적은 결혼을 하려고 결심했던 그때의 사랑과 결혼관을 회상해내는 데 있는 것이다.

당신의 생각이 긍정적인 기억에 이르도록 노력해야 한다. 즉, 이 연습이 서로에게 불만을 토로하는 장으로 변질되지 않도록 주의해야 할 것이다.

파트 1 : 부부의 역사

1. 두 사람은 어떻게 만났는가? 배우자의 첫인상은? 당신 눈에 두드러지게 비친 배우자의 모습은?

2. 첫 데이트에서 가장 기억에 남는 것은 무엇인가? 둘이서 함께한 일은? 교제 기간 중 가장 기억에 남는 일은 무엇인가?

3. 결혼할 때까지 얼마나 교제했는가? 왜 결혼하기로 결심했는가? 결혼을 결심하기가 쉬웠는가, 어려웠는가? 그때 당신은 사랑에 빠져 있었는가? 세상에 있는 수많은 사람 가운데 왜 이 사람을 결혼상대로 선택했는가?

4. 결혼식을 기억하고 있는가? 그때의 일들을 이야기해보라. 신혼여행 때의 일을 기억하고 있는가? 가장 기억에 남는 일은 무엇이었는가?

5. 결혼생활 첫해를 어떻게 기억하고 있는가? 결혼을 계기로 당신은 어떤 변화를 겪었는가?

6. 부모가 되었을 때의 느낌은? 부모가 된 다음 결혼생활은 어땠는가?

7. 돌이켜볼 때, 지금까지 결혼생활에서 가장 행복했던 일은 무엇인가? 부부로서 두 사람에게 가장 좋았던 때는 언제인가?

8. 두 사람의 생활에서 좋은 때도 있었고 나쁜 때도 있었을 것이다. 그때의 일들을 이야기해보라.

9. 지금까지 결혼생활을 하면서 가장 괴롭다고 느꼈던 순간은 언제인가? 그럼에도 결혼생활을 계속 유지하고 있는 이유는 무엇인가? 그 곤경에서 어떻게 빠져나왔는가?

10. 둘이 함께 즐기던 일을 그만둔 경우가 있는가? 왜 그만두었는가?

11. 결혼생활에 성공하는 부부와 실패하는 부부가 있다. 왜 그렇다고 생각하는 가? 두 사람이 알고 있는 부부 가운데 누가 성공했고, 누가 실패했는가? 그 부부의 결혼생활과 당신의 결혼생활은 어떻게 다른가? 그들과 비교할 때 당신의 결혼생활은 어떤가?

12. 부모의 결혼생활에 대해 이야기해보라. 당신의 결혼생활과 어떤 점이 비슷하고 어떤 점이 다른가?

13. 결혼생활 연표를 작성해보라. 거기에 전환점, 부부관계가 좋았던 때, 나빴던 때를 써넣어라. 당신이 가장 행복했던 때는 언제인가? 배우자가 가장 행복했다고 생각하고 있는 때는? 그때와 지금의 결혼생활이 어떻게 달라졌는가?

거의 모든 부부는 과거의 즐거운 추억을 회상하면 그때 그 시절로 돌아가고 싶다고 한다. 이러한 질문들에 답함으로써 과거 결혼을 결심했을 때 지녔던 사랑과 앞날에 대한 기대를 다시 떠올리게 된다.

이 연습은 자신의 결혼생활이 끝났다고 생각하는 부부들에게 희망의 빛을 비추어 위기로부터 탈출하도록 돕는다. 이 두 가지 연습을 자주 반복하면, 서로를 배려하고 존중하는 마음을 더욱 크게 키워나갈 수 있을 것이다. 이것은 결혼생활의 위기로부터 벗어날 수 있도록 이끌어줄 것이다.

배우자를 마음속에 소중히 담아두기

당신은 배우자와 떨어져 있을 때 몇 번이나 배우자에 대해 행복한 생각을 하는가? 배우자의 훌륭한 자질에 대해 자부심을 지니고 있는가?

배우자를 마음속에 소중히 담아두는 것은 부부간의 배려와 존중의 중요한 요소다. 이는 하루 일과 중 서로 떨어져 있는 동안 배우자의 긍정적 자질에 대한 생각을 최대화하고, 부정적 자질에 대한 생각을 최소화하는 마음의 습관이라 할 수 있다. 배우자의 장점에 집중하는 것은 그가 갖지 못한 부분에 대해 분노하기보다 그가 가진 것에 대해 고마워하는 마음을 갖게 한다.

대부분의 부부들은 그들이 배우자를 마음속에 소중히 담아두는 것의 중요성을 간과하고 있다는 사실을 인식하지 못한다. 다행히도 이것은 쉽게 바로잡을 수 있다.

다음의 연습은 당신이 배우자를 마음속에 소중히 담아두는 습관을 지니는 데 도움을 줄 수 있다.

연습 3 : 배우자를 마음속에 소중히 담아두기

파트 1

아래의 목록에서 당신이 소중히 여기는 배우자의 자질 열 가지를 표시하라. 표시한 각 목록과 관련하여 배우자가 행한 최근의 일을 하나씩 기록해보라. 그리고 스스로에게 말해보라. "이런 배우자를 만나다니, 난 참 복 받은 사람이야." 이 목록을 가까이 두고 배우자에게 느끼는 호감에 집중하면, 배우자에 대한 감사의 마음을 불러일으킬 수 있다.

내가 정말 소중히 여기는 배우자의 자질

활동적이다	배려심이 있다	단호하다
적응력이 있다	쾌활하다	헌신적이다
모험심이 있다	영리하다	성실하다
야심차다	리더십이 있다	규범을 잘 따른다
고마움을 잘 표현한다	동정심이 있다	안목이 있다
진정성이 있다	자신감이 있다	추진력이 있다
눈치가 빠르다	양심적이다	모든 일을 열심히 한다
균형 감각이 있다	사려 깊다	느긋하다
대담하다	용기가 있다	정력적이다
용감하다	창의적이다	진취적이다
총명하다	호기심이 많다	윤리적이다
차분하다	대담하다	활기가 넘친다
유능하다	집중력이 있다	공정하다
주의력이 있다	신뢰할 수 있다	독립적이다

매력적이다	한결같다	세심하다
거침없다	성숙하다	예리하다
융통성이 있다	부드럽다	진실하다
너그럽다	의욕적이다	솜씨가 좋다
친근하다	자연스럽다	깔끔하다
유쾌하다	단정하다	사교적이다
재미있다	육아를 잘한다	영적이다
관대하다	관찰력이 있다	자발적이다
온화하다	개방적이다	안정적이다
잘 베푼다	낙관적이다	분별력이 있다
화끈하다	계획적이다	강하다
행복하다	독창적이다	학구적이다
근면하다	외향적이다	성공했다
건강하다	참을성이 있다	힘을 준다
정직하다	평화롭다	놀라움을 준다
존경할 만하다	직관력이 있다	호의적이다
겸손하다	인내심이 강하다	재능이 있다
유머러스하다	끈질기다	용의주도하다
이상적이다	상냥하다	친절하다
상상력이 풍부하다	긍정적이다	지칠 줄 모른다
남에게 기대지 않는다	실용적이다	아량이 있다

기발하다	지조가 있다	희생적이다
탐구적이다	자기 생활을 누린다	신뢰할 수 있다
통찰력이 있다	문제 해결 능력이 있다	이해심이 많다
똑똑하다	자부심이 있다	독특하다
흥미롭다	두뇌 회전이 빠르다	사심이 없다
직감이 있다	침착하다	방심하지 않는다
기쁨을 준다	이성적이다	따뜻하다
다정하다	합리적이다	현명하다
지식이 풍부하다	사색적이다	재치가 있다
근심이 없다	회복력이 있다	훌륭하다
호감이 간다	지략이 있다	기타
생기 넘친다	공손하다	
사랑스럽다	책임감이 있다	
정이 많다	자신만만하다	

파트 2

당신이 배우자가 지닌 자질을 얼마나 소중히 여기는지를 표현하는 사랑의 편지를
써보라. 그리고 로맨틱한 데이트를 하면서 배우자에게 그 편지를 큰 소리로 읽어
주도록 하라.

이 훈련은 배우자를 소중히 여기는 습관을 기르도록 고안되었다. 만약 당신이 자주 분노하거나 스트레스를 받거나 배우자와 거리감을 느낀다면, 당신에게는 배우자의 부정적인 특징에 집중하는 경향이 있을지 모른다. 이러한 경향은 계속해서 고통스러운 생각들을 끄집어내서 당신을 더욱 괴롭게 만든다. 이 훈련은 당신이 배우자가 가진 장점들에 집중하도록 훈련시킴으로써 부정적인 감정에서 벗어나게끔 한다. 비록 당신이 배우자와 썩 유쾌한 하루를 보내지 않았다 할지라도 말이다.

매일의 과제마다 배우자에 대한 긍정적인 진술이 포함되어 있다. 각 진술에 대해서 생각해보라. 그리고 배우자와 떨어져 있는 낮 시간 동안 이 진술을 되뇌어보라. 몇몇 과제의 경우, 당신 부부에게는 적용되지 않는 것처럼 보일 수도 있다. 특히 배우자에 대한 애정과 존중이 많이 사라진 상태라면 말이다. 이 진술이 반드시 현재 당신 부부 사이에서 일어나는 일들의 일반적인 상태가 아닐 수도 있다. 그러나 이 진술이 적용될 만한 단 하나의 순간이나 에피소드에 대해 생각할 수 있다면, 그 기억에 집중하면 된다. 예를 들어, 만약 요즘 당신이 배우자에게 흠뻑 빠져 있는 상태가 아닐지라도 배우자에게서 당신이 매력을 느낄 만한 한 부분에 집중해보는 것이다.

긍정적인 진술이 포함된 이 간단한 과제를 매일 수행해야 한다는 것을 명심하라. 당신이 부부관계, 또는 배우자에 대해 어떤 기분을 느끼든 간에 이 훈련을 매일 해보라. 당신이 배우자와 크게 다투었거나 서로 거리감을 느끼는 상황이라 해도 멈추지 말아야 한다.

이 훈련이 바보같이 느껴지거나 감상적으로 여겨질 수도 있겠지만, 이는 '긍정적인 생각을 연습하는 힘'에 관한 연구에 기초하고 있다. 이러한 접근법은 인지 테라피therapy의 기본 원리들 중 하나로, 사람들이 우울증을 극복하도록 돕는 데 매우 성공적이었음이 증명되었다. 사람들이 우울증에 빠질 때 그들의 사고는 매우 엉망이 된다. 우울증에 빠진 사람들은 모든 것을 매우 부정적으로 보는데, 이는 무력함을 더하게 만들 뿐이다. 그러나 의도적으로 자신의 마음을 긍정적 사고방식으로 길들인다면 무력감은 한결 나아질 것이다.

이것은 결혼생활에 희망을 불어넣는 훈련이다. 당신은 이 훈련을 통해 배우자와 당신의 관계에 대해 보다 더 긍정적으로 생각하는 방법을 연습할 수 있다. 다른 연습과 마찬가지로 당신이 이를 자주 충분히 훈련한다면, 당신의 긍정적인 말(그리고 이보다 더 중요한 긍정적인 생각)은 제2의 천성이 될 것이다.

주의 대부분의 부부들이 월요일부터 금요일까지 떨어져 각자의 일을 하기 때문에, 아래의 각 요일별 훈련은 이에 맞추어 편성되어 있다. 만일 당신이 주말에도 일을 한다면 당신의 일정에 맞추어서 요일별 훈련들을 변경하여 진행할 수 있다. 이 훈련은 1주일에 5일씩, 7주 동안 진행된다.

1주차

월요일

생각: 나는 배우자를 진심으로 사랑한다.

과제: 당신이 사랑하거나 사랑스럽다고 느끼는 배우자의 특징 하나를 써보라.

화요일

생각: 나는 결혼생활 중 좋았던 시절을 쉽게 떠올릴 수 있다.

과제: 결혼생활 중 좋았던 시절 하나를 골라 그것에 관해 한 문장으로 써보라.

수요일

생각: 나는 결혼생활에서 낭만적이고 특별했던 순간을 쉽게 떠올릴 수 있다.

과제: 낭만적이고 특별했던 순간 하나를 골라 그것에 대해 생각해보라.

목요일

생각: 나는 배우자에게 육체적으로 끌린다.

과제: 당신이 좋아하는 배우자의 신체적 특징 중 하나를 생각해보라.

금요일

생각: 나의 배우자는 내가 자랑스럽게 여기는 특별한 자질들을 가지고 있다.

과제: 당신이 자랑스럽게 여기는 배우자의 자질 하나를 써보라.

2주차

월요일

생각: 나는 결혼생활에서 '나' 대신에 '우리'라는 진정한 합일合—을 느끼고 있다.

과제: 당신과 배우자 사이의 공통점 하나를 생각해보라.

화요일

생각: 우리는 동일한 믿음과 가치관을 가지고 있다.

과제: 당신과 배우자가 공유하고 있는 믿음이나 가치관 중 하나를 설명해보라.

수요일

생각: 우리는 공통의 목표들을 가지고 있다.

과제: 공통의 목표 중 하나를 생각해보라.

목요일

생각: 배우자는 나의 절친한 친구다.

과제: 당신이 배우자와 공유하고 있는 비밀에 대해 생각해보라.

금요일

생각: 나는 결혼생활에서 배우자로부터 큰 지지를 받고 있다.

과제: 배우자가 당신을 매우 지지하던 순간에 대해 생각해보라.

3주차

월요일

생각: 내가 스트레스를 해소할 수 있는 장소는 집이다.

과제: 배우자가 당신의 스트레스를 해소해주고자 노력했던 시간을 되새겨보라.

화요일

생각: 나는 우리가 처음 만났던 시절을 쉽게 떠올릴 수 있다.

과제: 그 첫 만남에 대해 써보라.

수요일

생각: 나는 결혼을 결심하게 된 것과 관련하여 많은 세세한 것들을 기억한다.

과제: 결혼의 결심과 관련하여 당신이 기억하고 있는 것을 하나 골라 써보라.

목요일

생각: 나는 결혼식과 신혼여행을 쉽게 떠올릴 수 있다.

과제: 결혼식이나 신혼여행과 관련하여 즐거웠던 것 중 하나를 써보라.

금요일

생각: 우리는 가사를 공정한 방식으로 분담하고 있다.

과제: 가사를 어떻게 분담하고 있는지 써보라. 만약 당신의 배우자가 가사를 분담하고 있지 않다면 배우자가 가사에 참여할 수 있는 방법을 생각해보라. 만약 당신이 분담한 일을 하고 있지 않다면, 그 이유와 해결책을 생각해보라.

4주차

월요일

생각: 우리는 부부로서의 삶을 함께 잘 계획하고 있다.

과제: 당신과 배우자가 함께 계획했던 활동 하나를 설명해보라.

화요일

생각: 나는 우리의 결혼생활이 자랑스럽다.

과제: 결혼생활에서 자랑스럽게 생각하고 있는 점 두 가지를 떠올려보라.

수요일

생각: 나는 내 가족이 자랑스럽다.

과제: 가족에 대하여 자긍심을 강하게 느꼈던 구체적인 사건을 떠올려보라.

목요일

생각: 배우자에게서 만족스럽지 않은 점들을 종종 발견하지만, 나는 이것들을 안고 살아갈 수 있다.

과제: 배우자가 가진 만족스럽지 않은 단점 중에서 당신이 포용했던 한 가지는 무엇인가?

금요일

생각: 우리 결혼생활은 주변의 다른 결혼생활들보다 훨씬 낫다.

과제: 당신이 끔찍하다고 생각하는 타인의 결혼생활에 대해 떠올려보라.

5주차

월요일

생각: 내가 나의 배우자를 만난 것은 행운이다.

과제: 당신이 배우자와 결혼해서 가장 좋은 점 하나를 생각해보라.

화요일

생각: 결혼생활은 때로는 갈등을 수반한다. 그럼에도 결혼은 가치가 있는 것이다.

과제: 당신과 배우자가 함께 성공적으로 어려움을 헤쳐 나갔던 일에 대해 생각해

　　　보라.

수요일

생각: 우리 사이에는 깊은 애정이 존재한다.

과제: 오늘 밤 배우자를 위한 깜짝 선물을 계획해보라.

목요일

생각: 우리는 서로에게 깊은 관심이 있다.

과제: 함께 흥미를 갖고 할 만한 일이나 대화를 생각해보라.

금요일

생각: 우리는 서로에게 좋은 사람이다.

과제: 함께 멋진 외출을 계획해보라.

6주차

월요일

생각: 우리 결혼생활에는 넘치는 사랑이 있다.

과제: 특별한 여행을 계획해보라.

화요일

생각: 나의 배우자는 매력적인 사람이다.

과제: 공통의 관심사를 계발하기 위하여 배우자에게 무엇인가를 제안해보라.

수요일

생각: 우리는 서로 잘 맞는다.

과제: 배우자에게 줄 사랑의 편지를 써보라.

목요일

생각: 다시 결혼한다 해도, 나는 지금의 배우자와 결혼할 것이다.

과제: 결혼기념일 여행 등 이벤트를 계획해보라.

금요일

생각: 우리는 서로를 깊이 존중한다.

과제: 요가나 사교댄스 등과 같이 부부가 함께할 만한 강좌를 들어보라. 최근 배우자가 했던 존경할 만한 행동에 대해 그/그녀에게 말해보라.

7주차

월요일

생각: 우리는 섹스에 만족한다.

과제: 에로틱한 저녁을 계획해보라.

화요일

생각: 우리는 오랜 길을 함께 걸어왔다.

과제: 부부가 함께 성취했던 일들을 생각해보라.

수요일

생각: 우리는 그 어떤 어려움도 함께 헤쳐 나갈 수 있다.

과제: 어려운 시기를 헤쳐 나갔던 일을 회상해보라.

목요일

생각: 우리는 서로의 유머를 즐긴다.

과제: 함께 코미디 영화를 볼 계획을 세워보라.

금요일

생각: 나의 배우자는 매우 귀엽다.

과제: 한껏 차려입고 우아한 저녁을 보내보라. 만약 당신 부부가 격식 있는 자리를 싫어한다면 두 사람 모두 마음 놓고 즐길 만한 저녁시간을 계획해보라.

7주간의 훈련을 끝마칠 때쯤이면 배우자와 결혼생활에 대한 당신의 관점이 훨씬 더 낙관적으로 변화했음을 발견할 것이다. 서로에 대해 칭찬하는 것은 당신의 결혼생활에 도움이 된다. 그러나 이것이 지속되도록 하기 위해서는 애정과 존중의 마음을 배우자에게 표현해야 한다. 다음 장에서도 결혼생활의 로맨스를 위해 배우자에 대한 애정과 존중을 강화하는 훈련을 계속해나가게 될 것이다.

6

원칙 3

서로에게서 달아나는 대신
서로를 향해 가라

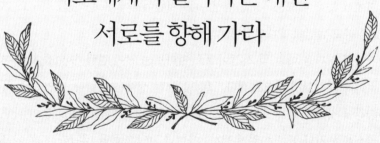

우리 애정문제연구소에서 녹화한 영상 중 어느 것을 극장에서 상영하더라도 오스카상 수상작만큼 극적인 감동을 줄 만한 것은 없다. 우리들이 녹화한 영상은 지루한 장면들이 끝없이 이어진다. 예를 들면, 남편이 커다란 창밖을 내다보다가 "우와, 엄청나네! 저기 좀 봐요, 저 큰 배!"라고 외치면, 아내가 잡지에서 눈을 떼고는 "정말 엄청나네! 지난여름에 본 큰 범선 같군요. 기억나요?"라고 남편에게 대답한다.

이런 장면을 매일 몇 시간이고 들여다보는 일이 견딜 수 없을 만큼 지루할 것이라 생각할지도 모르겠다. 그러나 그런 생각은 틀렸다. 나는 그들의 짧은 순간에 깃들어 있는 흥미로운 드라마를 발견하기 때문이다. 그들이 과연 함께 뉴스를 보거나 신문을 읽게 될까? 아니면 그냥 침묵을 지킬까? 그들이 점심을 먹는 동안 이야기를 나누게 될까? 나는 상호작용과 교감을 많이 나누는 부부일수록 행복한 결혼생활을 할 가능성이 높다는 사실을 알기에 긴장감을 가지고 그들을 지켜본다. 이렇듯 주고받는 짧은 말들을 통해 그들의 마음이 결합되어 있는지, 즉 그들의 마음이 서로를 향해 있는지 여부를 알 수 있다. 마음이 서로를 향해 있는 부부들은 상호 신뢰를 구축하고 있다. 그렇지 않은 부부들은 길을 잃을 가능성이 크다. 이혼을 생각하고 있거나 갈등상태에 있는 부부들은 상호 교감하는 순간이 매우 드물다. 대부분의 경우 아내는 잡지에서 눈을 떼지 않으며, 만일 아내가 눈을 떼고 남편을 바라보며 말을 건넨다 해도 남편은 아내의 말에 귀를 기울이지 않는다.

할리우드 영화는 로맨스나 애정에 대한 우리의 생각을 크게 왜곡시켜 놓았다. 영화 〈카사블랑카Casablanca〉에서 험프리 보가트가 눈물을 머금은 잉그리드 버그만을 포옹하는 장면을 보면 대부분의 관객들은 마음이 설렌다. 그러나 현실의 로맨스는 영화에서처럼 극적인 장면이 아닌, 훨씬 평범한 것으로부터 싹튼다. 단조로운 일상생활에서 남편은 아내에게, 아내는 남편에게 가치 있는 사람이라는 사실을 일깨워주는 것에서 로맨스가 시작되는 것이다.

부부는 상대방의 주목, 애정, 관심을 끌기 위한 시도, 즉 내가 '요청서'라고 이름 붙인 것을 상황에 따라 발송한다. 요청서는 등을 긁어달라는 아주 사소한 일에서부터 편찮으신 노년의 부모님을 돌보는 데 도움을 요청하는 중요한 일까지를 포괄한다. 이 요청서를 마주 대하는 부부가 있는가 하면 배우자의 요청서로부터 도망가는 부부도 있다. 배우자의 요청에 귀 기울이는 것은 신뢰, 감정의 교류, 열정, 원만한 성생활의 기본이 된다. 우습게 들릴지 모르지만 로맨스는 슈퍼마켓에서도 강화된다. 즉, 배우자가 "집에 버터가 다 떨어졌나요?"라고 물었을 때 심드렁하게 "잘 몰라"라고 대답하는 대신, "잘 모르겠는데, 혹시 모르니 찾아올게요"라고 대답하는 것이 바로 그런 순간이다. 배우자가 직장에서 매우 힘든 하루를 보내고 있다고 생각한다면, 단 1분의 시간을 들여 배우자에게 기운을 북돋워주는 메시지를 보내주는 것도 로맨스인 것이다. 이러한 작은 행동들은 배우자가 나를 피해 달아나는 것이 아니라, 나에게 마음을 향하도록 하는 계기가 된다.

우리는 연구를 통해 요청서가 부부관계에서 중요한 역할을 수행한다는 것을 확인할 수 있었다. 신혼부부들을 6개월간 추적 연구한 결과, 행복한 결혼생활을 유지해가는 부부의 경우 배우자의 요청서에 응하는 비율이 86%에 달한 반면, 이혼으로 끝난 부부의 경우 33%에 그쳤다. 이는 부부간 다툼의 대부분이 돈이나 섹스와 같은 특정 주제에 관한 것이 아니라, 요청서를 무시하는 데서 온다는 사실을 말해준다. 아주 사소해 보이는 일이 부부관계의 미래에 중요한 부분을 차지하는 것이다.

배우자의 마음에 관심을 두고 이를 어루만질 때마다 그들은 내가 '애정 예금'이라 부르는 것을 적립하게 된다. 그들은 은행에 저축을 하듯 애정을 저축하게 되고, 이 애정 예금은 부부가 서로 대립할 때 강력한 쿠션 역할을 한다. 애정 예금을 가진 부부들은 서로에 대해 충분한 호의를 지니고 있기에 대립을 하게 되어도 불신이나 만성적인 부정적 감정에 빠질 위험이 훨씬 덜하다.

서로를 향해 가는 첫 번째 단계는 그저 아주 사소한 일들이 결혼생활의 신뢰도와 로맨스에 얼마나 중요한 영향을 미치는지를 깨닫는 데 있다. 매일의 교감을 대수롭지 않은 것으로 받아들여서는 안 된다. 이러한 깨달음은 많은 부부들의 관계에 큰 변화를 가져온다. 서로에게 힘이 되어주는 것이 2주간 바하마로 휴가를 다녀오는 것보다 결혼생활에 더 큰 힘과 열정을 가져다준다는 것을 늘 잊지 마라.

부부 사이가 원만해지는 비결이 해변에서 느긋한 휴가를 함께 보내는 것이라고만 생각하는 사람들이 있다. 그러나 그것은 잘못된 생각이다. 부부 사이가 원만해지는 진짜 비결은 영화처럼 근사한 이벤트보다 평범한 일상에서 상대방을 진지하게 마주 대하는 데 있다. 이러한 마음의 교류가 없으면, 해변에서 근사한 휴가를 즐긴다 해도 로맨스는 생겨나지 않는다. 결혼식은 더할 나위 없이 멋졌고 신혼여행은 환상적이었다고 말했던 저스틴과 마이클이 촛불을 밝힌 레스토랑에서 즐겁게 식사를 하고 있는 모습을 우리는 쉽게 상상할 수 있다. 그러나 세차 문제로 말다툼을 했던 피터와 신시아가 촛불을 밝힌 레스토랑에 마주 앉아 있다면, 두 사람은 틀림없이 상대방을 향해 비난의 말을 던지거나 어색한 침묵을 지킨 채 식사를 할 것이다.

서로에게 마음을 쓰는 것은 어려운 일이 아니다. 이것은 서로를 위한 작은 행동을 필요로 할 뿐이다. '서로를 향해 가기'는 긍정적인 피드백의 법칙으로 작동한다. 이것은 마치 언덕을 굴러가면서 커지는 눈덩이처럼, 작은 것으로 시작하지만 거대한 결과를 불러일으킨다. 다시 말하면, 멋진 결혼생활을 하기 위해 꼭 극적인 방법을 동원할 필요는 없다는 것이다. 그저 시작하라. 그러면 모든 것은 알아서 나아질 것이다.

내 결혼생활을 예로 들어보자. 어느 날 나는 아내 줄리가 빨래를 개면서 하는 작은 불평을 들었다. 나는 처음에는 못 들은 척했으나, 생각해보니 그 불평은 작은 것이긴 해도 일종의 요청서였다. 내가 무슨 일이냐고 묻자 아내가 대답했다. "빨래하는 건 괜찮은데 개는 게 너무 귀찮아요." 그래서 나는 빨래 개기와 같이 아무 생각 없이 할 수 있는 작은 일을 좋아하기로 결심했다! 이 일은 연구실에서 수치를 검토하는 것과 같은 일종의 성취감을 주었다. 나는 빨래 개기를 맡는 것으로 '아내에게 향해 가기'를 시작했다. 나는 침대에 빨래들을 쌓아놓은 뒤 재즈 작곡가 빌 에반스의 마법 같은 피아노 선율을 틀어놓고 빨래를 개기 시작했다. 이 일은 마치 천국에 온 것 같은 기분이 들게 했다. (다른 많은 사람들처럼 나는 가능한 한 즐겁게 집안일을 하려고 노력한다.) 줄리는 방 안으로 들어왔고 아마도 내가 도움을 청할 것이라 생각했을 것이다. 나는 그녀가 빨래 개는 것을 싫어하는 것을 알기에 도와달라고 말하지 않았다. 대신에 우리 둘 다 편안한 상태로 음악을 즐겼고, 그동안 나는 계속 빨래를 갰다. 그녀는 동네 재즈 클럽에 간 지 꽤 오래 되었다고 말했고, 우리는 저녁을 먹은 후 재즈 클럽에 가기로 했다. 결국 내가 빨래더미로 향한 일은 우리 부부에게 매우 로맨틱한 일이 된 것이다.

로맨스 테스트

로맨틱한 결혼생활을 하고 있는지를 파악하기 위해서 다음 질문에 답해보기 바란다. 다음을 읽고 맞으면 '예', 그렇지 않으면 '아니오'에 표시를 하라.

1. 빨래를 개거나 TV를 보는 것 등 사소한 일도 둘이서 하면 즐겁다.

예 / 아니오

2. 배우자와 함께 여가시간을 보내는 것이 기대된다.　　　　　예 / 아니오

3. 일과 후 배우자가 집으로 돌아와 서로 얼굴을 마주하는 것이 기쁘다.

예 / 아니오

4. 나는 배우자와 토론하는 것을 즐긴다.　　　　　　　　　　예 / 아니오

5. 둘이서 외출하면 시간이 빨리 간다.　　　　　　　　　　　예 / 아니오

6. 원래 나의 관심사가 아니었어도 배우자가 관심을 가지는 일이라면 나 또한

즐기려고 노력한다.　　　　　　　　　　　　　　　　　　예 / 아니오

7. 배우자와 함께라면 무엇을 해도 두 사람 모두 즐거워진다.　　예 / 아니오

8. 배우자는 항상 내 의견을 귀담아 듣는다.　　　　　　　　　예 / 아니오

9. 배우자는 내게 최고의 친구다.　　　　　　　　　　　　　예 / 아니오

10. 배우자는 불쾌한 하루를 보냈을 때 일과 후 그것을 내게 이야기한다.

예 / 아니오

11. 배우자는 나를 최고의 친구라고 생각한다.　　　　　　　　예 / 아니오

12. 우리는 마음이 잘 맞는다.　　　　　　　　　　　　　　　예 / 아니오

13. 우리 부부는 함께 이야기하는 것을 대단히 좋아한다.　　　　예 / 아니오

14. 우리는 서로에게 할 이야기가 많다.　　　　　　　　　　　예 / 아니오

15. 우리는 함께 즐기는 것들이 많다.　　　　　　　　　　　　예 / 아니오

16. 우리가 추구하는 기본적인 가치관은 비슷하다.　　　　　　예 / 아니오

17. 우리는 함께 있을 때, 시간을 보내고 싶어 하는 방식이 비슷하다.

예 / 아니오

18. 우리 부부는 공통의 관심사가 많다.   예 / 아니오

19. 우리의 꿈과 목표 중에는 일치하는 것이 많다.   예 / 아니오

20. 우리 부부는 같은 일을 하면서 즐거워하는 경우가 많다.   예 / 아니오

채점: '예' 하나에 1점씩을 부여하라.

<u>12점 이상</u>: 축하를 보낸다! 서로에게 마음을 다하고 있는 당신의 결혼생활은 굳건하다. 왜냐하면 두 사람은 결혼생활의 사소한 일이라도 서로를 위해 항상 '그곳'에 있어주었기에, 막대한 '애정 예금'을 모아두어 결혼생활의 위기를 견딜 준비가 되어 있기 때문이다. 함께 식사를 준비하는 것, 직장에 있을 때 배우자의 연락에 빨리 답해주는 것 등은 아주 사소한 일처럼 보이지만 결혼생활에서 중요한 사항들이다. '애정 예금'을 늘려가는 것은 로맨스를 지속시키는 힘이자 결혼생활의 위기와 고난을 잘 극복해나갈 수 있는 방법이다.

<u>12점 미만</u>: 부부관계에 개선이 필요한 시점이다. 일상의 사소한 일들 가운데 서로에게 마음을 전함으로써 결혼생활을 더욱 안정적이고 로맨틱하게 변화시킬 수 있다. 매 순간 배우자의 말을 경청하도록 노력하여 결혼생활을 더욱 원만하게 해야 한다.

'서로를 향해 가는 것'을 막는 두 가지 장애물

부부문제를 연구하는 동안, 나는 서로에게 마음을 다하고 상호 신뢰감을 쌓는

것을 방해하는 두 가지 공통된 상황을 발견했다. 다음은 부부관계에서 발견되는 두 가지 장애물과 그 장애물을 어떻게 예방할 수 있는지에 관한 것이다.

분노와 같은 부정적인 감정에 휩싸여
배우자의 '요청서'를 알아차리지 못하는 것

때때로, 특히 부부관계가 좋지 않을 때 당신은 배우자가 요청서를 보내고 있다는 것을 알아차리지 못하는데, 이는 그 요청서가 부정적으로 다가오기 때문이다. 즉, 부정적인 감정 때문에 그 속에 숨겨진 요청을 알아차리지 못하는 것이다. 예를 들어, 레나는 남편 칼에게 과장된 어조로 다음과 같이 말하곤 한다. "당신이 식탁을 치우는 일은 앞으로도 평생 없을 거야. 그렇죠?" 칼은 '오늘 저녁에는 식탁을 치워 달라'는 아내의 요청서를 제대로 받지 못했다. 그저 '비난'을 들었을 뿐이다. 이런 상황에서 칼이 아내에게 "그러는 당신은 언제 기름을 채워 넣은 적 있어?"라고 자기방어적으로 반응한 것은 놀랄 일이 아니다.

대신에 칼이 "여보, 미안해요"라고 말하며 식탁을 치웠더라면 어땠을까? 그는 그 순간 멋쩍게 웃는 아내로부터 큰 점수를 땄을 것이다. 그리고 그녀는 거친 말로 대화를 시작한 것이 적절하지 못했다는 것을 깨달았을 것이다. 반대로 칼은 아내 레나가 빨리 잠자리에 들기를 원하지만 그녀가 이메일을 쓰느라 늦는 상황을 가정해보자. 그의 요청서는 '나와 함께 잠자리에 들자'는 것이다. 그러나 이 요청서는 "지금 당신 또 이메일 붙잡고 씨름하는 거야? 저녁 내내 그랬으면서!"라는 비난으로 나온다. 만약 레나가 그의 화난 어조가 아니라 그

속에 숨겨진 요청에 집중했더라면 그녀는 긍정적으로 대처할 수 있었을 것이다. "당신 말이 맞아요. 얼른 갈게요."

배우자에게 방어적으로 반응하기 전에, 잠시 멈추고 배우자의 거친 언사 속에 숨은 요청서를 읽어보라. 그리고 그 요청서에 집중하되 그것의 전달방식에 대해서는 신경 쓰지 마라. 만약 당신의 자기방어적인 발언이 튀어나오려 한다면 잠시 멈추고 깊은 숨을 다섯 번 쉬되, 1부터 6까지 천천히 세는 동안 숨을 들이마시고 7부터 12까지 세는 동안 숨을 내쉬어라. 그러고 나서 배우자에게 다음과 같이 말하라. "나는 당신한테 긍정적으로 말하고 싶어요. 그러니 당신, 부디 내게 뭘 원하는지 말해주겠어요? 정말 알고 싶어요." 만약 요청을 비난으로 표현하는 것이 부부 사이에서 습관적으로 일어나는 일이며 평소 부정적인 말이 둘 사이에서 마구 쏟아져 나온다면, 대화를 좀 더 부드럽게 시작하는 법을 연습하라. (제9장을 참고하라.)

사이버 세상 때문에 받는 방해

나는 부부문제를 연구하면서 인터넷과 디지털 기기로 인해 부부가 서로에게 마음을 쓰는 데 점점 더 큰 방해를 받고 있음을 확인했다. 바깥세상과 즉각적인 접속을 하고 의사소통을 하는 것은 큰 사회적 효용을 제공하기도 한다. 고립되어 있거나 외로운 사람들이 비슷한 처지의 사람들로부터 지지와 이해를 받고자 인터넷을 사용하는 것은 점점 더 보편적인 일이 되어가고 있다. 그러나 여기에도 문제점은 존재한다. 여러 사람들과 밤낮으로 연결되어 있는 것은 부부 사이의 낭만적인 사랑과 가족의 오붓한 시간에 크게 방해가 된다. 직장 상사가 자신의 부하 직원과 업무 시간 외에 이메일이나 소셜 미디어를 통해 연락하는 것도 부부관계에 해를 끼친다.

지속적으로 이메일과 포스팅, 트위터 그리고 문자를 확인하는 것이 일종의 습관성 중독을 초래하는 경우도 있다.

니콜라스 카는 저서《피상적인 삶: 인터넷이 우리 뇌에 하는 일들The Shallows: What the Internet Is Doing to Our Brains》에서 인터넷으로 인해 방해받는 것이 많은 사람들의 영구적이고 무의식적인 습관이 되고 있다는 연구결과를 제시한 바 있다. 스마트폰과 인터넷 등에 의하여 우리는 집중력 분산에 익숙해지고 있다.

이처럼 방해를 주고받는 문화는 서로에 대한 집중과 관심을 요구하는 친밀한 관계에 어떤 도움도 되지 않는다. 종종 부부들은 배우자가 인터넷에 사로잡혀 있어 시간을 함께하는 것이 불가능하다고 불평하곤 한다. 신문 뒤로 숨곤 했던 남편의 전형적인 모습은 이제 문자 보내기와 소셜 미디어 확인, 저항하기 힘든 핸드폰 게임에 몰두하는 부부의 모습으로 대체되고 있다.

나는 당신에게 이야기 하나를 들려주고자 한다. 이 이야기는 배우자와 함께하는 순간에 집중하는 것이 얼마나 중요한지를 강조하고 있다. 연구의 일환으로 나는 동료인 앨리슨 샤피로와 함께, 부부들이 3개월 된 아기와 의사소통하는 동영상을 신중하게 분석했다. 우리는 신생아가 현재의 상황에 온전히 집중하며 부모의 얼굴과 목소리를 제외하고는 다른 어떤 것에도 주의를 기울이지 않는다는 것을 발견했다. 반면 부모는 아기가 자신과 놀고 싶어 하는 것을 곧바로 파악하지 못했는데, 이는 아기가 성인보다 훨씬 더 느린 시간의 척도를 따르기 때문이다. 예를 들어, 아빠가 아기에게 혀를 내밀면 아기는 1~2분이 지나서야 이를 따라 하는데, 이것은 아기가 이 행동을 따라 하기 위해서는 큰 노력을 필요로 하기 때문이었다. 아기에게 계속 집중하고 인내심 있게 기다려준 부모만이 아기가 그들을 따라 하는 것을 보는 기쁨을 누릴 수 있었다. 내가 본 것은 분명 일종의 소통이라고 할 수 있다. 이 영상을 보면서 나는 나이와는 상관없이 사랑하는 누군가와 함께하는 동안 그 순간에 집중하고, 다른 수백만 가지 일로 집중력을 흩트리지 않는 것이 얼마나 중요한지를 깨달았다.

때때로 부부는 갈등을 겪는 동안 갈등에 함몰되지 않으려고 무의식적으로 스마트폰과 같은 전자기기를 사용한다. 예를 들어, 상대와의 의사소통에 불만을 느끼고 자기만의 벽을 쌓으려는 배우자는 상대방과의 접촉을 피하고자 전자기기를 이용한다. 결혼생활의 민감한 문제들이 수면 위로 떠오를 때마다 대화를 통한 해결을 시도하는 대신 남편과 아내는 휴대폰이나 태블릿 PC 속의 '항상 존재하는' 그 순간에 집중한다. 이 기기들은 부부가 서로에게 등 돌리는 것을 더 용이하게 해준다.

나는 기기들에 의한 집중력 상실이나 그로 인해 파생되는 부부간 무관심이 의도적이라거나 결혼생활의 문제 때문이라고는 생각하지 않는다. 우리는 그저 기기들을 들여다보는 행동이 얼마나 습관적인지를 알아차리지 못할 뿐이다. 점점 심각해져가는 이 문제에 대한 최고의 해결책은 부부가 이 문제의 심각성을 인정하고 이에 대한 에티켓을 만드는 것이다. (이 책의 제10장에서 이에 대해 더 많은 정보를 찾아볼 수 있다.)

> **"**
>
> 부부는 악의가 없더라도
> 사려 부족으로 서로의 애정을
> 무시하게 되는 경우가 있다.
>
> **"**

　서로를 진심으로 대하는 첫걸음은 이러한 일상생활의 순간순간이 얼마나 중요한지를 깨닫는 것이다. 이는 안정된 결혼생활의 유지뿐만 아니라 로맨스를 일궈나가기 위해서도 꼭 필요하다. 배우자와 관련된 일상적인 일들을 귀찮은 것으로 생각하지 마라. 오히려 이러한 일들을 두 사람의 관계를 크게 바꾸어놓을 수 있는 기회로 인식할 필요가 있다.

　2주일간 단둘이 호화로운 여행을 하는 것보다 사소한 일을 서로 도와주는 것이 부부애를 더욱 강하게 만들어 결혼생활의 만족도를 높여준다. 다음의 연습은 일상생활에서 부부가 쉽고 자연스럽게 서로를 향해 가는 데 도움을 줄 것이다.

연습 1 : 애정 예금

　머릿속으로 이 애정 예금의 항목들을 점검해보기만 해도 결혼생활에 적지 않은 도움을 받을 수 있다. 그러나 이를 직접 실행해야만 개념을 보다 잘 이해하고 부부 사이를 돈독하게 할 수 있다. 간단한 점수표를 그려 일상 속에서 배우자가 당신에게 마음을 써줄 때마다 배우자에게 1점씩 부여하면 된다. 아마도 대화 중 배우자가 단순히 긍정하는 고갯짓을 하는 것까지는 포함하지 않으려 할지 모르겠다. 그러나 그처럼 사소한 고갯짓까지도 목록에 포함시키는 것이 좋다. 예컨대, '직장으로 전화하여 미팅이 잘 되어 가는지 물었다', '우리 차를 세차해 주었다' 등의 사소한 목록 말이다.

점수표를 서로 공유하라. 그러나 이러한 점수표 제도가 경쟁으로 변질되지 않도록 주의해야 한다. 또한 '누가 누구를 위해 무엇을 했다'는 식의 대가를 바라는 것이 되어서도 안 된다. 왜냐하면 이러한 접근은 이 연습의 본말을 전도시키는 것이기 때문이다. 이 연습의 목표는 배우자가 그동안 얼마나 당신에게 마음을 다해왔는지를 측정하고 인지함으로써 작은 변화를 만들어내고자 하는 것이다. 만약 당신이 배우자에게 감사하는 습관을 잃어버린 상태라면, 이 연습을 통해 효과를 보는데 시간이 걸릴 것이다. 즉, 당신의 배우자가 '당신을 향해 가기'를 실행하고 있음을 인지하는 것이 이 연습의 과제다. 기억하라. 불행한 부부는 '서로를 향해 가는' 순간이 얼마나 자주 일어나는지조차 인지하지 못하는, 스스로를 과소평가하는 부부라는 것을.

다음은 부부가 함께할 수 있는 활동의 목록이다. 애완견을 산책시키는 것부터 볼링 치는 것까지를 아우르는 긴 목록이다. 다음에 나오는 항목 가운데에서 과거에 배우자가 함께해주어서 고마웠던 세 가지 항목에 ○표를 하라. 혹은 그저 함께했던 항목에 ○표를 해도 좋다. 당신에게 마음을 써준 데 대해 배우자에게 고마움을 표하라.

1. 손님을 초대해서 파티를 열면, 자신의 역할을 잘 해준다.

2. 일 때문에 떨어져 있어도 전화를 하거나 챙겨준다.

3. 정원 손질, 집안일, 자동차 수리, 세차 등을 도와준다.

4. 나를 위해 음식이나 음료를 테이크아웃 해온다.

5. 아이들을 학원이나 레슨에 데려다준다.

6. 공과금을 내준다.

7. 나에게 편지나 카드를 쓴다.

8. 재택근무를 할 때도 어떤 식으로든 함께 있어준다.

9. 아이들의 TV 시청 시간을 관리한다.

10. 개를 데리고 산책을 나간다.

11. 일과가 끝나고 저녁에 함께 앉아, 그날 있었던 일들을 서로 이야기한다.

12. 자기 계발을 위한 계획에 서로 도움을 준다(학습, 다이어트, 운동, 자격시험 등).

13. 인생의 전환점을 서로 축하한다(승진이나 정년퇴직 등).

14. 장래의 꿈이나 계획을 서로 이야기한다.

15. 서로에게 큰 소리로 책을 읽어준다.

16. 함께 쇼핑 목록을 작성한다. 함께 슈퍼마켓에 물건을 사러 간다.

17. 함께 식사를 준비한다.

18. 함께 청소하고 빨래를 한다.

19. 선물이나 옷을 사러 함께 간다(자신의 것, 아이들의 것, 친구 선물 등).

20. 브런치나 저녁을 먹으러 좋아하는 레스토랑이나 바에 함께 간다(아이들 없이).

21. 함께 신문을 읽거나 뉴스를 본다.

22. 한적한 곳으로 떠나 로맨틱한 하룻밤을 함께 보낸다.

23. 휴일이 아니라도 함께 아침을 먹는다.

24. 교회, 성당, 절 등에 함께 간다.

25. 지역 봉사활동에 함께 참가한다.

26. 함께 운동을 한다.

27. 주말에 함께 소풍을 가거나 드라이브를 한다.

28. 부모님, 시댁 식구들, 친척들과 자주 연락하고 함께 시간을 보낸다.

29. TV나 DVD를 함께 본다.

30. 친구 부부와 함께 데이트한다.

31. 휴식 시간에 함께 이야기하거나 독서한다.

32. 함께 음악을 듣는다.

33. 함께 콘서트나 재즈바에 가거나 영화, 연극 등을 보러 간다.

34. 함께 아이들의 생일파티를 열어준다.

35. 아이들의 학예회나 발표회에 함께 참석한다.

36. 파티에 함께 간다.

37. 출퇴근을 함께한다.

38. 졸업식 등 아이들의 특별한 일을 함께 축하한다.

39. 컴퓨터 게임이나 인터넷 서핑을 함께 즐긴다.

40. 보드게임이나 카드게임을 함께한다.

41. 역할극을 함께한다.

42. 잡다한 일들을 주말에 함께한다.

43. 취미를 함께 즐긴다(그림을 그리거나 조각을 하거나 악기를 연주한다).

44. 함께 다과를 즐기며 이야기를 나눈다.

45. 방해 받지 않고 함께 이야기를 나눌 수 있는 시간을 확보한다.

46. 다른 사람들에 대한 가십을 함께 이야기한다.

47. 장례식에 함께 간다.

48. 함께 새 집을 보러 간다.

49. 함께 새 승용차를 시험 주행한다.

50. 기타

이제 ○표를 한 세 가지 항목을 서로 보여준다. 이 연습을 통해 어떤 항목이 서로에게 가장 큰 감동을 주는지 알게 될 것이다.

연습 2: 스트레스를 완화시키는 대화

'연습1'에서 본 것처럼 부부가 '애정 예금'을 늘리는 일상적인 항목은 많지만, 그중 11번째 항목인 '일과가 끝나고 저녁에 함께 앉아, 그날 있었던 일들을 서로 이야기한다'는 항목이 스트레스를 완화시키는 가장 효과적인 방법이라는 것을 우리는 발견했다. "오늘은 어떻게 지냈어요?"라는 말은 그 자체로 배우자가 밖에서 받은 스트레스를 어느 정도 해소시켜준다. 우리 연구소의 닐 제이콥슨 박사가 치료를 통해서 경험한 사례에 의하면, 밖에서 받은 스트레스를 가정으로 끌어들이지 않는 것이 부부관계를 유지하는 데 중요한 역할을 하며, 스트레스 완화책을 사용하고 있는 부부와 사용하지 않는 부부 사이에는 결속력에서 큰 차이가 있다고 한다.

저녁식사를 할 때나 아이를 재우고 난 뒤 "오늘은 어떻게 지냈어요?"와 같은 말을 건네며 대화를 나누는 방법을 자연스럽게 사용하는 부부는 많다. 그러나 이 방법이 기대한 만큼의 효과를 거두지 못하는 경우가 종종 있다. 대화 도중 배우자가 자신의 말을 경청하지 않는다고 느끼는 데서 오는 불만감 때문에 오히려 스트레스가 더 커질 수 있기 때문이다. 이런 경우에는 어떻게든 대화 방법을 바꾸어 자신이 받는 스트레스를 줄이도록 해야 한다.

따라서 이야기를 나눌 타이밍을 잘 맞춰야 한다. 현관문을 열자마자 대화하자고 덤벼드는 것을 못 견디는 사람도 있으며, 우선 자신의 스트레스를 완화시킨 후 이야기를 하고 싶어 하는 사람도 있다. 두 사람이 서로 이야기하고 싶다고 느낄 때까지 기다리는 것이 좋다.

매일 20분에서 30분 정도를 이런 대화 시간으로 할애하라. 이 시간에는 부부간의 문제를 제외하고, 일상생활에서 대화의 소재가 될 수 있는 것은 뭐든지 서로 이야기한다는 규칙을 정해놓는다. 이때가 부부간의 애정을 돈독히 할 수 있는 기회이기 때문에 절대로 부부간의 다툼거리를 끌어들여서는 안 된다. 이것은 부부가 서로를 정서적으로 지지할 수 있는 좋은 기회인 것이다.

때로 일과 후 배우자와의 대화는 직장이나 육아에서 거둔 작은 '승리'를 축하하는 것일 수 있다. 이 경우 적극적으로 배우자의 말을 듣는 행위는 배우자와 그 순간을 공유하고 즐기는 것이 된다. 그러나 이런 대화들은 사소한 (때로는 중요한) 문제나 짜증스러운 것들을 풀어놓을 수 있는 기회인 경우가 많다. 만약 배우자가 겪는 슬픔이나 두려움, 분노에도 귀 기울일 수 있다면 둘 사이의 신뢰를 다져 희망을 만들어나갈 수 있다. 가장 부정적인 감정을 낳는 경험들은 또한 가장 강한 유대감을 쌓는 힘을 가지고 있는 셈이다.

때로 배우자 한쪽 또는 둘 다 서로의 감정을 토로하는 것을 불편해하는 경우가 있다. 이 불편함은 부정적인 감정을 표현해서는 안 된다는 어린 시절의 경험 때문인 경우가 많다. 만약 당신의 결혼생활이 이러한 경우라면, 이 장의 '배우자의 슬픔과 공포, 그리고 분노 다루기' 부분을 참고하라.

다음은 '스트레스를 완화시키는 대화'에 관한 연습이다. 여기에는 '스트레스를 완화시키는 대화'를 하는 동안 액티브 리스닝에 사용될 수 있는 지침들이 상세히 제시되어 있다. 이 연습은 고전적인 치료법의 기본인 액티브 리스닝에 기반을 두고 있다. 앞서 언급했던 액티브 리스닝은 배우자의 입장에 감정을 이입하여 이야기를 듣되 판단은 내리지 않는 것이다. 여기서 배우자의 불평불만은 서로를 향한 것이거나 결혼생활에 대한 것이 아니기에, 지지와 이해를 표현하기가 더 쉽다.

스트레스를 완화시키는 대화 지침

교대로 이야기하라

한 사람이 15분 정도씩 교대로 불평불만을 이야기한다.

진정성 있는 관심을 보여라

다른 곳을 보지 말고 배우자와 눈을 맞추어라. 당신의 마음을 배우자에게 온전히 집중하고 질문하라. 그리고 배우자의 말에 긍정하고 공감한다는 의미의 고갯짓을 하라.

상대가 바라지 않는 충고는 하지 마라

사랑하는 누군가가 고통을 호소할 때 당신이 그 문제의 해결책을 제시하고자 하는 것은 지극히 자연스러운 일이다. 그러나 배우자가 당신에게 해결책을 구하고자 하는 것이 아닐 때가 종종 있다. 즉, 해결책을 기대하기보다는 그저 자신의 하소연을 들어주기를 바랄 뿐이거나 당신에게 매달려 울고 싶은 것일 수도 있다. 당신의 배우자가 특별히 도움을 구하지 않았을 때는 그 문제의 해결책을 제시하려 들지 말고, 배우자의 감정을 억지로 바꾸어놓으려고도 하지 말며, 배우자를 구원해내려고도 하지 마라. 당신의 모토는 '아무것도 하지 말자. 그냥 이곳에 있자'가 되어야 할 것이다.

나는 부부들에 관한 연구를 해나가면서 배우자가 바라지 않는 충고를 함으로써 겪게 되는 문제들을 늘 목격한다. 예를 들어, 아내 캐리는 남편 제프가 결코 그의 내면을 자신과 공유하려 하지 않는 데 불만을 느낀다. 나는 문제를 파악하기 위해 그들이 대화하는 자리에 동석하여 그들을 관찰했다. 제프는 봉사활동을 하면서 항상 논쟁을 벌이는 불편한 사람에 대해 불평을 했다. 그러자 캐리는 곧바로 "내가 뭐랬어? 그 일을 그만두라고 이미 말했었잖아. 그 일은 당신에게 너무 큰 스트레스를 준다고요"라고 대응했다. 제프는 대화를 중단했고 캐리는 나를 바라보며, "보셨죠? 그는 이렇게 대꾸도 하지 않는다고요. 말했잖아요"라고 말했다. 나는 그들에게 다시 대화를 계속해보라고 제안했고, 이번에는 캐리에게 그 어떤 조언도 하지 말라고 지시했다. 이번에 그녀는 조언 대신 제프에게 무엇 때문에 그 사람이 그토록 참을 수 없을 만큼 불편한지 묻기만 했다. 결국 제프는 마음을 열었고 대화는 두 사람 모두에게 만족스러운 것이 되었다.

오늘날 얼마간의 변화가 있기는 하지만, 나는 여전히 부부들 중 특히 남편이 아내에게 해결책을 제시하는 경향이 있음을 목격한다. 내가 남편들에게 아내를 문제 상황으로부터 구해내는 것이 그들의 책임이 아니라는 사실을 말해줬을 때, 그들은 종종 안도감을 느끼곤 했다. 사실 아내를 '구원'해내려는 시도는 오히려 역효과를 불러일으키는 경우가 많다.

남편에게 자신의 문제를 이야기했을 때 남편이 그에 대해 바로 조언을 하면, 아내는 보통 그 말에 부정적으로 반응한다. 남편의 조언보다는 그에게 이해받고 공감의 말을 듣고 싶은 것이다.

배우자가 곤란에 빠져 있을 때, 문제 해결을 위한 조언이 반드시 부적절하다고 말하는 것은 아니다. 심리학자 하임 기노트에 의하면, 가장 중요한 원칙은 '이해가 충고에 앞서야 한다'는 것이다. 당신이 배우자의 입장을 충분히 이해하고 있으며 배우자가 겪고 있는 문제에 공감한다는 것을 배우자가 알 수 있게 해야 한다. 그래야만 배우자가 당신의 조언을 받아들일 수 있을 것이다.

배우자의 입장을 이해한다는 것을 보여줘라

당신이 배우자가 느끼는 감정에 충분히 공감하고 있다는 사실을 배우자가 알 수 있게 해야 한다. 만약 당신이 과묵한 편이거나 공감을 표하는 것에 익숙하지 않다면, 배우자를 이해하고 있음을 표현할 때 무슨 말을 해야 할지 모를 수도 있다. 그때는 다음과 같은 표현들을 사용해보라.

- 그 말을 들으니 나도 화가 나네요.
- 당신이 왜 그렇게 느끼는지 나도 알겠어요.

- 당신 말이 맞아요.

- 당신 말이 이해가 가요.

- 당신 참 난처한 상황이군요.

- 당신이 앞으로는 그런 일을 겪지 않았으면 좋겠어요.

- 저는 당신 편이라는 거 알죠?

- 제가 그때 당신과 함께 있었다면 좋았을 텐데.

- 정말 최악이네요.

- 당신의 말에 전적으로 동의해요.

- 당신이 화날 만도 하네요.

- 당신이 그 일로부터 어서 벗어나면 좋겠어요.

- 그 일 때문에 당신이 짜증날 만도 하네요.

- 그 말을 들으니 정말 분노가 치밀어 오르네요.

- 나 같아도 실망스러웠을 거예요.

- 그 말을 들으니 나도 기분이 상하네요.

- 그 말을 들으니 나도 슬프네요/상처 받네요.

- 나였어도 그 일을 이겨내는 게 힘들었을 거예요.

배우자의 편에 서라

배우자의 불평불만이 이치에 맞지 않는다고 생각되더라도 배우자를 지지하는 입장을 취하라. 절대로 배우자를 반대하는 쪽에 서서는 안 된다. 조금이라도 비판적으로 대응하는 순간, 배우자는 분개하거나 낙담할 것이다. 만일 아내가 5분 지각해서 상사로부터 주의를 받았다 하더라도, "상사가 뭔가 기분 나쁜 일 때문에 짜증이 나 있었나 보네요"라는 식으로 말해줘야지, 결코 "애초에 당신이 늦은 게 잘못이야"라는 식으로 말해서는 안 된다. 그저 "상사가 너무하네요"라고 말하라. 거짓말을 하라는 것이 아니다. 타이밍이 중요하다는 뜻이다. 배우자가 당신에게 (조언이 아니라) 애정이 담긴 동조를 구하며 다가올 때, 당신의 도덕적 판단이나 조언은 고이 접어두고 "고생했네요" 등의 공감 표현을 해야 한다.

'우리는 한 편이다'라는 태도를 보여라

배우자가 혼자서 고민하고 있다면, 연대감을 표하라. 그 고민을 둘이 나누어 가져서 부부는 일심동체라는 것을 보여줘라.

애정 표현을 하라

어깨를 껴안고, "사랑해"라고 말하라.

감정을 공유하라

배우자의 감정을 이해한다고 말해줘라. "그랬어요? 당신 정말 힘들었겠네요" 혹은 "나도 많이 걱정했어요. 당신이 괴로워하는 거 이해해요"라고 배우자에게 말을 건네라.

다음에 제시하는 예는 배우자의 스트레스를 완화시키는 것과 관련한 나쁜 사례와 좋은 사례다.

나쁜 사례

행크: 오늘 회사에서 에델과 또 말다툼을 했어. 그녀는 나에게 사사건건 트집을
     잡아. 에델은 내 상사와 사이가 좋으니까 내 능력에 의심이 간다고 상사에
     게 말했을 거야. 그런 여자는 딱 질색이라니까.

완다: 또 시작이군. 당신이 발끈해서 과잉 반응한 거 아냐? (비난조로) 에델은 매우
     건설적이고 합리적인 사람 같던데. 그녀가 염려해준 것에 당신이 너무 예민
     하게 반응하는 건 아니고? ('적'의 편에 선다.)

행크: 그 여잔 나를 쫓아내려고 한다니까.

완다: 그 버릇 또 나오네. 그건 과대망상이야. 자기 자신을 좀 컨트롤할 줄 알아야
     지. (비난조로)

행크: 됐어, 됐어. 당신한테 얘기하는 게 아닌데.

좋은 사례

행크: 오늘 회사에서 에델과 또 말다툼을 했어. 그녀는 나에게 사사건건 트집을
     잡아. 에델은 내 상사와 사이가 좋으니까 내 능력에 의심이 간다고 상사에
     게 말했을 거야. 그런 여자는 딱 질색이라니까.

완다: 나도 그 여자한테 믿음이 안 가! 심술궂고 뒷소문도 많던데. (남편 편에 선다.)
     그렇게 생각하지 않아? (남편의 이야기에 진심으로 흥미가 있음을 나타낸다.)

행크: 그 여잔 나를 쫓아내려고 한다니까. 하지만 그 여자 뜻대로 되진 않을 거야.

완다: 그런 여자한테 걸리면 누구라도 이상한 사람으로 몰린다니까. 그 여자가 당
     신을 그렇게 몰고 가다니 나도 기분이 나빠. (애정을 나타낸다.) 내가 앙갚음해

줄 수 있으면 좋을 텐데. (그녀를 적대시한다.)

행크: 나도 그러고 싶어. 하지만 이제 잊어버리는 게 낫겠어. 무시해버리자고.

완다: 당신 상사도 에델이 어떤 여자인지 알고 있을 거야. 모두들 다 알고 있으니까.

행크: 그래, 맞아. 그 여자는 자기 이외의 사람은 모두 일을 잘 못한다고 떠들고 다니지. 아마 내 상사도 그 여자의 그런 점을 싫어할 거야.

완다: 결국 그 여잔 다른 사람한테 한 만큼 그대로 돌려받을 거야.

행크: 그렇게 됐으면 좋겠군. 날 위궤양에 걸리게 만들었으니까.

다음 시나리오는 당신이 배우자의 하소연을 들을 때, 배우자에게 힘이 되어주는 말을 하기 위한 연습용으로 만들어진 것이다.

1. 아내가 두 달 전에 남동생에게서 빌린 돈을 갚지 않자, 남동생이 아내에게 마구 큰 소리를 쳤다. 아내는 남동생의 행동에 격분했고 상처를 받았다. (아내는 분명 남동생으로부터 돈을 빌렸다.)

   당신은 뭐라고 말해주겠는가?

2. 남편이 퇴근하는 길에 속도위반으로 딱지를 뗐다. 남편은 "덫에 걸린 거야. 모두 130킬로미터로 달리고 있었는데, 왜 나만 딱지를 떼는 거야?"라며 소리쳤다.

당신은 뭐라고 말해주겠는가?

3. 아내가 취업을 위한 중요한 면접에 지각하고 말았다. 그래서 면접에서 떨어지지 않을까 걱정하면서, "난 정말 바보야. 면접에 지각을 하다니"라고 한탄했다.

당신은 뭐라고 말해주겠는가?

4. 남편이 상사에게 월급을 올려달라고 말했다가 거절당했다. 남편은 화가 나서 그 자리를 박차고 나와 버렸다. 지금 남편은 이것 때문에 상사가 자신에게 나쁜 평가를 내리지 않을까 고민하고 있다.

당신은 뭐라고 말해주겠는가?

대답 샘플

1. "처남 일은 정말 유감이야." (혹은 "아유, 불쌍한 우리 자기.")
2. "정말 말도 안 돼. 그건 정말 불공평해요." (혹은 "아유, 불쌍한 우리 자기.")
3. "당신이 왜 바보야. 누구나 그럴 수 있는 거예요." (혹은 "아유, 불쌍한 우리 자기.")
4. "당신 마음 알아요." (혹은 "아유, 불쌍한 우리 자기.")

당신을 어느 누구보다도 잘 알고 있는 사람은 배우자밖에 없다. 경우에 따라서 당신은 배우자에게 위로보다는 조언을 구하고 싶을 때도 있다. 어느 쪽이든 한 사람이 스트레스를 받고 있을 때, 서로 어떻게 해주면 좋을지를 의논하는 것이 최선책이다. 만일 남편이 승진이 안돼 불만을 터뜨리면 "당신 정말로 화가 많이 났군요. 내가 어떻게 하면 좋겠어요? 당신 이야기를 들어줄까요? 아니면, 앞으로 어떻게 하면 좋을지 내 생각을 들어볼래요?"라고 말해보라.

이러한 대화를 매일 계속해 나가는 것은 결혼생활에 도움이 된다. 배우자는 늘 내 편이라는 인식을 갖는 것이 부부간의 우정을 오래 지속하는 토대가 된다.

배우자의 슬픔과 두려움, 그리고 분노 다루기

그동안 내가 상담해온 부부들 중 어떤 부부들은 앞서 언급한 스트레스 완화 훈련이 오히려 스트레스를 가중시킨다고 말했는데, 이는 부부 중 한 사람 또는 두 사람 모두 배우자가 부정적인 감정을 표출하는 것을 듣는 데 매우 불편한 기분을 느끼기 때문이었다. 심지어 본인이 이 부정적인 감정의 대상이 아니었음에도 말이다. 이것은 '서로에게서 달아나기'의 한 형태다.

배우자가 고통받을 때 당신이 곁에 있음을 배우자에게 알려주는 것이 부부관계에 얼마나 유익한지는 아무리 강조해도 지나치지 않다. 우리는 몇 년 동안 상담실에서 부부문제를 연구하고 그들을 상담해온 끝에, 행복한 부부들은 '그대가 고통 속에 있을 때 세상은 멈추고 나는 듣는다'는 신조를 지키며 산다는 것을 분명히 알 수 있었다. 물론 배우자의 부정적인 감정이 당신을 향해 있을 때, 그것을 듣는 것은 고역일 것이다. 이에 대처하는 법을 제9장에서 살펴볼 것이다. 그러나 지금 여기에서는 일상에서 감정적인 지지를 호소하는 한쪽을 다른 한쪽이 무시하는 경우에 대해 이야기해보고자 한다.

부부 사이에서 흔히 발견되는 이러한 상황은 어린 시절의 경험에서 기인하는 경우가 많다. 이런 사람들은 자신이 어렸을 때 부모가 자신을 사랑하기는 했지만 이 사랑을 자주 '보여주지' 않았다고 내게 말하곤 한다. 그들은 두려움이나 슬픔, 분노 등 부정적인 감정에 대해 아무런 위안도 받지 못하는 분위기에서 자랐다. 두려움이나 슬픔을 표현하는 것은 '지질한 애'라는 것을 의미할 뿐이었다. 부모는 아이가 분노나 두려움을 표현하는 것을 도덕적인 결함으로, 무례함의 신호로, 심지어 정신장애의 표식으로 여겼다. 이러한 환경에서 성장하면서 스스로의 감정을 가둬두는 것을 익혔고, 그 결과 그들은 감정을 드러내지 않고 문제를 홀로 해결하는 사람이 되었다.

물론 삶은 우리에게 수많은 장애물들을 늘어놓기 때문에 문제를 해결하는 능력은 훌륭한 자산이다. 그러나 부부가 진정한 친밀감을 형성하기 위해서는 배우자 곁에 서서, 배우자의 관점에서 세상을 보고, 배우자의 부정적인 감정에 공감할 수 있어야 한다. 만약 자신의 감정적 고통을 표현하거나 배우자의 감정을 받아주는 것이 어렵다면 다음의 조언들이 도움이 될 것이다.

어려움을 인정하라

배우자의 부정적인 감정을 직시하고 이에 반응하는 것이 당신에게는 어려운 일임을 인정하는 것은 위대한 첫걸음이다. 당신이 문제 해결을 위해 노력하려는 의지가 있음을 배우자에게 알리는 것은 상황을 개선하는 데 도움이 된다.

스스로를 달래보라

만약 배우자의 부정적 감정에 압도되는 것 같은 느낌을 받는다면, 제9장에 제시된 '자기 진정법self-soothing'을 추천한다.

기억하라! 목표는 배우자를 이해하는 데 있다

문제를 해결하거나 배우자의 감정을 누그러뜨리려고 노력하지 마라. 그저 배우자가 말하는 것을 들어라.

감정을 묻는 표현과 대화를 지속시키는 질문들을 하라

배우자가 계속 말하기를 원한다면 배우자의 말에 대해 탐색적 진술, 혹은 열린 질문들을 던져라. 이러한 접근은 배우자를 지지하고 격려하는 표현이 된다. (열린 질문에 대해 더 자세히 알고 싶다면 제4장의 연습 2 '열린 질문'하기를 참고할 것.)

탐색적 진술의 예

- 그 이야기를 더 해줘요.
- 당신이 느끼는 모든 것에 대해 알고 싶어요.
- 지금 이 순간 당신의 이야기를 듣는 것 말고 중요한 것은 아무것도 없어요.
- 우리에겐 대화할 시간이 아주 많아요.

- 지금 당신의 가장 큰 걱정거리를 말해줘요.

- 당신은 지금 매우 명확하게 말해주고 있어요. 계속 얘기해줘요.

- 지금 당신이 느끼는 모든 감정들을 말해줘요.

- 당신이 지금 이 상황을 어떻게 보고 있는지 좀 더 말해줘요.

- 이런 상황이 오기까지의 감정 변화를 이야기해줘요.

열린 질문의 예

- 당신의 걱정거리가 뭐예요? (이것은 개인적으로 내가 가장 즐겨하는 질문이다.)

- 당신이 어떻게 느끼고 있는지 좀 더 이야기해줄 수 있어요?

- 내가 해줬으면 하는 게 뭔지 알려줄래요?

- 당신은 지금 어떤 복잡한 감정을 느끼고 있나요?

- 당신이 봤을 때, 최악의 시나리오는 뭔가요?

- 무엇이 상황을 어렵게 만들고 있죠?

- 내가 당신의 입장에서 이 상황을 이해할 수 있게 말해줘요.

- 당신에게 가장 중요한 게 뭐예요?

- 만약 당신이 이 상황에서 중요한 한 사람의 태도를 바꿀 수 있다면, 그 사람은 누구일까요?

- 더 하고 싶은 말이 있나요?

'왜'냐고 묻지 않기

열린 질문에 대한 제안 중 예외가 하나 있다. 그것은 '왜'로 시작하는 질문을 하지 말라는 것이다. 문제해결 성향을 지닌 사람들은 '왜'라는 질문을 매우 좋아한다. 그러나 배우자의 감정에 대한 대화에서 '왜'라는 질문은 비난조로 들린다. 당신이 "왜 그렇게 생각하는데?"라고 질문할 때 배우자에게는 그 질문이 "그렇게 생각하지 마. 넌 틀렸어"라고 들린다. 보다 더 효과적인 접근법은 "무엇 때문에 그렇게 생각하게 되었나요?" 혹은 "당신이 어떻게 그런 결정을 내리게 되었는지 내가 이해할 수 있게 말해줄래요?"이다.

그 상황에 함께 들어가라

고통받는 사람은 자신이 겪고 있는 상황이 상대에게도 중요한 문제가 된다는 것을, 그래서 자신이 혼자가 아니라는 것을 느끼고자 한다. 따라서 당신이 배우자의 고통을 옆에서 '지켜봐주는' 것만으로도 배우자에게는 선물이 될 수 있다. 이것은 배우자의 상황을 이해하고 존중하면서 당신이 배우자 곁에 있다는 것을 분명히 느끼게 해주는 것을 의미한다. 이를 실행할 수 있는 가장 효과적인 방법은 배우자가 한 말을 당신의 말로 반복해보는 것이다. 예를 들면 다음과 같다.

배우자의 말: 난 더 이상 이 일을 할 수 없어. 이건 너무해. 내 상사는 무능해서 내가 모든 일을 해야 해.

당신의 말:　당신 정말 스트레스 많이 받을 것 같아요. 왜냐하면 당신의 상사는 무능해서 당신은 당신 일뿐만 아니라 상사의 일까지도 해야 하니까요. 그렇죠?

당신이 배우자가 느끼는 감정을 이해하고 있음을 보여주는 것이야말로 배우자의 고통을 위로하는 가장 좋은 방법인 것이다.

배우자의 은유를 사용하라

가끔 사람들은 은유적으로, 다시 말해 시적詩的으로 말한다. 만약 배우자가 화가 나서 하는 말 속에 이러한 은유가 있음을 알아차리고, 당신이 배우자에게 반응할 때 이 은유들을 똑같이 활용한다면 배우자가 현재 겪고 있는 일에 대해 완전히 이해했음을 보여주는 셈이 된다.

예를 들면 다음과 같다.

배우자의 말: 이 아파트가 마치 감옥 같이 느껴지기 시작해.

당신의 말:　당신 지금 마치 덫에 걸린 기분이구나. 그렇지? 내가 제대로 이해한 거지?

배우자의 말: 내 삶에서 기차는 이미 떠난 지 오래인데, 나는 아직도 역에 서서 기다리고 있는 것 같아.

당신의 말:　그래서 당신은 세상이 바쁘게 돌아가는 동안 당신의 삶만 정체된 것 같다는 거잖아. 내가 한 말이 맞아? 당신은 지금 기분이 별로 좋지 않구나.

💘 배우자가 슬퍼하는 모습이나 우는 모습을 보았을 때 활용할 수 있는 추가적인 조언들

무엇을 잃어버렸는지 물어보라

누군가가 슬퍼할 때, 이는 보통 그들이 무언가 혹은 누군가를 잃어버렸기 때문이다. 부모님의 죽음과 같이 때때로 잃어버린 것이 무엇인지 분명할 때도 있다. 그러나 당신의 배우자가 왜 '슬픈' 감정을 느끼는지 분명하지 않을 때도 많다. 이때 왜 그러는지 묻는 것은 배우자가 자신의 슬픔을 내비치는 데 도움을 줄 수 있다. 예를 들어, 앰버는 점심을 함께 먹지 못한다는 언니의 전화를 받고 우울한 기분으로 집 안을 청소하고 있었다. 남편인 마리오는 아내에게 이렇게 말하려고 했다. "무슨 큰일이라도 있어? 언니는 다른 날 보면 되잖아." 하지만 그는 이렇게 말하는 대신에 아내의 슬픔을 인정하고 왜 슬픈지 물어보았다. "언니가 약속을 취소해서 당신 매우 슬퍼하는 것 같아. 당신 뭔가 잃어버린 기분이 들지?" 이 질문은 언니가 아기를 낳은 후 자신과 함께 보내는 시간이 줄어든 데 대한 앰버의 서운한 감정에 공감을 표하는 것이었다. 앰버는 언니와 가깝게 지내던 때를 그리워하고 있었다.

배우자의 기분을 풀어주려고 노력하지 마라

누군가가 슬퍼할 때 그를 미소 짓게 하거나 웃게 만들어 그 우울함을 풀어주려고 시도하는 것이 일반적인 반응이다. 그러나 배우자가 자신의 우울한 기분을 떨쳐버리는 것을 도와달라고 요청하기 전까지는 그 슬픔을 덜어주려고 노력하는 것보다는 차라리 이야기를 들어주는 것이 훨씬 더 도움이 된다. 당신이 '슬픔의 땅'을 방문하는 여행객이라고 상상해보라. 배우자가 슬퍼할 때 '옆에 있어주는' 것이 통상적으로 하는 말인 "울지 마"라는 말보다 부부 사이를 훨씬 더 가깝게 한다.

배우자에게 분노에 찬 말을 들었을 때 활용할 수 있는 추가적인 조언들

분노에 찬 말을 개인적인 비난으로 받아들이지 마라

배우자의 분노는 당신을 향한 것이 아니다. 그리고 만약 그렇다 하더라도 자기방어적으로 대처하는 것은 아무런 도움이 되지 않는다.

배우자에게 "진정해"라고 말하지 마라

배우자는 이 조언을, 분노는 정당화될 수 없다고, 아니면 어떤 이유가 되었든 분노는 용납할 수 없다고 말하는 것으로 받아들일 가능성이 크다. 여기서 당신이 해야 할 일은 배우자의 감정을 바꾸는 것이 아니라, 당신이 배우자를 이해하고 받아들이고 있다는 것을 전달하는 것이다.

목표와 장애물을 찾아라

대부분의 분노 감정 기저에는 목표에 도달하는 과정에서 무언가에 가로막

혔다는 좌절감이 있다. 만약 배우자의 야망이 승진하는 것이라면, 장애물은 승진의 기회를 제공하지 않는 상사일 수 있다. 만약 목표가 생일날 특별한 기분을 느끼는 데 있다면, 장애물은 아마도 그것을 자꾸 잊어버리는 배우자나 친구일 수 있다. 분노는 반드시 합리적인 이유에서 생겨나는 것은 아니다. 당신은 배우자의 분노를 받아들일 수 없을지도 모른다. 하지만 그렇다고 해서 당신의 역할이 바뀌지는 않는다. 당신의 역할은 판단하지 않고 묻는 것이며 배우자의 마음에 이해와 공감을 표하는 것이다.

 ## 배우자가 가진 공포와 스트레스에 대해 들었을 때 활용할 수 있는 추가적인 조언

축소시키지 마라

배우자가 두려움이나 걱정거리에 대해 이야기할 때 저지르게 되는 흔한 실수 중 하나가 바로 배우자를 안심시킴으로써 그러한 감정들을 축소시키는 것이다. "바보같이 굴지 마" 혹은 "두려워할 만한 것은 아무것도 없어"라는 말은 의도는 좋을지언정 조롱하는 것처럼 들릴 수 있다.

> **"**
> 결혼생활의 긍정적인 감정이 높은 수준에서 설정되면,
> 부부간의 감성적인 유대감은 쉽사리 끊어지지 않는다.
> **"**

배우자의 마음이 당신에게로 향하지 않을 때, 어떻게 해야 할까?

부부의 마음이 서로를 향해 있으면 결혼생활이 행복해지는 반면, 그 반대가 되면 서로에 대한 반감과 상처가 늘어간다. 만약 이러한 일이 일어난다면 어떠한 조치를 취해야 할까? 부부는 대개 악의가 있어서가 아니라 배려심이 부족하기 때문에 배우자에게 소홀해진다. 그리고 결혼생활이 해를 거듭할수록 그것이 당연한 일이라 착각한다. 이러한 경우, 짧은 순간이라 하더라도 서로에게 집중하는 것이 얼마나 중요한지를 깨닫는다면 문제의 대부분은 눈 녹듯 사라진다.

부부 사이에 서로 마음이 떠나는 데는 그 나름의 원인이 있다. 예를 들어, 부부 중 어느 한쪽이 상대방을 거부하는 경우를 살펴보자. 이때 지긋지긋한 갈등 때문에 상대방에게 적의를 품고 있다는 신호를 내비치게 되는데, 나는 그 원인의 대부분이 상대방의 애정을 필요로 하는 시간과 각자가 자유롭게 사용하고 싶은 시간이 원만하게 맞물리지 않는 데 있다는 것을 발견했다.

결혼생활은 춤을 추는 것과 비슷하다. 사랑하는 사람과 춤을 추고 싶을 때도 있지만, 잠시 물러서 혼자 숨을 고르며 쉬고 싶을 때도 있는 것이다. 상대방과 마음을 합해 미친 듯이 춤을 추는 것을 좋아하는 사람도 있고, 자신이 추고 싶은 춤에만 열중하는 사람도 있다. 사람은 가지각색인 것이다. 정반대의 사람이 만나도 그들의 결혼생활은 성공적일 수 있다. 서로의 감정과 취향이 다르다는 점을 이해하고 존중할 수만 있다면 말이다. 그렇지 못한 부부는 서로에 대한 나쁜 감정만을 키우게 된다.

만일 배우자로부터 사소한 일로 무시당했다고 느끼거나 배우자가 쏟아 붓는 애정이 무거운 짐이 되어 질식할 것 같다고 느낀다면, 그것을 해결하는 최선의 방법은 배우자에게 자신의 속마음을 털어놓는 것이다. 대화를 통해 함께 그러한 순간들을 검토해나간다면 서로에 대한 더 큰 통찰력이 생기게 될 것이고, 배우자가 무엇을 바라고 있는지를 알게 될 것이다.

연습 3: 속마음 털어놓기

최근에 배우자로부터 무시당했다고 느꼈거나 집요하게 애정을 요구받아 부담스러웠다면, 함께 다음 질문에 답해보고 그 결과를 공유하기 바란다. 여기에는 정답이 없다. 이 연습은 단지 두 사람이 대화를 나눌 수 있는 출발점을 제시할 뿐이다. 이 연습의 핵심은 부부가 서로를 향해 가고 있지 않을 때, 단 하나의 관점만 존재하는 것이 아님을 깨닫는 것이다. 즉, 부부에게는 두 가지 각자의 동등한 관점이 존재한다. 이것을 이해하고 깨닫는다면 부부간의 화합은 자연스럽게 이루어질 수 있다.

다음 문항을 읽고 '매우 그렇다'의 경우에는 A, '그렇다'의 경우에는 B, '조금 그렇다'의 경우에는 C, '전혀 그렇지 않다'의 경우에는 D에 표시하라.

이번 주에 나는……

1. 자기 방어적이 되었다.   A / B / C / D

2. 상처를 받았다.   A / B / C / D

3. 화가 났다.   A / B / C / D

4. 슬펐다.   A / B / C / D

5. 오해를 받았다.   A / B / C / D

6. 비난을 받았다.   A / B / C / D

7. 걱정스러웠다.   A / B / C / D

8. 감사받지 못했다.   A / B / C / D

9. 매력적이지 못했다.   A / B / C / D

10. 넌더리가 났다.   A / B / C / D

11. 인정받지 못했다.   A / B / C / D

12. 어디론가 떠나고 싶었다.   A / B / C / D

13. 나의 의견이 무시당했다.   A / B / C / D

14. 내 감정이 어떤지 나도 모르겠다.   A / B / C / D

15. 외로웠다.   A / B / C / D

무엇 때문에 그렇게 느꼈는가?

1. 배우자에게 무시를 당했기 때문에   A / B / C / D

2. 내가 배우자에게 중요한 사람이 아니라고 느꼈기 때문에   A / B / C / D

3. 배우자의 냉담함을 느꼈기 때문에   A / B / C / D

4. 배우자에게 거절을 당했기 때문에　　　　　　A / B / C / D

5. 배우자의 요구사항이 너무 많았기 때문에　　　A / B / C / D

6. 배우자에 대한 애정이 떨어졌기 때문에　　　　A / B / C / D

7. 배우자가 나에게 매력을 느끼지 않기 때문에　A / B / C / D

8. 나의 권위가 상실되었기 때문에　　　　　　　A / B / C / D

9. 배우자가 멋대로 나를 좌지우지하려 들었기 때문에　A / B / C / D

10. 배우자의 관심을 전혀 받지 못했기 때문에　　A / B / C / D

이제 당신의 감정을 파악하였다면 그것이 혹시 과거로부터 이어져온 것은 아닌지를 확인해보기 바란다. 제4장의 연습 3에 있는 '나는 누구인가?'의 대답과 비교해보라. 그러면 과거의 트라우마와 당신의 현재 감정 사이에 상관관계가 있는지 여부를 알 수 있을 것이다. 다음 점검표를 통해 과거와 현재 사이의 상관관계를 찾아보라.

배우자가 당신에게 마음을 써주지 않을 때, 과거에 대한 다음 항목 중 어떤 일이 생각났는가? (해당되는 항목에 모두 표시하라.)

____ 내가 어렸을 때 가정에서 받았던 대우

____ 혼전의 이성 관계

____ 과거의 상처와 곤경, 트라우마

____ 과거에 느꼈던 공포와 불안감

___ 해결하지 못했거나 미루어놓은 일

___ 이루지 못한 꿈

___ 과거에 다른 사람들이 내게 했던 처사

___ 내 자신에 대해 늘 해왔던 생각

___ 늘 두려워해왔던 오랜 '악몽'이나 '파국'

각자 표시한 항목에 대해 자신의 관점을 짧게 기술한 후 서로에게 보여줘라. 이. 연습을 통해 두 사람의 관점의 차이 중 대부분이 최근에 갑자기 나타난 것이 아니라는 사실을 깨닫게 되기를 바란다. 우리는 모두 복잡한 생명체이기에 우리의 행동이나 반응은 지각, 사고, 감각, 기억 등의 혼합체에 의해 지배받고 있다. 바꾸어 말하면, 부부의 생각이 다른 것은 어느 쪽이 옳고 어느 쪽이 그른지의 문제가 아니라 단지 서로의 주관적인 견해 차이일 뿐이다.

자신의 마음이 배우자로부터 떠난 데서 오는 고독감을 모두 배우자의 탓으로 돌리는 것은 근본적으로 잘못된 생각이다. 그것은 누구의 잘못도 아니다. 이러한 생각을 바로잡기 위해서는, 다툼이나 분쟁의 원인이 두 사람 모두에게 있다고 인정해야 한다. 이를 위해 다음 점검표를 읽고 해당되는 모든 항목에 표시를 하라. 다음과 같은 것들이 원인이 되어 배우자로부터 마음이 멀어졌을 수도 있다. (마음을 차분히 가라앉히고 다음 점검표를 시작하라.)

다음 항목 중 '확실히 그렇다'면 A에, '조금 그렇다'면 B에 표시하라.

1. 나는 스트레스를 받은 상태였고, 짜증이 났다.　　　　　A / B

2. 나는 배우자에게 감사의 마음을 전하지 않았다.　　　　　　　　　　A / B

3. 나는 신경과민 상태였다.　　　　　　　　　　　　　　　　　　　A / B

4. 나는 배우자에게 비판적으로 굴었다.　　　　　　　　　　　　　　A / B

5. 나는 배우자에게 내 마음을 열지 않았다.　　　　　　　　　　　　A / B

6. 나는 의기소침한 상태였다.　　　　　　　　　　　　　　　　　　A / B

7. 나는 배우자에게 시비조로 대했다.　　　　　　　　　　　　　　　A / B

8. 나는 배우자를 세심하고 애정 어린 태도로 대하지 않았다.　　　　A / B

9. 나는 배우자의 이야기를 진지하게 듣지 않았다.　　　　　　　　　A / B

10. 나는 내가 어느 정도 희생하고 있다고 느끼고 있었다.　　　　　A / B

그리고 다음 사항에 대하여 반성문을 써보라.

- 이처럼 상황을 엉망으로 만든 데 대해, 나에게 어떤 책임이 있는가?

　　　_____

　　　_____

　　　_____

- 상황을 개선시키기 위하여 앞으로 내가 할 수 있는 일은 무엇인가?

　　　_____

　　　_____

　　　_____

• 이러한 문제가 다시 일어나지 않도록 배우자가 해주었으면 하는 것은 무엇인가?

_____

_____

_____

이러한 연습을 통해 부부는 항상 '서로를 향해 갈' 수 있을 것이고 부부의 유대 또한 강해질 것이다. 깊어진 우정은 갈등을 막아주는 강한 방패막이 될 것이다. 이는 말다툼을 미연에 방지하는 데 그치지 않고, 의견 차이 때문에 부부관계에 골이 생기는 것을 막아줄 것이다.

'원칙 1, 2, 3'의 힘

앞서 제4~6장에서 제시한 '원칙 1, 2, 3'을 통해 ① 애정 지도를 상세하게 그리고, ② 배우자를 배려하고 존중하는 마음을 기르며, ③ '서로를 향해 가려는' 마음을 키움으로써 배우자와의 우정을 강화하는 데 도움이 되었기를 바란다.

지금까지 살펴보았듯이 우정은 건강한 부부관계가 장기간 지속되는 데 중요한 요소인데, 이는 우정이 PSO의 핵심이기 때문이다. 제2장에서 언급했듯이 PSO는 상호 신뢰를 유지하도록 할 뿐 아니라, 갈등이 있을 때 배우자를 긍정적으로 바라볼 수 있게 하는 강력한 힘이다. 일단 당신이 '원칙 1, 2, 3'을 잘

숙지하였다면 다음 장을 읽기 전에 잠시 시간을 내어 다음 테스트를 해보라. 이 테스트는 당신의 현재 PSO 레벨을 측정하는 평가로서 당신의 PSO 레벨이 충분한지, 아니면 좀 더 관심을 가지고 강화시켜야 할 필요가 있는지를 알려 준다.

PSO 테스트

부부 사이의 현재 상호 교감을 근거로 다음 문항에 답하라. 해당되면 '예', 해당되지 않으면 '아니오'에 표시하라.

배우자의 기분이 좋지 않을 때, 나는 대개

1. 내가 그 문제로 인해 비난받는 것 같은 느낌이 든다.   예 / 아니오

2. 배우자가 느끼는 감정이 무엇인지를 알고 싶다.   예 / 아니오

3. 부정적인 감정의 폭풍우가 나에게로 향할 것 같아 두렵다.   예 / 아니오

4. 배우자가 그저 스트레스를 좀 받은 것 같다고 생각한다.   예 / 아니오

5. 내가 공격을 받을 것 같아 움츠러든다.   예 / 아니오

6. 배우자의 감정이 조금이라도 나아지도록 도울 수 있을 것이라 생각한다.

예 / 아니오

7. 내가 인격적으로 비난을 받을 것 같다는 생각이 든다.   예 / 아니오

8. 할 수만 있다면 배우자를 달래주고 싶다는 생각이 든다.   예 / 아니오

9. 배우자가 좀 더 긍정적이었으면 좋겠다고 생각한다.　　　　　예 / 아니오

10. '무언가 굉장히 안 좋은 일이 있었나 보네'라고 마음속으로 생각한다.

　　　　　　　　　　　　　　　　　　　　　　　　　　　예 / 아니오

채점: 홀수 번호의 질문에서 '아니오'에 답한 문항 수와 짝수 번호의 질문에서 '예'에 답한 문항 수를 세어 합하라. 이 둘을 합한 점수가 배우자에 대한 당신의 '긍정적 감정의 점수'다. (만약 배우자가 점수를 공개한다면, 배우자의 점수가 몇 점인지도 확인해보라.)

6점 이상: 당신 부부는 강한 우정을 지니고 있으며, 이는 부부관계에 매우 유익한 작용을 할 것이다.

6점 이하: 현재 당신은 '원칙 1, 2, 3'('상세한 애정 지도 그리기', '배려와 존중 쌓기', '서로를 향해 가기') 중 적어도 하나 이상을 다시 연습할 필요가 있다. 제4~6장의 연습을 다시 수행하는 데 더 많은 시간을 할애할 것을 진지하게 고려해보라. 현재 점수에 낙담하기보다는 이 테스트 결과가 부부관계를 개선하는 데 동기부여가 되기를 바란다. 이 원칙들을 익히기 위해서는 시간이 좀 걸리겠지만, 아주 작은 변화가 결혼생활을 극적으로 개선시킬 수 있음을 기억하라. 매일의 사소한 일상이 부부의 관계를 진전시킬 매우 중요한 기회가 될 수 있다.

부부관계의 핵심인 우정을 통해 PSO를 창출해내는 방법 중 하나는 부부의 '권력관계'가 균형을 유지하도록 해서 어느 한쪽도 무시당한다는 기분이 들지

않게 하는 것이다. 부부가 서로를 존중할 때, 설사 배우자의 관점에 동의하지 않는다 하더라도 서로를 이해할 수 있게 된다. 권력관계가 균등하지 않으면 결혼생활은 큰 위기를 맞을 수밖에 없다.

다음 제7장에서 소개할 원칙은 부부 중 어느 한쪽이 배우자와 권력을 나눌 의지가 없을 경우에 어떤 일이 일어나는지에 대한, 그리고 이러한 어려움을 어떻게 극복할 것인지에 대한 것이다. 권력을 요구하는 투쟁은 흔히 남편들이 벌이지만, 남편의 요구사항 때문에 힘들어하는 아내들 또한 많다. 그러므로 네 번째 원칙은 남편과 아내 모두에게 적용되는 것이다.

7

원칙 4

배우자가 당신을 변화시키는 것을
두려워 마라

제레미는 중고 혼다 쿠페를 사려고 마음먹고 있었다. 그 차는 친구인 필이 겨우 한 달 남짓밖에 타지 않은 것이었다. 필은 외국으로 전근을 가기 때문에 차를 팔려고 값싸게 내놓았다.

차를 시승해본 제레미는 차가 힘도 좋고, 운전하기 편할 뿐 아니라 음향 시스템까지 좋아서 마음에 쏙 들었다. 하지만 제레미는 계약 전에 카센터에 가서 차를 점검해봐야겠다고 말했다.

"왜 그래? 이건 새 차나 마찬가지야. 480km밖에 타지 않았다고. 여기 차 보증서도 이렇게 있잖아." "그건 나도 알고 있어. 하지만 점검을 받고 차를 사겠다고 와이프랑 약속했거든." 그러자 필은 "고작 중고차 한 대 사는데 아내와 상의를 한다고?"라며 깔보는 듯한 표정으로 물었다. "그래. 그럼 자네는 아내와 상의하지 않나?" "안 하지. 난 이혼했거든." "아!" 제레미는 싱긋 웃었다. "그렇다면 상의하고 싶어도 못하겠군."

제레미가 카센터에서 차를 점검해보니 비용이 꽤 들어가는 현가장치노면 상태에 맞춰 바퀴 움직임을 제어해 충격을 흡수하는 장치를 교체해야만 하는 상태였다. 당연히 제레미는 추가 비용이 많이 들어가는 차를 사지 않았다. 사실 그는 여성에 대한 필의 태도를 보고 차를 사고 싶지 않았던 것이기도 했다. 제레미는 무슨 일이든 결정을 할 때 늘 아내와 상의해왔다. 그는 아내를 자랑스럽게 여겼고 존경했으며, 그녀의 의견과 생각을 존중해왔다. 결혼생활은 아내와의 공동 작업이라 이해하고 있었다.

분명히 필과 같은 마초적 태도가 용납되던 시대가 있었다. 하지만 우리의 데이터는 이제 그런 시대는 지나갔음을 보여준다. 130쌍의 신혼부부를 9년에 걸쳐 추적 조사한 결과, 신혼 초에 아내의 의견을 많이 수용하는 남편은 이에 '저항'하는 남편보다 훨씬 행복한 결혼생활을 하고 있었고 이혼율도 낮다는 것이 밝혀졌다. 통계적으로도 남편이 독단적인 경우, 부부 중 81%가 파경에 이르는 것으로 밝혀졌다.

물론 결혼생활이 파경에 이르는 데는 부부 모두에게 책임이 있으며, 여기에서 남편만을 탓하려는 것은 아니다. 이 장에서 말하려는 바도 남성을 깎아내리거나 헐뜯기 위한 것이 아니다.

분명 아내가 남편을 존경하고 자랑스러워하는 마음을 갖는 것은 매우 중요한 일이다. 그러나 데이터에 따르면, 많은 아내들은 불안정한 결혼생활을 하고 있는 경우라도 남편에 대해 존경심을 갖고 있는 편이다. 이는 아내가 남편에게 절대 화를 내지 않는다거나 남편을 깔보지 않는다는 의미는 아니다. 다만 아내는 무언가를 결정할 때, 남편이 자신의 의견이나 생각에 귀를 기울여주기를 원하고 있는 것이다.

"당신이 하는 말이라면 뭐든지 좋아요"

이 말은 일부 언론인들이 내 연구 결과를 잘못 요약하여 그릇된 방식으로 사용하는 어구다. 이 말은 〈Saturday Night Live〉에서 패러디되어, 라디오 토크쇼 진행자인 러시 림보와 정치 평론가 빌 마허가 이를 인용해가며 비판한 바 있다.

우리의 연구 결과는 아내가 부부 삶의 일체를 주관하고, 남편은 아내에게 무기력한 배우자 노릇을 해야 한다는 뜻이 아니다. 다만 결정권을 아내와 함께 갖는 데에 거부감을 느끼지 않는 부부가 오랫동안 행복하고 안정된 결혼생활을 하고 있다는 뜻이다. 이런 부부는 의견 충돌이 있다 해도 남편이 자신의 주장만을 고집하지 않고, 두 사람 모두가 납득할 수 있는 그들만의 해결책을 찾아내고 있었다.

이런 결론에 도달하기까지, 우리는 수많은 신혼부부가 다툼을 벌일 때와 그들의 로맨스가 어떻게 시작되었는지에 대해 이야기할 때를 세밀하게 관찰해 왔다. 데이터를 분석해본 결과, 우리는 배우자에 대한 감정과 관련하여 남녀 간에 대단히 큰 차이가 있다는 사실을 발견하고 깜짝 놀랐다. 아내는 때로 남편에게 화를 내며 부정적인 감정을 품기도 하지만, 그럼에도 불구하고 남편에 대한 부정적인 감정을 쌓아두는 일은 드물었다. 일반적으로 많은 아내들이 목소리를 낮추거나 남편에게 적절하게 대응하려고 노력하고 있었다. 예를 들어, 남편이 "내가 하는 말을 듣지 않는 거야?"라고 말하면, 아내는 "미안해요, 들어 볼게"라고 대답(상대방의 부정적인 감정을 진정시키는 말)한다. 물론 "당신 말을 듣고 있기 힘들어요!"라며 남편에 맞서는 대응을 하기도 하지만, 그렇더라도 더 이상 다툼을 악화시키는 말은 하지 않으려 한다.

반면, 연구에 참여한 남편 중 65%는 배우자에게 이와 같이 대응하지 않았다. 대부분은 아내의 부정적인 감정을 키우는 '네 가지 위험 요인'으로 대응했다. 만일 아내가 "당신, 지금 내가 하는 말을 듣고 있어?"라고 말하면, ① 남편은 아무 대답도 하지 않고 아내를 무시하거나(도피), ② "듣고 있다고!"라며 자기방어를 하거나, ③ "당신이 하는 말은 모두 헛소리라서 들어줄 수가 없어"라며 비난하거나, ④ "쓸데없는 소리하면서 내 시간을 빼앗지 마"라고 모욕을 주기도 한다. 남편이 이 네 가지 위험 요인 중 어느 하나라도 표출한다면, 남편은 아내의 의견을 귀담아 듣지 않겠다는 의사 표시를 하는 셈이다.

남편이 아내의 의견을 무시하면 그것은 당연히 위태로운 결혼생활로 이어진다. 실제로, 반복적으로 이런 반응을 보이는 남편을 둔 아내 중 81%가 이혼을 생각하는 것으로 조사되었다.

네 가지 위험 요인이 갈등 상황을 지배하지 않도록 남편과 아내 둘 다 노력하는 것이 중요하겠지만, 부부간의 갈등이 이런 식으로 극대화될 때 결혼생활이 위험에 처할 거라는 사실을 특히 남편 쪽에서 인지하는 것이 중요하다. 왜냐하면 남편이 네 가지 위험 요인을 결혼생활에 끌어들일 때, 대개 그 반대의 경우보다 결혼생활이 위험에 처할 가능성이 훨씬 더 크기 때문이다. 이와 관련하여, 나는 이러한 비대칭적 상황이 사회학적 요인을 가진다고 생각한다. 남편의 의견을 거부하기 힘들 정도로 지나치게 순종적인 아내는 우울감에 휩싸일 가능성이 크고, 이것은 그녀의 건강과 부부관계에 해로운 영향을 미친다.

그러므로 아내가 남편에게 전적으로 순종하는 것보다 필요한 경우 얼마간의 갈등을 고조시키는 것이 더 나을 수도 있는 것이다. 아내가 남편에게 자신이 무엇을 원하는지를 강조하기 위해 가끔 네 가지 위험 요인에 휩싸일 수 있지만, 그것이 배우자에 대한 원색적인 비난이나 모욕만 아니라면 결혼생활에 크게 해가 되지 않는 것도 바로 이러한 이유에서다. 특히 남편이 아내의 말하는 태도보다 그 말의 내용에 집중할 수 있다면 아내의 요구는 부부간의 힘의 균형을 잡아줄 수 있을 것이다.

이러한 남녀 차이에서 비롯된 불균형의 원인이 무엇이든지 간에, 남편이 아내보다 결혼생활의 의견 불일치 상황에서 네 가지 위험 요인에 빠져들 가능성이 훨씬 더 높다는 것을 데이터를 통해 확인할 수 있다. 그리고 이런 상황에서 결혼생활이 위기에 빠질 가능성 또한 더 높아진다. 그러므로 핵심은 특히 남편이 아내의 영향력을 수용하는 데 집중할 필요가 있다는 것이다.

'저항'의 신호

나는 집 안에서는 남편이 아내보다 더 큰 권한을 갖는 게 당연하다고 주장하는 수많은 남편들을 만나보았다. 남녀가 평등한 현대사회에서도 어떤 일을 결정할 때 아내의 감정이나 의견을 받아들이지 않는 남편은 여전히 있다.

이런 남편들 중에는 "종교적 신념에 근거해 '결혼생활을 지배하는 것은 남편'이어야 한다"고 우기는 사람도 있다. 하지만 나는 남편이 가정의 지배자라고 주장하는 종교를 본 적이 없다. 나는 여성과 남성의 고정된 역할을 규정한 그 어떤 믿음 체계도 지지하지 않는다. 우리는 남편이 가정에서 가장 위대하다고 믿고 있는 부부와, 남녀 평등주의적 사고방식을 갖고 있는 부부를 대비해서 연구해보았다. 그 결과 두 부부 사이의 표현 방식에서 큰 차이를 발견할 수 있었다. '남편이 아내에게 존중과 존경을 표현하는 것'의 유무가 바로 그 차이인 것이다. 아내에 대한 애정과 존중이 있어야만 그녀의 의견을 받아들일 수 있다. 이것이 '상대방의 영향력을 수용하는 것'에 대한 전부라 해도 과언이 아니다. 당신은 아내의 감정과 상관없이 무슨 일이든지 독단적으로 결정하기를 진심으로 원하는가? 이것이 정말 종교적 신념에 부합하는 것일까? 결코 그렇지 않다.

언젠가 다소 가부장적인 종교적 방식을 따르는 내 동료가 들려준 이야기다. 그는 남편이 가족을 위해 모든 결정을 내려야 한다고 믿었다. 하지만 그와 그의 아내는 높은 감성지능을 기반으로 결혼생활을 하고 있었다. 그는 자신의 종교적 신념과 아내의 의견을 수용하는 데 아무런 모순도 느끼고 있지 않았다. "무엇인가를 결정할 때, 아내가 동의하지 않으면 일을 진행하지 않습니다. 그건 아내를 존중하기 때문입니다. 우리는 두 사람의 의견이 일치할 때까지 몇 번이고 대화를 나누고 또 나눕니다." 그는 부부가 서로 존중하고 배려하지 않으면 결코 성공적인 결혼생활을 유지할 수 없다는 것을 직관적으로 알고 있었다. 어떤 신념을 가졌든 이것은 모든 부부에게 해당된다.

아내에게 어떠한 영향을 받는 것도 못 견뎌 하며 저항하는 남편은 이런 사실을 모른다. 자칭 페미니스트feminist라고 주장하는 남자도 아내에 대해서는 남편의 권력을 주장하는 경우가 많다. 자신의 일에 열정적인 소프트웨어 엔지니어 채드의 예를 한번 들어보자. 만약 당신이 그에게 평등한 결혼생활을 하고 있는지 물으면 그는 힘차게 고개를 끄덕일 것이다. 하지만 아내 마사와의 결혼생활을 보면 꼭 그런 것 같지도 않다. 새 집으로 이사 온 지 얼마 지나지 않은 어느 날 밤, 그는 이번 목요일에 밤늦게까지 일을 해야 한다고 아내에게 말했다. 마사는 금요일에 친정어머니가 오시기로 되어 있었기에, 집 청소와 방 정돈을 도와달라고 채드에게 사전에 말했었다. "당신에게 서운해. 어머니가 오신다고 미리 말했잖아. 어째서 다른 사람과 야근을 바꾸지 않았어?"라고 마사는 통명스럽게 말했다.

이에 대해 채드는 다음과 같이 반론을 폈다.

"내가 맡은 큰 프로젝트의 마감일이 다가오고 있다고 몇 번씩이나 말했잖아. 다른 사람과 스케줄을 바꿀 수도 없어. 주말에도 나가서 일해야 할지도 몰라."

채드의 태도는 격앙되고 화가 나 보였다. 이렇게 채드는 마사의 이야기에 대답하는 대신 자기방어를 하다가, 왜 자신의 스케줄을 기억하지 못하느냐고 마사에게 오히려 짜증을 냈다.

결국 마사는 화가 나서 남편에게 비난을 퍼부으며 방문을 박차고 나가버렸다. 마사의 분노는 쉽게 가라앉지 않았고 채드는 채드대로 화가 머리끝까지 났다. 채드는 이 일을 어떻게 수습하면 좋을지 해결책도 떠오르지 않았을 뿐만 아니라 마사와 타협하고 싶은 마음이 털끝만큼도 없었다. 오로지 독선적인 태도를 보이는 아내에게서 달아나고 싶었다. 그는 TV를 켜고 맥주를 벌컥벌컥 들이켰다. 마사가 다시 이야기를 나누자며 방으로 들어왔지만 채드는 아내를 무시했다. 마사가 울음을 터뜨리자, 채드는 "난 자러 갈 거야"라고 말하며 방에서 나가버렸다.

66

논쟁적인 주제가 나왔을 때,
자신의 의견에 귀 기울이는 남자를 남편으로 둔 아내는
그렇지 않은 경우보다 남편에게 훨씬 더 부드럽게 대한다.
그러므로 그들의 결혼이 순탄하게 흘러갈 가능성도 더 높다.

99

이처럼 부부가 말다툼을 시작하면 서로 비난하기에 바빠서 도대체 무엇 때문에 말다툼이 벌어졌는지를 잊어버리고 만다. 마사가 부정적인 감정을 담아 "당신에게 서운해"라고 불평을 털어놓았을 때, 채드가 한 대꾸가 충돌을 한층 격화시켜버렸다. 그리고 그는 뒤이어 자기변명을 늘어놓았다. 마사가 화가 나서 채드를 심하게 닦달하자 그는 도피하였다. 결국 그들의 결혼생활은 이혼이라는 비탈길로 굴러 떨어지고 말았다.

의견을 받아들인다는 것이 배우자에 대한 부정정인 감정을 전혀 표현하지 않는다는 것을 의미하는 것은 절대 아니다. 배우자에 대한 분노나 불만이 있다 해도, 심지어 배우자를 비난한다 해도 결혼생활은 지속될 수 있다. 부정적인 감정을 무턱대고 억누르는 것은 결혼생활이나 당신의 혈압에 별 도움이 되지 않는다. 남편이 아내의 말을 억눌러 아내가 불만을 해소하지 못한 채 분노를 마음속에 품게 될 때 진짜 문제가 발생하기 때문이다. 아내가 자신의 의견을 마음 편히 이야기할 수 있는 부부가 행복하게 살 수 있다.

남편이 아내에게서 배울 수 있는 것

남편이 아내의 의견을 받아들이는 것은 아내와의 애정을 단단히 하는 데 도움이 된다. 탁월한 유머감각을 가진 작가, 데이브 베리는 저서 《남자에 대한 모든 것The Complete Book of Guys》에서 남성과 여성의 커다란 차이점에 대해 다루었다. 그는 부부가 매년 오랜 친구들과 모임을 가졌던 경험을 이야기한다. 배리의 아내는 1년 만에 오랜 친구들을 만나면, 곧바로 어떤 일에 대해 자신이 느꼈던 감정을 토로하며 열정적인 대화를 시작한다. 반면 배리와 다른 남편들은 농구 플레이오프를 시청하며 주문할 피자를 고를 때 열정적이다. 배리의 이야기에는 물론 과장이 섞여 있기는 하지만 일반적으로 통용되는 남녀 차이에 대한 흥미로운 관점을 제시한다. 즉, 일반적으로 여성이 남성에 비해 더 대화 지향적이고, 상대방의 감정을 이해하는 데에도 더 큰 관심을 갖는다는 것이다.

나는 모든 여성이 감정이 풍부하거나 붙임성이 좋다고 주장하는 것이 아니다. 세상에는 주위의 시선이나 다른 사람의 감정에 전혀 관심이 없는 여자들도 많고 타인의 감정에 매우 섬세하게 반응하는 남자들도 많다. 하지만 대체적으로 여성은 남성보다 정서적 지능이 높은 편이다. 여성이 이러한 기술을 습득하는 데 더 열린 사고에서 출발하기 때문이다.

놀이터에서 놀고 있는 어린이들을 관찰해보면 사고의 출발점이 다르다는 것을 알 수 있다. 남자 아이들은 술래잡기를 할 때, 우선순위가 게임 그 자체이기 때문에 친구들과의 관계나 상대방의 감정에는 전혀 신경을 쓰지 않는다. 하지만 여자 아이들의 경우에는 놀이에서도 감정의 지배를 크게 받고 있음을 알 수 있다. 누군가가 "이제 너랑 안 놀아"라며 울음을 터뜨리며 소리치면 그것으로 놀이는 끝난다. 그리고 화해가 먼저 이루어지고 나서야 놀이가 다시 시작된다.

남자 아이와 여자 아이가 똑같은 장난감을 가지고 놀 때도 성gender의 차이가 드러난다. 네 살짜리 동갑 친구 나오미와 에릭이 함께 나오미의 아기 인형을 가지고 놀 때, 나오미는 인형을 그들의 아기라고 하면서 다른 아이들에게 자랑하며 보여준다(관계 기반적 놀이). 에릭은 10분 정도는 나오미가 하는 대로 하지만 얼마 안 있어 남자 아이의 영역으로 들어가 "나오미! 아기가 죽을 것 같아. 빨리 병원으로 데리고 가야 해"라며 구급차 놀이를 한다. 그래서 두 아이는 곧 의사가 되어 수술을 하고 아기의 목숨을 구한다. 이때 에릭은 나오미에게 간호사 역할을 맡기고 싶어 하지만, 나오미는 여자도 의사가 될 수 있다고 주장한다. 아기의 생명을 구하고 난 뒤에 그들은 다시 아기를 친구들에게 자랑하는 나오미의 게임으로 돌아간다. 나오미와 에릭의 연극은 둘 다 매력적이고 흥미롭다. 그러나 '여자 아이 식'의 놀이는 관계 지향적이기에 결혼과 가정생활을 준비하는 데 더 많은 것을 하는 반면, 남자 아이들은 자신의 영역에 관계나 가정적 테마를 포함시키지 않는 경우가 많다.

어릴 때부터 이러한 놀이를 통해 성장해가면서 남자 아이는 여자 아이와 함께 놀지 않게 되고, 결국 서로가 이성異性에게서 배울 기회를 잃고 만다. 스탠포드대학교의 엘리노어 맥코비 박사의 주목할 만한 연구 결과에 따르면, 취학 전에 친구로 지내는 아이들의 35%가 나오미와 에릭처럼 이성異性이었으나, 일곱 살이 되면 이 수치는 거의 0%로 떨어져버린다. 이성 간의 교제는 그 후 사춘기에 접어들 때까지 아주 드물게 이어지거나 아예 중단되는데, 이것은 전 세계적인 현상이다. 이러한 자발적 분리에 대해서는 많은 연구가 있다. 맥코비 박사는 '의견 수용'에 관한 나의 연구에 딱 들어맞는 아주 흥미로운 이론을 제시한다. 만 1~2세 정도의 유아기에도 놀이를 하는 동안 남자 아이는 다른 남자 아이로부터만 영향을 받는 데 반해, 여자 아이는 남녀 아이들 모두에게서 똑같이 영향을 받는다는 것이다. 그러다가 만 6~7세쯤 되면 여자 아이는 남자 아이의 행동을 싫어하게 되고 함께 놀지도 않게 되는데, 이것은 사춘기까지 지속된다.

이렇게 해서 나오미와 에릭이 성인이 되어 가정을 꾸린다고 했을 때, 가정 생활에 대한 지식에서 둘 사이에는 큰 차이가 생긴다. 남자들만의 세계에서 빠져나온 신혼의 남성은 지금까지와는 전혀 다른 세계로 갑자기 내던져진다. 브로드웨이 연극 〈원시인 옹호하기Defending the Caveman〉이 연극은 1인 코미디극으로 우리나라에서는 '내 남자는 원시인'이라는 제목으로 2009년 초연되었다에서 남자가 결혼한 지 얼마 지나지 않았을 때 아내가 욕실을 청소하는 것을 보고 묻는다. "우리 이사해?" 그가 독신이었을 때 그와 룸메이트가 욕실 청소에 신경을 써본 유일한 순간은 이사할 때뿐이었기 때문이다. 대부분의 남자들은 가정을 꾸려가기 위해서 해야 할 집안일이 너무나 많다는 사실을 깨닫고 당혹스러워한다. 여자는 인테리어 숍에서 약혼자의 어쩔 줄 몰라 하는 표정과 마주하게 된다. 그는 스웨이드와 극세사의 차이에 대해 알지도 못할 뿐만 아니라 관심도 없다. 다양한 종류의 접시들이 그에게는 모두 똑같아 보일 뿐이다. 대부분의 경우 남자들은 인테리어 숍을 둘러보는 시간을 끔찍하리만큼 길다고 생각한다. 또한 그가 주위를 둘러보면서 알게 되는 것은 자칫 10,000달러를 물어줘야 할 위협들이 사방에 도사리고 있다는 사실이다. 왜냐하면 모든 선반들이 유리로 되어 있고, 그 선반들은 그와 비슷한 처지의 남자들을 위협하며 불과 50cm 정도밖에 떨어지지 않은 위치에 놓여 있기 때문이다. 이런 상황에서 그는 어떻게 반응해야 할까? 만일 그가 "이 디자인 훌륭한데"라고 말할 수 있다면, 이는 감성지능이 높은 남편의 탄생을 알리는 서막이 될 것이다.

감성지능이 높은 남편

신혼부부에 관해 내가 보유하고 있는 데이터는 더 많은 남편들이 이런 식으로 변모할 수 있다는 사실을 보여준다. 우리가 연구한 남편들의 약 35%가 훌륭한 감성지능을 가지고 있었다. 몇 십 년 전의 조사에서는 이 수치가 훨씬 더 낮았다. 가정적인 남편은 아내를 존중하며 아내에게 기꺼이 배우고자 한다. 그리하여 그녀의 세계 속에 포함된 아이들이나 아내의 친구들에 대해서도 이해하기 시작한다. 이런 남편은 결혼 초에는 아내만큼 풍부한 감정을 가지고 있지는 않더라도 결혼생활을 하면서 아내와 감성적으로 더욱 잘 소통하는 법을 익힌다. 그는 아내를 존중하기에 아내가 대화를 원할 때 야구 중계를 끄고 아내의 말을 경청한다. 결국 그는 '나'보다는 '우리'를 택한다.

나는 감성지능이 높은 남편이 사회를 발전시키는 역할을 할 수 있다고 믿는다. 이는 그들의 인격이나 교육 수준, 도덕적 관념이 다른 남편들보다 우월하다는 뜻이 아니다. 그들은 결혼해서 가정을 갖고 있다는 현실이 얼마나 소중한지를 알고 있다. 그렇기 때문에 아내를 자랑스럽게 생각하고 아내에 대한 존중의 감정을 표현한다. 이것이 결혼생활의 기본이다.

현대의 젊은 남편들은 사회생활보다는 가정생활을 우선시하는 경향이 있다. 이것은 성공적인 인생에 대한 정의가 바뀌어가고 있기 때문이다. 예전 세대의 남편들과는 달리 요즈음 남편들은 앞에서 제시한 '원칙 1, 2, 3'을 자연스럽게 일상생활에 적용하고 있다. 그들은 아내의 세계에 대해 상세한 애정 지도를 갖고 있다. 또한 아내를 배려하고 존중하는 마음을 가지고, 일상생활의 의사소통 과정 중에 이를 표현한다. 이러한 행동은 그들의 결혼생활뿐 아니라 자녀 교육에도 좋은 영향을 미친다. 연구에 따르면, 아내의 말을 잘 받아들이는 남편이 좋은 아빠인 경우가 많다. 그는 아이들의 세계를 이해하며, 자녀의 친구들 이름을 기억할 뿐만 아니라 자신의 아이가 무엇을 두려워하는지도 안다. 그는 감정을 드러내는 것을 두려워하지 않기에 자녀들에게 자신의 감정, 나아가 자기 자신을 존중하라고 가르친다. 이런 아빠는 TV 야구 중계를 끄고 아이들과 함께 놀아준다. 자녀들이 아빠와 함께 놀았던 시간을 언제까지나 즐거웠던 시간으로 기억해주기를 바라기 때문이다.

아빠들 사이에서 이러한 의미 있는 트렌드를 이끄는 사람들은 어린 시절 다른 사람으로부터 이해와 존중을 받는 삶을 살아온 경우가 많다. 우리는 이러한 육아법을 '감정코칭emotion coaching'이라 한다. 이 방식을 따르는 부모를 둔 아이는 많은 혜택을 받는다. 이런 유형의 남편/아버지는 아이가 성장한 후에도 의미 있고 마음이 풍요로운 생활을 한다. 그에게는 행복한 가정이 있기에 일하고자 하는 의욕이 더욱 샘솟는다. 아내와 일심동체가 된 남편에게는 함께 기뻐해주고 함께 슬퍼해주는 아내가 늘 곁에 있다.

반면 이와 상반되는 유형의 남편/아버지에게는 슬픈 이야기가 기다리고 있다. 가족에게 따돌림을 받고 자신은 억울한 피해자라고 생각하며, 그나마 남아 있는 작은 것들을 지키려고 자신의 껍질 속에 웅크리고 있다. 다른 사람은 어느 누구도 존경하지 않으면서, 자신은 존경받아야 마땅한 사람이라고 우긴다. 그는 아내의 말을 들으면 자신의 권위가 떨어질 것이라는 두려움 때문에 아내의 의견을 받아들이지 못한다. 남의 말에 귀 기울이지 않기 때문에 다른 사람들도 그의 말에 귀 기울이지 않는다. 결국 누구 하나 그에게 관심을 주지 않을 뿐더러 심지어 그가 죽었다고 해도 아무도 눈물 흘리지 않을 것이다.

양보 배우기

몇몇 남편들이 남편의 역할 변화를 받아들이는 것을 어려워하는 것도 이해할 수 있다. 가정의 의사결정권을 부부가 함께 나누어 갖는다는 사고방식은 최근의 크나큰 사회 변화의 결과로 생겨난 것이다. 수세기에 걸쳐 남편은 집안의 기둥으로서 존경을 받아왔고, 그 책임과 존재 가치는 아버지에게서 아들에게로 이어져 내려왔다. 그러나 이제 기혼 여성의 60%가 직장 생활을 하고 있으며, 일을 통해 경제적 능력을 획득하고 자존감을 느낀다. 주목할 만한 이 60%라는 수치는 오늘날 부부들의 성 역할의 변화와 더불어 이해해야 한다. 아내들은 종종 남편이 당연히 분담해야 할 가사노동이나 육아를 회피하고 있다고 불만을 털어놓는다. 이것은 비단 젊은 부부들만의 문제가 아니다. 40대에서 60대에 이르는 부부들의 경우에도 불만을 터뜨리는 아내들이 많다. 기꺼이 변화를 수용하는 남편들은 행복한 결혼생활을 한다. 그러나 이런 변화를 받아들이려 하지 않는 남편의 결혼생활은 늘 불행할 수밖에 없다.

아내를 존중하는 남편과 무시하는 남편 사이에는 근본적인 차이가 있다. 즉, 삶에서 '양보를 함으로써 오히려 이기는 지혜'를 배웠는지의 여부에 따라 차이가 난다. 번화한 도심지 거리를 운전하다보면 교통사고 등으로 길이 꽉 막히는 경우가 있다. 이때 이 괴로운 상황에서 당신은 둘 중 하나의 방식을 택할 수 있다. 하나는 차 안에서 고래고래 고함을 지르며 기다리는 것이고, 다른 하나는 우회로를 찾아 나아가는 것이다. 전자를 선택할 경우 때때로 심장 발작을 보너스로 얻을 수 있다. 하지만 후자는 더 먼 길을 가더라도 더 빨리 귀가할 수 있다. 지는 게 이기는 것, 다시 말해 더 먼 길로 돌아감으로써 목적을 달성한 것이다.

'지는 게 이기는 것'의 전형적인 사례로 변기 시트 문제를 들 수 있다. 남편이 변기를 사용한 후 시트를 올려둔 채로 두는 것에 대해 아내는 화를 낸다. 시트를 내리는 데 고작 1초도 안 걸리는데도 시트를 올려둔 채 내버려두는 것을 아내는 남편에게 배려심이 없다는 증거로 받아들인다. 이런 경우, 변기를 사용한 후에 시트를 내려놓는 것만으로도 아내에게 센스 있는 남편으로 인정받을 수 있다. 현명한 남편은 변기 시트를 내려놓으며 자신이 이런 센스를 가지고 있음에 미소 짓는다.

상대방의 의견을 받아들이는 것은 일종의 태도의 문제이지만, 이것은 또한 연마해야 할 기술의 일종이기도 하다. 당신이 배우자와 더 친밀한 관계를 가지고 싶다면 말이다. 제4장, 제5장, 제6장에 제시된 세 가지 원칙을 매일의 일상 가운데서 실천하려고 노력해야 한다. 배우자와 다투었을 경우, 빨리 타협하는 것도 해결의 중요한 열쇠가 된다. 이것은 당신이 배우자의 요청을 주의 깊게 파악하는 과정을 통해 이뤄낼 수 있다. 예를 들어, 앞의 사례에서 채드는 마사 어머니의 방문에 대해 일하는 시간을 줄일 수 없다며 마사와 충돌했다. 만일 그가 목요일 야근 계획을 바꾸어 어머니를 맞이할 준비를 하는 아내를 도왔다면 충돌을 피할 수 있었을 것이다. 그 대신 일요일마다 딸을 축구 연습장에 데리고 가던 채드의 일을 마사가 어머니와 함께 해준다면 채드는 그 시간 동안 밀렸던 일을 할 수 있다.

남편이 아무리 애를 써도 아내와 서로 양보할 수 없는 문제에 부딪힌다면 그것은 해결 불가능한 문제다. 그 답답함에 대처하려면 제11장의 조언을 따르면 된다. 우리가 연구한 부부 중, 팀과 카라가 바로 이런 딜레마에 빠져 있었다. 그들은 남편의 어릴 적 친구인 버디 때문에 항상 말다툼을 벌이곤 했다. 무직 상태인 버디는 여자 친구와 동거를 하고 있었는데, 툭하면 그녀와 싸우고 나서 만취하여 팀과 카라의 거실 소파로 쳐들어오는 것이었다. 카라는 버디가 팀에게 나쁜 영향을 끼칠까 염려가 되었다. 또한 버디가 걸핏하면 자기 집에 찾아와서 마치 제집처럼 함부로 구는 것도 영 못마땅했다. 카라가 더는 못 참겠다고 말할 때마다 팀은 자기 집에 자신이 부르고 싶은 친구는 누구든 부를 것이라고 말했다. 이 말에 동의할 수 없어 카라는 반론을 제기했고, 팀은 입을 꾹 다물고는 아내를 무시해버렸다. 카라는 팀의 태도에 더욱 화가 나서 소리를 질렀고 팀은 버디가 아니라 당신에게 문제가 있다며 카라를 비난했다. 카라는 팀의 태도에 격분할 수밖에 없었다. 그녀가 보기에 남편에게는 이 집이 그녀의 집이기도 하다는 존중의 감정이 전혀 없었다. 카라는 모든 일을 팀 혼자 결정하고 자신의 의견은 완전히 묵살되고 있다고 느꼈다.

> **"**
>
> 부부 사이의 까다로운 문제를 제기하는 것은
> 80% 이상이 아내 쪽이다.
> 남편은 그 문제를 논의하는 것을 피하려 한다.
> 하지만 이것이 결혼생활에 문제가 있다는 징후는 아니다.
> 이것은 원만한 부부 사이에서도 일어날 수 있는 일이다.
>
> **"**

내가 팀과 카라 부부를 면담한 결과, 문제의 핵심은 팀이 카라의 의견에 전혀 귀 기울이지 않는 것이었다. 팀은 "카라의 의견에는 타협점이 전혀 보이지 않는다"고 말했다. 그래서 나는 팀에게 "당신과 버디 사이의 우정은 어떤 것입니까?"라고 물어보았다. 그러자 "버디는 어린 시절부터 친구였으며 고교 시절 나의 부모가 이혼했을 때, 나 역시 버디네 집 거실에서 지낸 적이 있었다"

고 답했다. 그러므로 팀은 예전에 자기를 도와준 친구가 곤란한 상황에 처한 지금, 자신이 그를 도와주는 것은 당연하다고 생각하고 있었다. 카라가 자신과 버디 사이를 갈라놓으려 하는데, 그것은 자신의 우정을 깨뜨리는 일이라 말했다. 또한 그는 버디가 자신에게 나쁜 영향을 미칠까봐 카라가 걱정하지만, 자신은 정신적으로 안정되어 있고 결혼도 했으므로 친구를 돕는 일이 자랑스럽다고 내게 설명했다.

나는 버디에 관해 팀과 이야기를 할수록 우정의 본질에 대해 팀과 카라 사이의 의견 차가 크다는 것을 알게 되었다. 그래서 이 문제의 본질에 관해 두 사람이 대화를 하여 서로의 입장 차이를 알게 함으로써 문제를 바라보는 시각을 바꾸게 했다. 그 결과 팀은 집 안에서 그가 무엇이든지 할 수 있는 '권리'가 있다는 생각을 버리게 되었다. 카라는 자기가 화를 낸 것이 단순히 버디가 집으로 불쑥 찾아오기 때문이 아니라 팀의 권위적인 태도 때문이라는 것을 깨달았다. 카라는 팀의 두터운 우정을 칭찬했다. 사실 카라는 친구를 소중히 생각하는 팀의 마음을 보고 그를 좋아하기도 했던 것이다. 그녀는 버디가 팀의 우정을 악용해 걸핏하면 집으로 찾아오지 않을까 걱정했지만, 팀은 버디가 그런 사람은 아니라고 명확하게 말했다. 문제의 핵심이 어디에 있었는지를 깨닫게 되자 두 사람은 문제를 해결할 수 있었다. 이제 두 사람은 서로의 관점을 좀 더 이해할 수 있게 되었다. 결국 그들은 버디가 속상한 일이 있을 때 자신들의 집 거실을 임시 거처로 사용하는 데 동의하는 대신 그 횟수를 줄이도록 노력하기로 했다.

이러한 사례를 통해서도 알 수 있듯이 문제 해결의 실마리는 남편이 아내의 의견에 귀를 기울이는 데 있다. 대부분의 경우, 단지 남편이 부인의 의견에 열린 마음을 가지고 경청하는 것만으로도 많은 일이 해결된다.

우선 남편은 다음 테스트를 수행해봄으로써 아내의 의견을 얼마나 존중하고 있는지를 측정하는 일부터 시작해보라. 물론 아내도 이 테스트를 수행해봐야 한다. 배우자의 의견에 열린 태도를 취할수록 결혼생활은 더 행복해질 것이다. 다음의 흥미로운 테스트는 남편과 아내에게 힘을 고르게 분배하는 데 도움을 줄 것이다.

의견 존중 테스트

각 문장을 읽고 '예 / 아니오' 중 하나를 골라라.

1. 배우자는 우리가 서로 다른 의견을 가지고 있을 때에도 나의 생각에서 배울 점이 있다고 생각한다.   예 / 아니오

2. 배우자는 내가 건전한 상식을 갖추고 있다고 생각한다.   예 / 아니오

3. 배우자는 내가 좋은 아이디어를 갖고 있다고 생각한다.   예 / 아니오

4. 배우자는 내가 하는 말이 문제 해결에 큰 도움이 된다고 생각한다.   예 / 아니오

5. 배우자는 기본적으로 나의 의견에 관심을 기울인다.   예 / 아니오

6. 배우자는 내 이야기를 들을 자세가 되어 있다.   예 / 아니오

7. 배우자는 어떤 일에 대해 내가 의견을 제시하는 것을 좋아한다.   예 / 아니오

8. 배우자는 이야기를 나눌 때, 서로의 의견 가운데 좋은 점은 받아들여야 한다고 생각한다.　　　　　　　　　　　　　　　　　　　예 / 아니오

9. 배우자는 특정 주제에 관해서만 내 의견을 잘 들어준다.　　　예 / 아니오

10. 배우자는 서로의 의견이 다르더라도 나를 존중하며 대화한다.　예 / 아니오

11. 배우자가 마음먹고 나를 설득하려 하면 결국 나를 설득시킨다.　예 / 아니오

12. 배우자는 나의 의견을 무조건 부정하진 않는다.　　　　　　예 / 아니오

13. 배우자는 대부분의 경우 자신의 의견에 따르도록 만든다.　　예 / 아니오

14. 배우자는 결정을 내릴 때 내 의견을 중요하게 생각한다.　　예 / 아니오

15. 배우자는 의견이 일치하지 않는 경우에도 나의 말을 경청하려고 노력한다.
　　　　　　　　　　　　　　　　　　　　　　　　　　　　예 / 아니오

16. 배우자는 내 생각에 대체로 동의하는 편이다.　　　　　　예 / 아니오

17. 배우자는 우리 관계에서 자신이 최종 결정권을 갖고 있다고 생각한다.
　　　　　　　　　　　　　　　　　　　　　　　　　　　　예 / 아니오

18. 배우자는 어떤 문제에 대해 대화할 때 내가 충분히 진지한 태도를 취하지 않는다고 생각한다.　　　　　　　　　　　　　　　　　　　　예 / 아니오

19. 배우자의 문제 해결책이 나의 해결책보다 더 낫다고 결론지어진 적이 많다.
　　　　　　　　　　　　　　　　　　　　　　　　　　　　예 / 아니오

20. 배우자는 내가 언제나 너무 감정적이라고 생각한다.　　　예 / 아니오

채점: 각 문항에 '예'라고 답했을 경우 배우자에게 1점씩을 주되, 9, 11, 13, 17, 18, 19, 20번에 '예'라고 답했을 경우에는 1점씩을 감한다.

6점 이상: 당신의 결혼생활은 원만한 편이다. 당신의 배우자는 기꺼이 당신과 의견을 나눌 마음의 준비가 되어 있기에, 당신은 정서적으로 훌륭한 결혼생활을 하고 있다.

6점 미만: 당신의 결혼생활은 개선될 필요가 있다. 당신의 배우자는 당신의 의견을 받아들이는 데 어려움을 겪고 있으며, 이는 결혼생활을 불안정하게 만든다. 두 사람이 여전히 서로의 의견에 귀 기울이는 것이 왜 꼭 필요한 것인지 이해하지 못한다면 이 장을 다시 읽어야 한다. 이어서 제시되는 연습들은 당신의 부부관계가 향상되는 데 도움을 줄 것이나.

연습 1: 일부러 져주기

다음은 내가 연구해온 부부들이 직면했던 몇 가지 상황들이다. 부부가 이와 같은 갈등에 직면했다고 가정하고 그 갈등 장면을 머릿속에 생생하게 떠올려보라(아내의 경우에는 성 역할을 바꿔서 이 연습을 해보라). 당신이 상황에 더 생생하게 이입할수록 이 연습은 더 큰 효과가 있을 것이다. 이 시나리오에 이입할 때 배우자의 태도가 당신을 공격하는 것이라 생각하지 말고 이 주제가 얼마나 중요한지를 강조하는 방법의 일환이라고 생각하라. 다시 말해, 배우자의 어조가 아닌 그 안에 담긴 메시지에 반응하도록 하라. 그 메시지에는 당신이 쉽게 동의할 수 있는 합리적인 요청이 내재해 있다고 가정하라. 이 시나리오들 중 일부에는 아내의 요구사항이 직설적으로 드러나 있지 않고 우회적으로 표현되어 있다. 그 요구사항을 파악하여 문장으로 써보라. 그리고 당신이 아내에게 할 수 있는 긍정적 대응을 써보라. 이 각각의 시나리오에 대해서는 어떠한 정답도 없다. 그러나 이 시나리오에 이어서 효과적인 대응이 될 수 있는 모범답안이 있으니 참고하기 바란다.

예시

상황: 당신은 판매직에 종사하고 있다. 하루 종일 고객을 상대하고 귀가하면 몹시 피곤하다. 당신이 원하는 것은 오로지 비디오게임을 하는 것뿐이다. 반면 당신의 아내는 컴퓨터 앞에서 많은 시간을 보내는 직종의 일을 하고 있기에, 귀가 후 당신과 대화를 하고 싶어 한다. 어느 날 밤, 아내는 당신과 대화를 하려 하는데 당신이 계속 비디오게임을 하고 있자 크게 화가 났다. 당신은 이야기를 나누기에는 너무 피곤하다고 아내에게 말했다. 그러자 아내는 "그럼 난 어떡하라고요? 난 직장에서 있었던 짜증나는 일들에 대해 이야기를 하지 못해 미칠 것 같다고요"라고 소리 질렀다.

아내의 요구사항: 일과를 남편과 공유하는 것.

당신이 아내에게 할 수 있는 긍정적 대응: "미안해요. 내가 30분 정도 휴식을 취한 후에 대화를 나누면 어떨까요?"

1. 당신은 스스로가 감상적이지 않은 사람이라는 사실에 자부심을 느낀다. 그러나 아내는 당신이 생일이나 밸런타인데이 등의 기념일에 이벤트를 준비해주기를 바란다. 아내는 생일에 당신이 파티를 준비해주지 않은 것에 상처받았다고 말했다. 당신은 생일파티는 아이들이나 하는 것이라고 대응했다. 그러자 그녀

는 "왜 당신은 그저 내가 원하는 걸 해주지 않나요? 그게 그리 큰일인가요?"라고 소리쳤다.

아내의 요구사항은?

당신이 아내에게 할 수 있는 긍정적 대응은?

2. 아내는 당신이 친구 매트와 샐리를 저녁식사에 초대하면서 그녀의 의견을 사전에 묻지 않아서 화가 났다. 아내는 샐리가 웰빙 음식과 식이 보조제에 대해 지나치게 충고를 해대는 것 때문에 그녀가 집에 와서 함께 식사하는 것을 참을 수 없다. 당신의 아내는 "그들을 초대하지 말아요"라고 말한다.

아내의 요구사항은?

당신이 아내에게 할 수 있는 긍정적 대응은?

3. 아내는 집수리를 하고 싶어 한다. 당신은 만약 다른 부문에 소비를 줄이지 않는 한 허용할 수 없다고 말했다. 그러자 아내는 당신의 태도가 부당하다고 말하며, "왜 당신은 항상 당신이 중요하다고 생각하는 데에만 돈을 쓰려고 하나

요?"라고 따진다.

아내의 요구사항은?

당신이 아내에게 할 수 있는 긍정적 대응은?

4. 당신은 직장에서 일을 마치고 귀가하여 때때로 거실을 엉망으로 만든다. 그러나 당신은 대개 저녁식사 후 기력을 회복하여 청소를 한다. 어느 날 밤, 당신이 아직 청소를 하지 않았을 때, 아내는 "당신이 거실을 어질러 놓는 것 때문에 미치겠어요. 나도 지쳤어요. 당신을 따라다니면서 어질러진 것들을 치우고 싶지 않다고요. 저녁 먹기 전에 치우는 게 어때요?"라고 말했다.

아내의 요구사항은?

당신이 아내에게 할 수 있는 긍정적 대응은?

5. 당신은 매우 피곤한 상태로 직장에서 퇴근했다. 그렇지만 당신은 또 컴퓨터 가게에 가야만 한다. 주부인 아내는 이제 막 걸음마를 시작한 두 아이를 돌보느라 피곤한 하루를 보냈다고 말한다. 아내는 잠시 자기만의 시간을 보내고 싶으니

당신이 아이들을 돌보면 좋겠다고 말한다.

아내의 요구사항은?

당신이 아내에게 할 수 있는 긍정적 대응은?

모범답안

1. **아내의 요구사항:** 기념일에 특별한 기분을 느끼고 싶다.

   당신이 아내에게 할 수 있는 긍정적 대응: "나는 당신이 왜 기념일을 특별하게 보내고 싶어 하는지 알 것 같아요. 우리 기념일 중 2~3개를 골라서 큰 파티를 하면 어떨까요?"

2. **아내의 요구사항:** 음식에 대한 샐리의 설교를 듣고 싶지 않다.

   당신이 아내에게 할 수 있는 긍정적 대응: "나는 당신이 왜 샐리에 대해 그렇게 느끼는지 이해해요. 하지만 그녀는 우리가 처음 이사 왔을 때 우리에게 정말 친절했잖아요. 그리고 나는 매트가 정말 좋아요. 이러면 어떨까요? 내가 매트와 둘이서만 이야기하면서 당신을 샐리와 단둘이 남겨두지 않을게요. 그리고 앞으로 저녁식사 초대 계획을 세울 때는 사전에 꼭 당신과 상의할게요."

3. **아내의 요구사항:** 집수리를 하고 싶다.

   당신이 아내에게 할 수 있는 긍정적 대응: "그래. 당신 말이 맞아요. 어떤 수리가 필요할까요?"

4. **아내의 요구사항:** 당신이 저녁식사 전에 청소를 하면 좋겠다.

   당신이 아내에게 할 수 있는 긍정적 대응: "미안해. 알겠어." 그리고 바로 청소를 한다.

5. **아내의 요구사항:** 당신이 잠시 시간을 내어 아이들을 돌보면 좋겠다.

   당신이 아내에게 할 수 있는 긍정적 대응: "알겠어. 얘들아! 아이스크림 사줄게. 나가자."

이제 당신은 연습문제들을 수행했기에, 부부관계에서 '져주기'란 무엇인지에 대해 더 잘 이해할 것이다. 다음 단계는 결혼생활에서 당신의 배우자와 힘을 균형 있게 분배하는 데 익숙해지기 위한 것이다. 다음에 제시될 흥미로운 연습은 당신이 배우자와 함께 의사결정을 하는 데 도움을 줄 것이다. 다음 연습의 목표는 부부 둘 다 영향력을 갖는 것, 그리고 서로의 영향력을 수용하는 것임을 기억하라.

연습 2: 가트맨 섬 생존 게임

당신은 크루즈 여행을 하던 중, 선박이 카리브 해에서 난파하여 무인도인 가트맨 섬에서 깨어났다고 상상해보라. 〈로스트Lost〉의 등장인물들은 눈을 씻고 찾아봐도 보이지 않고, 생존자는 당신과 배우자 둘뿐이다. 부부 중 한 명은 부상을 입었고 심지어 당신은 자신이 어디에 있는지도 모른다. 배가 조난당한 사실을 사람들이 알 수도 있다고 생각하지만, 확실하지는 않다. 폭풍우가 몰아치고 있다. 구조팀이 당신을 발견하리라 믿으며 당분간 섬에서 살아갈 준비를 해야겠다고 결정한다.

해안에는 난파된 배로부터 쓸려온, 당신에게 도움이 될 만한 물건들이 널려 있는데, 당신은 오직 10개의 품목만을 옮길 수 있다.

미션

STEP 1 : 부부는 각자의 종이에 자신의 생존 플랜에 기초하여 가장 중요하다고 생각하는 품목 열 가지를 아래에서 골라 중요도에 따라 순위를 매겨 순서대로 나열하라. 여기에는 정답도 오답도 없다.

〈해안으로 쓸려온 품목들〉

1. 갈아입을 옷 2벌
2. 라디오
3. 물 10갤런
4. 냄비와 프라이팬
5. 성냥
6. 삽
7. 가방
8. 휴지

9. 텐트 2개

10. 침낭 2개

11. 칼

12. 구명 뗏목 2개와 돛

13. 자외선 차단제

14. 휴대용 가스레인지와 랜턴

15. 긴 밧줄

16. 무전기 2개

17. 냉동식품 및 건조식품 1주일 분

18. 위스키 1/5병

19. 조명탄

20. 나침반

21. 지도

22. 6발의 총알이 담긴 총

23. 콘돔 50팩

24. 페니실린이 담긴 구급상자

25. 산소 탱크

STEP 2: 배우자와 서로의 목록을 공유하라. 그리고 함께 의논하여 10개의 품목을 일치시키도록 노력해보라. 이는 부부가 이야기를 나누고 의견을 조율하여 한 팀으로서 문제를 해결한다는 의미를 갖는다. 부부 둘 다 문제에 대해 토론하고 최종 결정을 하는 데 영향력을 발휘해야 한다.

이 과정이 끝나면 게임 결과가 어떤지 평가할 차례다. 부부 모두 다음 질문에 답해보라.

1. 당신의 의견이 의사 결정에 영향을 미쳤는가?

  ⓐ 그렇지 않다

  ⓑ 보통이다

  ⓒ 그렇다

  ⓓ 매우 그렇다

2. 배우자의 의견이 의사 결정에 영향을 미쳤는가?

  ⓐ 그렇지 않다

  ⓑ 보통이다

  ⓒ 그렇다

  ⓓ 매우 그렇다

3. 부부 중 어느 한쪽이 상대방을 이기려고 하였는가? 혹은 서로 경쟁하였는가?

  ⓐ 매우 그렇다

  ⓑ 그렇다

  ⓒ 보통이다

  ⓓ 그렇지 않다

4. 당신은 기분이 상하거나 의논을 중단하고 싶었는가?

    ⓐ 매우 그렇다

    ⓑ 그렇다

    ⓒ 보통이다

    ⓓ 그렇지 않다

5. 배우자는 기분이 상하거나 의논을 중단하였는가?

    ⓐ 매우 그렇다

    ⓑ 그렇다

    ⓒ 보통이다

    ⓓ 그렇지 않다

6. 당신은 즐거웠는가?

    ⓐ 그렇지 않다

    ⓑ 보통이다

    ⓒ 그렇다

    ⓓ 매우 그렇다

7. 부부의 팀워크가 좋았는가?

    ⓐ 그렇지 않다

    ⓑ 보통이다

ⓒ 그렇다

ⓓ 매우 그렇다

8. 당신은 짜증이나 분노를 느꼈는가?

　　ⓐ 매우 그렇다

　　ⓑ 그렇다

　　ⓒ 보통이다

　　ⓓ 그렇지 않다

9. 배우자는 짜증이나 분노를 느꼈는가?

　　ⓐ 매우 그렇다

　　ⓑ 그렇다

　　ⓒ 보통이다

　　ⓓ 그렇지 않다

10. 당신은 배우자와 한 팀이라고 느꼈는가?

　　ⓐ 그렇지 않다

　　ⓑ 보통이다

　　ⓒ 그렇다

　　ⓓ 매우 그렇다

만약 당신 부부가 서로의 영향력을 수용하는 데 어려움을 겪고 있다면, 배우자와 함께 이러한 문제점을 인식하고 이에 대해 대화를 해나감으로써 결혼생활을 행복하게 만들어나갈 수 있다. 그 누구도 오랜 습관을 하루아침에 변화시킬 수는 없다. 그러나 만약 당신이 부부 사이의 영향력을 균형 있게 배분하는 데 적극적인 태도를 보인다면, 이는 매우 중요한 진전이 될 것이다. 배우자는 큰 위안을 얻을 것이고, 결혼생활을 개선하는 데 보다 적극적이 될 것이다. 다음 단계는 배우자와 함께 문제를 해결해나가는 것이다. 당신이 자기도 모르게 배우자 위에 군림하려 들거나, 방어적인 태도를 보이거나, 존중하지 않는 태도를 보일 때 부드럽게 지적해달라고 요청하라.

이 책에서 제시하는 7가지 원칙은 상호 연결되어 있기 때문에, 당신이 이 책의 다른 원칙들을 숙련하는 과정에서 배우자의 영향력을 수용하는 것 또한 더 쉽게 느껴질 것이다. 마찬가지로 당신이 배우자의 영향력을 수용하는 데 더 익숙해질수록 다른 원칙들을 지켜나가는 것도 더 쉬워질 것이다. 부부가 기꺼이 영향력을 균형 있게 행사하려 하고 배우자의 관점을 존중하는 것은 타협점을 찾는 전제조건이다. 그렇기 때문에 배우자의 영향력을 수용하는 데 더 익숙해지면, 결혼생활의 갈등을 해결하는 데 큰 도움이 될 것이다.

다음 제8장에서 제시하는 바와 같이 사실상 모든 부부가 경험하는 부부싸움에는 두 종류가 있다. 그러나 배우자의 영향력을 수용하는 능력은 당신이 어떤 종류의 갈등에 직면하더라도 문제 해결의 중요한 열쇠가 될 것이다.

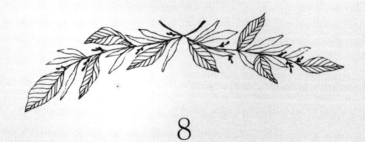

8

두 종류의 부부 싸움

결혼이란 서로 의견과 성격, 가치관이 다른 남녀가 맺어져 가정을 꾸리는 일이다. 그렇기 때문에 아주 행복한 결혼생활을 하고 있는 부부라 할지라도 다양한 문제에 부딪히기 마련이다. 어떤 일은 사소한 말다툼으로 그치지만 어떤 일은 큰 싸움으로 번지기도 한다. 부부는 때로 갈등의 수렁에 빠지기도 하고, 자신이 상처 입지 않기 위한 방어기제로서 배우자와 거리를 두기도 한다.

단순한 신경전에서부터 전면전에 이르기까지 모든 부부 싸움은 크게 두 가지로 분류할 수 있다. 즉, 해결될 수 있는 것과 해결되지 않은 채 어떠한 형태로든 결혼생활의 일부로 지속되는 것이 그것이다. 다양한 부부 싸움의 원인을 밝혀 이 가운데 어느 쪽에 속하는지를 알면 그 해결책을 찾을 수 있다.

지속되는 문제

불행하게도 부부 싸움의 대부분이, 정확하게 말하면 69%가 '지속되는 문제'에 속한다. 상담하러 온 부부들을 4년간 추적 조사한 결과, 이들이 똑같은 문제로 말다툼을 거듭하고 있는 것을 발견할 수 있었다. 그들은 옷차림이나 머리 모양, 몸매가 달라지고 주름살도 늘어났지만 여전히 예전과 똑같은 문제로 말다툼을 하고 있었다. 다음은 행복한 결혼생활을 하고 있는 부부들이 해결하지 못한 채 말다툼을 거듭하는 '지속되는 문제'의 전형이다.

- 메그는 아이를 갖고 싶다. 하지만 도널드는 아빠가 되겠다는 결심이 서지 않는다. 게다가 언제 그런 결심을 하게 될지도 알 수 없다.
- 월터는 다나보다도 훨씬 더 자주 섹스를 하고 싶다.
- 크리스는 가사를 돕기 싫다. 수잔이 잔소리를 하기 전까지는 그의 몫의 집안일을 하지 않는다. 수잔이 이를 탓하면 크리스는 벌컥 화를 낸다.
- 토니는 아이들을 가톨릭 신자로 키우고 싶다. 그러나 제시카는 자신이 유대인이므로 아이들을 유대교 신자로 키우고 싶어 한다.
- 앤지는 론이 아이를 너무 엄하게 기른다고 생각한다. 하지만 론은 자신의 교육법이 옳다며 양보하지 않는다.

이들 부부는 의견 차이가 있음에도 불구하고 만족스러운 결혼생활을 하고 있다. 그 이유는 이처럼 해결될 수 없는 문제를 확대시키지 않으려고 서로 애쓰고 있기 때문이다. 그들은 문제가 불거지려 할 때마다 유머로 부드럽게 대처하곤 했다.

우리가 만난 멜린다와 앤디 부부의 경우, 멜린다는 자신의 부모와 함께 여행을 가고 싶어 하지 않는 앤디 때문에 늘 다투었다. 하지만 내게 이 문제를 이야기하면서도 두 사람은 별로 못마땅해하는 기색을 보이지 않았다. 앤디가 차분하게 자초지종을 말하는 도중에 멜린다가 끼어들어 "좋아 갈게. 멜린다의 말이라면 뭐든 오케이야"라고 앤디의 쉰 목소리를 흉내 내며 말했다.

"우리 두 사람은 서로 상대방의 말을 흉내 내곤 해요"라고 멜린다가 설명했다. 그러자 앤디가 싱긋 웃으며 "우린 늘 의견이 딱딱 맞아요. 내가 착한 아이처럼 말을 잘 들으니까요. 그렇지?"라고 말했다. 멜린다와 앤디는 그들의 문제를 결코 완전하게 해결하려 들지 않았다. 오히려 그것을 안고 살아가며 유머를 갖고 그 문제에 접근하는 방법을 배웠다.

> **"**
>
> 많은 부부문제 상담가들의 조언과는 달리,
> 다툼거리를 모두 해결하려고 할 필요는 없다.
>
> **"**

또 하나의 예를 살펴보자. 빌과 카르멘은 사이좋은 부부이지만 두 사람 사이에는 해결할 수 없는 문제가 존재했다. 카르멘은 마치 훈련소 교관처럼 정리 정돈하기를 몹시 좋아하는 깔끔한 성격이고, 빌은 공부 이외에는 아무 관심이 없는 대학 교수였다. 카르멘은 "빌도 물건을 어디에 두었는지 생각해내려고 애쓰고 있어요"라고 그를 변호했고, 빌도 "카르멘은 물건이 보이지 않아도 내게 잔소리하지 않으려고 신경을 쓰고 있습니다"라고 그녀를 변호했다.

가령 커피가 반쯤 담긴 오래된 머그컵이 수북이 쌓인 헌 잡지 뒤에 놓여 있어도 카르멘은 이에 대해 부드럽게 빌을 놀릴 뿐 심하게 다그치지 않는다. 그러나 카르멘도 신경이 몹시 곤두서는 때가 있었는데, 그럴 때면 빌은 자신의 잘못을 뉘우치며 따뜻하게 그녀의 등을 두드려주었고 그들은 다시 행복해졌다. 즉, 그들은 부드럽게 갈등을 진정시키는 기술을 터득한 것이다. 이 문제로 두 사람은 종종 다투기도 했지만, 이것이 그들의 부부관계를 지배하지는 않았다.

사람들이 나이가 들어감에 따라 불가피하게 무릎 통증이나 요통 같은 지병을 앓는 것처럼, 결혼생활에도 도저히 피해갈 수 없는 문제가 있다는 사실을 이 부부는 본능적으로 알고 있었다. 이런 병을 좋아서 앓는 사람은 없다. 우리는 이것이 악화되는 상황을 피하고 문제를 완화시키는 데 도움이 되는 전략을 계발함으로써 이에 대처할 수 있을 뿐이다. 심리학자 댄 와일은 저서 《신혼 그 후After the Honeymoon》에서 "배우자를 선택한다는 것은 불가피하게 10년, 20년 혹은 50년 동안 두 사람 사이에서 해결할 수 없는 일련의 문제를 선택하는 일이기도 하다"라고 말한다.

결혼생활을 불안정하게 만드는 지속적인 문제를 효과적으로 처리하지 않으면, 결혼생활은 교착 상태에 빠져 결국 파경을 맞는다. 이런 상황에 놓인 부부의 대화는 항상 겉돈다. 마치 바퀴는 계속해서 돌고 있는데 해결되는 것은 아무것도 없는 것과 같다. 어딘가를 향해 나아가지 못하니 그들은 점점 상처받고, 좌절하고, 서로를 불신하게 된다. 그들이 부부 싸움을 할 때 비난·모욕·자기변호·도피, 즉 네 가지 위험 요인은 서서히 고개를 드는 반면 유머와 애정은 점점 줄어든다. 시간이 갈수록 더 완고하게 자신의 입장만을 고수할 뿐 아니라 분노에 휩싸이게 된다.

부부가 교착 상태에 빠지면, 그들은 서서히 문제 영역을 외면함으로써 상황을 무마시키려 시도하곤 한다. 예를 들면, 그 문제에 대해 대화를 회피하는 데 암묵적으로 동의함으로써 문제를 모른 체한다. "서로의 의견이 불일치한다는 데 합의하자"라고 말할지도 모르겠다. 그들은 그것을 카펫 아래에 아무렇게나 던져놓는다. 그러나 시인 로버트 크릴리의 말처럼 그것은 점점 더 "카펫 뭉텅이"가 될 것이다. 그들이 그 카펫 위에서 회피하기로 합의했던 기억을 떠올리면 떠올릴수록 그 카펫 뭉텅이는 점점 커질 것이다.

지속되는 문제로 인한 갈등을 회피하기만 하는 것은 부부를 감정적으로 멀어지게 만든다. 부부간의 신뢰는 부정성의 덫— '바퀴벌레가 출몰하는 싸구려 러브호텔'—에 걸리면 점점 줄어들고 만다. 교착 상태가 악화되어감에 따라 부부는 상대방을 이기적이라고 느끼게 된다. 부부가 함께 산다 해도 그들의 삶은 평행선을 달리고 필연적으로 외로움에 빠진다. 이는 결혼생활의 종말을 알리는 조종弔鐘과도 같다.

교착 상태의 징후

당신이 지속되는 문제로 교착 상태에 빠졌는지, 아니면 그것을 지혜롭게 잘 처리하고 있는지에 대하여 다음 점검표로 판단할 수 있다. 다음은 교착 상태에 빠진 경우의 특징들이다.

- 이 문제에 대해 아무리 이야기해도 진전되는 것이 없다.
- 이 문제에 대해 이야기할 때면 번번이 각자의 주장을 굽히지 않아, 서로를 비난하며 말다툼을 하게 된다.
- 이러한 비난으로 인해 극단적으로 자신의 입장만 고수하게 되어 타협의 여지가 사라진다.
- 이 문제에 관해서는 나의 주장을 굽히거나 물러설 생각이 조금도 없다.
- 이 문제 때문에 나는 배우자에게 거부당하는 것처럼 느껴진다.
- 이 문제에 대해 이야기할 때마다 나는 좌절하고 상처 입는다.
- 이 문제에 대해 이야기할 때, 나는 유머를 잃고 배우자에 대한 눈곱만큼의 애정도 사라진다.
- 이 문제로 인해 우리 부부는 감정적으로 멀어지고 있다.

　가슴 아프게도 위 항목들은 당신에게 익숙한 상황일지도 모른다. 그러나 아무리 막막한 교착 상태라고 해도 여기에서 빠져나올 방법이 있으니 안심하라. 제11장의 '원칙 6'을 읽으면, 교착 상태에 빠지게 된 진정한 원인이라 할 수 있는 잠재된 문제를 탐색하려는 두 사람의 의지가 문제를 해결하는 데 가장 중요하다는 사실을 알게 될 것이다. 이를 실현하는 열쇠는 부부가 서로의 꿈, 즉 각자의 인생에서 오래도록 간직해왔던 중요한 꿈을 공유하는 것이다. 나는 모든 교착 상태의 중심에는 실현되지 못한 꿈이 그 원인으로 자리 잡고 있다는 사실을 발견했다. 다시 말하면, 부부간의 끝없는 말다툼은 서로가 지닌 꿈의 요원한 차이를 상징하는 것이다. (제11장을 참고하라.)

해결 가능한 문제

해결 가능한 문제는 해결될 수 없는 문제에 비해 비교적 간단한 것처럼 생각된다. 그러나 해결 가능한 문제 또한 크나큰 고통을 수반할 수 있다. 왜냐하면 해결 가능한 문제라고 해서 반드시 해결이 된다는 보장은 없기 때문이다. 만약 부부가 이러한 문제를 해결할 만한 효과적인 기술을 알지 못한다면 심한 갈등을 겪을 수 있다.

내가 제시하는 다섯 번째 원칙은 '해결될 수 있는 문제에는 정면으로 맞서라'는 것이다. 이 원칙은 감성지능을 가진 부부가 서로의 의견 차를 극복할 때 어떤 방법을 쓰는지에 대한 연구를 기반으로 갈등 해결 방법을 제시한 것이다. 제9장에서 나는 다음의 다섯 가지 방식을 제시하고자 한다.

① 과격하지 않은 부드러운 말로 대화를 시작한다.
② 적절하게 '회복 시도'를 사용한다.
③ 부부 싸움이 격렬해졌을 때, 자신의 내면 상태를 냉철하게 판단하여 분노하지 않도록 노력한다.
④ 타협하는 것을 배운다.
⑤ 배우자의 결점에 관대해지려고 노력한다.

이 방법들을 명심하고 갈등 해결에 적용하면, '해결 가능한 문제'가 더 이상 당신의 행복한 결혼생활을 방해하는 요소가 되지 않을 것이다.

서로의 다른 점을 이야기한다

부부가 교착 상태에 빠졌을 때 이것이 어떤 종류의 문제인지, 즉 해결 가능한 문제인지 해결 불가능한 문제인지 확실치 않은 경우가 많다. 해결이 가능한 문제와 해결이 불가능한 문제를 분별해내는 한 가지 방법은 전자가 후자에 비해 고통과 압박감이 덜하다는 것이다. 왜냐하면 해결 가능한 문제를 두고 말다툼을 벌일 때는 어떤 특정한 딜레마나 상황에만 초점을 맞추면 되기 때문이다. 즉, 해결 가능한 문제의 경우, 부부 싸움을 야기한 특정한 잠재적 갈등 요인이 없다는 것이다.

예를 들어 보자. 엘리노어는 미구엘이 운전할 때 과속을 심하게 한다고 몇 년째 말다툼을 해왔다. 미구엘은 늘 엘리노어에게 자신은 이제까지 한 번도 사고를 낸 적이 없으며, 난폭 운전을 하는 게 아니라 그저 당당하게 운전을 하는 것뿐이라고 주장하곤 했다. 엘리노어는 과속 때문에 자신이 얼마나 두려움을 느끼는지 미구엘이 전혀 신경 쓰지 않는다며 이기적이라고 소리쳤다. 미구엘은 진짜 문제는 그녀가 자신을 신뢰하지 않는 데 있다고 되받아쳤다. 언제나 둘 다 좌절하고 상처받으면서도, 자신의 입장만을 고수하는 것으로 말다툼이 끝나곤 했다. 이들의 말다툼은 상대방에 대한 비난으로 가득했다.

엘리노어와 미구엘 사이에서 과속과 관련된 문제는 이미 막다른 골목에 다다라 있어 결코 해결될 수 없었다. 그것은 그들의 부부 싸움이 '신뢰, 안전, 이기주의'라는 큰 문제와 관련되어 있기 때문이다. 이러한 일로 결혼생활을 끝내고 싶지 않다면, 서로가 '신뢰, 안전, 이기주의'라는 문제를 어떻게 파악하고 있는지 마음속 깊이 이해해야 한다.

그러나 레이첼과 제이슨의 문제는 해결될 수 있는 경우였다. 그들은 매일 아침 시 외곽에 있는 집에서 피츠버그 시내까지 함께 승용차로 출근하고 있었다. 그녀는 남편이 지나치게 속력을 낸다고 생각하고 있었다. 그러나 제이슨은 그가 과속을 할 수밖에 없는 이유에 대해 레이첼의 출근 준비가 더딘 편이어서 직장에 지각을 하지 않기 위해서는 어쩔 수 없다고 말했다. 이에 대해 레이첼은 자신이 늦는 이유가 먼저 샤워를 하는 제이슨이 너무 오래 하며, 게다가 아침식사 후에 사기가 먹고 난 접시를 식탁에 그냥 놔둔 채 나가기 때문이라고 말했다. 그녀가 접시를 닦고 있을 때면 제이슨은 이미 차에 타서 연신 경적을 울리며 그녀가 빨리 나오기를 재촉했다. 제이슨이 레이첼을 사무실에 내려줄 때 그는 시무룩해져 있었고, 레이첼은 눈물을 글썽거리곤 했다.

이 부부의 문제는 해결이 가능하다. 이 갈등은 출근 때만 발생하며 그 외의 생활에는 영향을 미치지 않기 때문이다. 게다가 이 둘은 엘리노어와 미구엘의 경우처럼 서로를 헐뜯으며 다투는 법도 없다. 또한 "당신은 이기적이야!"라든가 "나에 대한 신뢰가 없어"라는 등의 인격적 비난을 하지도 않는다. 이것은 단순히 운전과 아침 출근 시간을 둘러싼 다툼일 뿐이다. 따라서 두 사람이 차근차근 이야기를 나눠 효율적인 방안을 찾을 수 있다. 예를 들면, 알람시간을 15분가량 일찍 맞춰두든지, 아내가 먼저 샤워를 하든지, 남편이 설거지를 하도록 하면 된다.

하지만 이 문제를 서로 타협해서 해결하지 않을 경우, 그들은 점점 분노가 쌓여 각자의 입장을 더 완고하게 고수할 가능성이 높다. 그래서 마침내 영원히 해결할 수 없는 교착 상태에까지 치닫게 될 수 있는 것이다.

다음은 부부간의 다양한 갈등을 시나리오로 엮어본 것이다. 이것을 읽고 해결이 가능한 문제인지, 아니면 영구히 해결이 불가능하여 교착 상태에 빠질 문제인지를 생각해보고 해당되는 것에 표시하라.

문제

1. 클리프는 매일 밤 저녁식사 후에 집 안에 있는 음식물 쓰레기를 집 밖 쓰레기통에 버리겠다고 린과 약속했다. 그러나 최근에 작업 마감시간에 쫓기는 바람에 종종 쓰레기 버리는 일을 잊어버렸다. 결국 린이 대신 버리는 날도 있었고, 또 버리지 않고 하룻밤을 놔둔 채 넘기는 일도 있었다. 그런 경우 이튿날 아침이면 부엌에 악취가 가득했고, 린은 몹시 화를 냈다.

해결 가능 ___ 불가능 ___

2. 엘리스는 조엘보다는 친구들과 함께 시간을 보내기를 원한다. 조엘은 자신이 버려진 존재처럼 느껴진다고 아내에게 불만을 털어놓았다. 조엘은 늘 아내와 함께 있고 싶어 하지만, 엘리스는 계속 남편과 함께 있으면 숨이 막힌다며 그로부터 떨어져 있을 시간을 원한다.

해결 가능 ___ 불가능 ___

3. 잉그리드는 게리에게 "마음속에 맺힌 불쾌한 일이 있으면 토라져 있지 말고 분명하게 말해달라"고 요구했다. 하지만 게리가 정작 마음에 들지

않는 일을 잉그리드에게 말하면, 그녀는 한 번에 너무 많은 불평을 토로한다고 그를 비난했다. 그래서 게리는 불만을 털어놓을 때면, 잉그리드에게 "화를 내지 말고 미안하다고 말하라"고 요구한다.

해결 가능___ 불가능___

4. 헬레나는 매주 월요일 밤에 친구들을 만난다. 조너선은 그녀와 함께 댄스 교습소에 다니고 싶은데, 댄스 레슨은 공교롭게도 월요일 밤에만 있다. 하지만 헬레나는 친구들과의 만남을 포기할 수 없다.

해결 가능___ 불가능___

5. 페니는 로저가 갓 태어난 아들을 돌보는 일을 자신에게만 떠맡기는 것이 불만스럽다. 그러나 로저는 아기를 돌보는 데 참여하고 싶지만 낮에는 일을 해야 할 뿐만 아니라, 자신은 아기 기저귀를 갈아주거나 목욕을 시키는 일을 아내처럼 능숙하게 할 수 없다고 말한다. 또 로저가 아기를 안아주기라도 하면 아기가 자꾸 울어서, 페니는 안는 방법이 잘못되었다는 등의 지적을 하기 때문에 로저는 화가 나서 아기 보는 일을 모두 페니에게 맡겨버린다고 말한다.

해결 가능___ 불가능___

6. 짐은 테아가 정리 정돈을 잘하면 좋겠다고 생각한다. 짐은 자신이 청소를 하지 않으면 집이 깨끗한 경우가 드물다는 사실이 싫다. 그러나 테아

가 보기에 짐은 자신이 우월하다는 듯 우쭐해하는 것처럼 보인다. 또한 테아는 집 안이 어수선한 것이 마치 그녀의 인격에 결함이 있기 때문이라고 짐이 비난하는 듯한 인상을 받는다. 테아는 자신이 늘 남편의 공격 대상이라고 생각하여 짐이 무슨 말을 꺼내기만 하면 방어적이 된다. 그녀는 가정이란 온 가족이 단란하게 지내는 곳이지 군대 내무반처럼 모든 것이 정리 정돈되어 있는 곳이 아니라고 항변한다. 그의 요구에 불합리한 측면이 있으니 자신을 좀 더 관대하게 대해달라고 호소한다. 그들은 이런 일로 4년 동안 말다툼을 해오고 있다.

해결 가능 ___ 불가능 ___

7. 브라이언과 앨리사가 말다툼을 벌이면 브라이언은 번번이 큰 소리를 지른다. 앨리사는 그가 고함을 칠 때마다 극도로 스트레스를 받으니 제발 그러지 말아달라고 부탁했다. 그러나 브라이언은 화가 났을 때 고함을 치는 것이 뭐가 나쁘냐며 막무가내다. 결국 앨리사는 그의 고함 소리를 견디다 못해 울음을 터뜨리고 만다. 그들은 부부 싸움의 원인이 무엇이었든지 간에 결국 브라이언이 고함을 치는 것에 대해 다투게 된다.

해결 가능 ___ 불가능 ___

8. 이사벨이 직장을 그만두고 집에서 아기를 돌보기로 결정한 이후로 앤서니는 줄곧 자신이 소외당하고 있다고 생각한다. 앤서니는 이사벨이 더 이상 자신에게 신경 쓰지 않는다고 생각하는 것이다. 이사벨은 자신은 받지

못한 엄마의 애정을 자신의 아기에게는 느끼게 해주고 싶다고 앤서니에게 말한다. 이사벨의 부모는 그녀가 두 살 때 이혼했다. 그 후 그녀는 수년간 친척집을 전전하면서 자랐다. 하지만 앤서니는 자신에게 향했던 이사벨의 애정이 모조리 아기에게로만 향하고, 자기는 뒷전으로 밀려난 것을 견딜 수가 없다.

해결 가능 ___ 불가능 ___

9. 오스카는 숙모에게서 20,000달러를 유산으로 받았다. 그는 이 돈으로 헬스 기구를 사고 싶다. 하지만 메리는 그 돈을 주택 구입 자금으로 저축해야 한다고 주장한다. 오스카는 20,000달러 정도로는 어차피 부족하니 지금 당장 둘이서 즐겁게 지내는 데 쓰자고 고집을 부린다. 메리는 '티끌 모아 태산'이라면서 자신의 주장을 굽히지 않는다.

해결 가능 ___ 불가능 ___

10. 사라는 라이언이 웨이터나 택시 기사에게 팁을 주는 데 너무 인색하다고 생각한다. 그녀는 섹시한 남자라면 좀 더 통이 커야 한다고 생각하기에, 팁을 적게 주려는 라이언이 실망스러웠고 그때마다 그를 비난했다. 한편 라이언은 사라의 씀씀이가 너무 헤프다고 생각한다. 그는 돈이야말로 부부의 생활에 안정감을 주는 것이라 믿고 낭비하지 않으려고 애쓴다.

해결 가능 ___ 불가능 ___

해답

1. 〈해결 가능〉 클리프가 쓰레기를 버리지 않은 것은 최근의 일이다. 그것은 최근 업무 부담이 많아졌기 때문일 뿐 두 사람의 근본적인 관계와는 크게 상관이 없다. 이 문제를 해결할 수 있는 방법은 많다. 예를 들어, 냉장고 문에 크게 '쓰레기를 내다버릴 것!'이라고 써 붙여도 좋고 클리프가 바쁜 업무를 마칠 때까지 린이 대신 쓰레기를 버리기로 합의할 수도 있다.

2. 〈해결 불가능〉 이 문제의 핵심은 엘리스와 조엘의 성격 차이다. 두 사람은 좀 더 친밀한 관계를 맺어야 한다. 하지만 성격은 바꾸기가 어려운 만큼 두 사람 사이의 크나큰 노력과 조율이 필요할 것이다.

3. 〈해결 불가능〉 잉그리드와 게리는 의사소통 그 이상의 문제로 흔들리고 있다. 즉, 그들이 어려움을 겪고 있는 것은 단순히 의사소통이 아니라, 의사소통을 어떻게 할 것인지의 문제다. 이 문제는 특별한 사안에만 관련이 있는 것이 아니기에, 그들이 의견 불일치를 겪을 때마다 갈등이 발생할 것이다.

4. 〈해결 가능〉 헬레나와 조너선의 문제에는 여러 해결책이 있다. 헬레나는 친구들을 만난 다음 주에는 조너선과 댄스 레슨을 받으러 가는 식으로 문제를 해결할 수 있을 것이다. 혹은 친구들에게 월요일이 아닌 다른 요일에 만나자고 제안하는 것도 괜찮은 방법이다. 조너선이 월요일이 아닌 다

른 날, 가령 주말에 댄스 레슨을 받을 수 있는 교습소를 물색할 수도 있고, 둘 중 한 사람이 자신이 원하는 활동을 과감히 포기하는 방법도 있을 것이다.

5. ⟨해결 가능⟩ 로저는 아침에 조금 더 일찍 일어나서 아기와 지내는 시간을 가지면 좋을 것이다. 그리고 페니는 로저가 자기 나름대로 아기를 돌보는 것에 참견해서는 안 된다. 두 사람이 서로 타협함으로써 해결될 수 있는 문제다.

6. ⟨해결 불가능⟩ 이것은 집 안의 정리 정돈과 청소라는 특정 사항에 대한 문제로 시작되었다. 짐과 테아는 청결에 대한 개념, 정리 정돈과 가사를 처리해나가는 방식 자체가 다르다. 둘은 서로를 이해하지 못했고, 이 차이로 인해 지속적으로 말다툼을 하게 되었다. 그 결과 테아는 짐이 자신을 존중하지 않는다고 생각하게 되었고, 짐은 테아가 자신의 역할을 다하지 않는다고 여기게 되었다. 그래서 그들은 가사 문제를 떠나 서로 대립하게 되었다.

7. ⟨해결 불가능⟩ 브라이언과 앨리사는 감정을 표출하는 방식이 서로 다르다. 남편은 욱하는 성질이 있다. 즉, 좋게 말하면 열정적이고, 나쁘게 말하면 감정을 주체하지 못하는 성격이다. 아내는 대화로써 문제를 냉정하고 차분하게, 합리적으로 풀어나가기를 바란다. 그런데 브라이언이 앨리사

에게 고함을 치며 다그치면, 그녀는 그 순간 아무 말도 못하고 울어버리는 것이 유일한 도피처가 되는 것이다. 감정의 표출은 성격의 일부다. 그러므로 두 사람 다 이것을 바꾸는 것은 쉽지 않을 것이다. 그러나 서로의 성격을 인식하고 노력한다면, 최소한 갈등을 해결할 수 있는 실마리를 찾을 수 있을 것이다.

8. 〈해결 불가능〉 앤서니와 이사벨의 문제는 감정의 차이에서 생겨난 것이다. 아기의 탄생이 이들의 차이를 극대화시켰다. 앤서니는 이사벨이 유년 시절 겪었던 비극을 아들에게 대물림하게 될까봐 염려하는 것이 그녀에게 얼마나 중요한 문제인지를 이해해야만 한다. 또한 앤서니는 이사벨이 스스로 좋은 엄마라는 확신을 가질 수 있도록 도와야 한다. 그러나 앤서니는 이사벨이 자신으로부터 멀어져 아기 중심적이 된 데 대해 크나큰 상실감을 겪고 있다. 만약 이사벨이 앤소니의 상실감을 이해하지 못한다면, 그는 그녀로부터 점점 더 멀어질 것이다.

9. 〈해결 가능〉 오스카와 메리는 저축에 대하여 서로 다른 생각을 갖고 있다. 하지만 이것은 오스카가 받은 유산을 어디에 사용할 것인지를 두고 의견이 갈린 단순한 문제다. 그러므로 절반은 헬스 기구를 사는 데 쓰고, 절반은 저축을 하는 것으로 타협할 수 있을 것이다.

10. 〈해결 불가능〉 라이언과 사라에게 돈은 각기 다른 의미를 지닌다. 이런

차이는 흔히 어린 시절의 경험으로부터 형성된다. 라이언이 팁을 후하게 준다거나, 사라가 쿠폰을 모아두었다가 쇼핑을 한다거나 하는 식으로 바뀌는 일은 기대하기 어려울 것이다. 그러나 이 해결 불가능한 문제에 대해 (특히 사라가 라이언을 인색한 남자라고 비난하는 문제에 대해) 함께 차분히 대화를 해나간다면, 이 문제로 결혼생활이 파경을 맞지는 않을 것이다.

결혼생활의 갈등 측정 테스트

해결 가능한 문제와 해결 불가능한 문제의 차이를 확실히 이해했으니, 이제 당신의 결혼생활의 문제들을 이와 같이 분류해볼 차례. 다음의 테스트를 통해 당신은 이 문제들에 대처하기 위해 어떠한 전략을 세워야 할지를 알게 될 것이다.

다음은 결혼생활에서 일반적으로 갈등을 일으키는 17가지 문제들의 목록이다. 각각의 문항이 당신에게 '해결 가능한 문제'인지, '해결 불가능한 문제'인지, 아니면 당신과 '상관없는 문제'인지를 표시하라. 그리고 '해결 가능한 문제'나 '해결 불가능한 문제'의 경우, 그 하위 항목들 중에서 당신이 현재 어려움을 겪고 있는 항목들에 모두 표시하라.

1. 우리는 감정적으로 멀어지고 있다.

해결 가능 ____ 해결 불가능 ____ 현안이 아님 ____

다음 중 해당되는 항목에 모두 표시하라.

_____ 우리는 함께 많은 시간을 보내지 않는다.

_____ 우리는 서로 정서적인 교감을 많이 하지 않는다.

_____ 우리는 단순한 이야기를 나누는 데에도 어려움을 느낀다.

_____ 배우자가 나를 대수롭지 않은 존재로 여기는 것 같다.

_____ 배우자가 나를 잘 모른다고 생각한다.

2. 결혼생활과 관련이 없는, 예컨대 직장 스트레스와 같은 것이 결혼생활에 침투해 들어온다.

해결 가능 _____ 해결 불가능 _____ 현안이 아님 _____

다음 중 해당되는 항목에 모두 표시하라.

_____ 배우자는 나의 스트레스와 걱정거리에 대해 경청하지 않는다.

_____ 우리는 서로의 스트레스에 대해 이야기를 나누지 않는다.

_____ 우리는 서로에게 스트레스를 주지 않도록 배려하지 않는다.

_____ 우리는 서로의 스트레스를 완화시키는 데 도움을 주고받지 않는다.

_____ 배우자는 자신의 직장 스트레스를 나에게 퍼붓는다.

_____ 배우자는 자신의 직장 스트레스를 자녀들에게 퍼붓는다.

3. 우리의 결혼생활은 애정의 불꽃이 시들어 더 이상 로맨틱하지 않다.

해결 가능 _____ 해결 불가능 _____ 현안이 아님 _____

다음 중 해당되는 항목에 모두 표시하라.

___ 배우자는 "사랑해" 등의 애정표현을 더 이상 하지 않는다.

___ 배우자의 애정 표현 빈도가 줄었다.

___ 우리는 서로 스킨십을 하지 않는다.

___ 우리는 포옹을 하지 않는다.

___ 우리는 더 이상 서로가 로맨틱하다고 생각하지 않는다.

___ 우리의 일상에서 애정 어린 순간, 열정적인 순간이 사라졌다.

4. 우리는 성생활에 문제가 있다.

해결 가능 ___ 해결 불가능 ___ 현안이 아님 ___

다음 중 해당되는 항목에 모두 표시하라.

___ 우리는 성생활의 문제에 대해 이야기하는 데 어려움을 느낀다.

___ 우리는 성적으로 원하는 것이 서로 다르다.

___ 우리는 성욕이 예전에 비해 덜하다.

___ 우리는 섹스 빈도가 낮다.

___ 우리의 성생활에 애정이 줄어든 느낌이 든다.

___ 우리는 성생활에 대한 만족도가 낮다.

5. 우리는 결혼생활의 중대한 변화(예컨대 아기의 탄생, 실직, 질병, 사랑하는 사람의 죽음 등)에 잘 대처하지 못한다.

해결 가능 ___ 해결 불가능 ___ 현안이 아님 ___

다음 중 해당되는 항목에 모두 표시하라.

___ 나는 이 변화 때문에 배우자에게 거리감을 느낀다.

___ 나는 이 변화로 인해 결혼생활이 어떻게 전개될지 염려된다.

___ 우리는 결혼생활의 변화에 대처하는 방법에 대해 서로 다른 의견을 갖고 있다.

___ 우리는 현재 이 변화에 대해 서로 다른 입장을 고수하고 있다.

___ 이 변화 때문에 우리는 서로 짜증을 낸다.

___ 우리는 이 변화로 인해 자주 다툰다.

6. 우리는 자녀에 관한 중요한 문제에 잘 대처하지 못한다. (이 문항은 자녀가 있는 경우에만 해당된다.)

해결 가능 ___ 해결 불가능 ___ 현안이 아님 ___

다음 중 해당되는 항목에 모두 표시하라.

___ 우리는 자녀들에 대해 가지고 있는 목표가 서로 다르다.

___ 우리는 자녀 교육에 대한 가치관이 서로 다르다.

___ 우리는 자녀 교육 방법이 서로 다르다.

___ 우리는 자녀들과 가까워지는 방법이 서로 다르다.

___ 우리는 자녀 문제에 대해 대화를 잘 나누지 않는다.

___ 우리는 자녀 문제에 대한 의견 차 때문에 스트레스를 많이 받는다.

7. 우리는 친척이나 배우자의 가족과 관련된 중요한 문제에 잘 대처하지 못한다.

해결 가능 ___ 해결 불가능 ___ 현안이 아님 ___

다음 중 해당되는 항목에 모두 표시하라.

_____ 나는 내 가족으로부터 인정받지 못하고 있다는 기분이 든다.

_____ 나는 배우자의 가족으로부터 인정받지 못하고 있다는 기분이 든다.

_____ 나는 배우자의 가족과 관련된 문제 때문에 짜증이 많이 난다.

_____ 나는 때때로 배우자가 어느 가족에 속해 있는지 모르겠다는 생각이 든다.

_____ 나는 배우자가 내 반대편에 서 있다고 느낀다.

_____ 우리는 서로의 가족 문제와 관련하여 앞으로 일어날지도 모르는 일 때문에 갈등이 있다.

_____ 나는 배우자의 가족과 관련된 문제가 앞으로 어떻게 전개될지 염려된다.

8. 둘 중 한 사람에게 바람기가 있다. 혹은 최근에 혼외 관계가 있었다.

해결 가능 _____ **해결 불가능** _____ **현안이 아님** _____

다음 중 해당되는 항목에 모두 표시하라.

_____ 이 문제는 내가 받은 상처의 근원이다.

_____ 나는 배우자의 거짓말을 참을 수 없다.

_____ 나는 배우자에게 배신감을 느낀다.

_____ 나는 이 문제로 불안감을 느낀다.

_____ 나는 이 문제로 인한 상처를 어떻게 치유해야 할지 모르겠다.

_____ 우리가 신뢰를 다시 형성하는 것은 어렵다고 생각된다.

9. 우리 부부 사이에 다툼이 자주 발생한다.

해결 가능 ____ 해결 불가능 ____ 현안이 아님 ____

다음 중 해당되는 항목에 모두 표시하라.

____ 우리는 아무것도 아닌 일로 다투게 된다.

____ 우리는 요즘 다툼이 더 잦아졌다.

____ 우리는 서로 상처를 입히며 다툰다.

____ 나는 최근에 배우자로부터 존중받지 못하고 있다는 기분이 든다.

____ 나는 배우자로부터 비난받고 있다는 기분이 든다.

____ 나는 결혼생활에 분노와 짜증이 생기기 시작했다.

10. 우리는 기본적인 목표와 가치관, 생활방식에 차이가 있다.

해결 가능 ____ 해결 불가능 ____ 현안이 아님 ____

다음 중 해당되는 항목에 모두 표시하라.

____ 우리는 인생의 목표에 차이가 있다.

____ 우리는 중요한 신념에 차이가 있다.

____ 우리는 삶에서 추구하는 것이 다른 것 같다.

____ 우리는 즐겨하는 여가활동에 차이가 있다.

____ 우리는 다른 방식으로 성장해온 것 같다.

____ 나는 배우자와 부부라는 사실이 마음에 들지 않는다.

11. 우리의 결혼생활에 매우 극단적인 사건들(예컨대 폭력, 도박, 불륜)이 발생한 적이 있다.

해결 가능 ____ 해결 불가능 ____ 현안이 아님 ____

다음 중 해당되는 항목에 모두 표시하라.

____ 우리에게는 술이나 도박과 관련된 문제가 있다(또는 있었다).

____ 우리 부부 사이에 물리적 폭력이 있었던 적이 있다.

____ 결혼생활이 내가 결코 예상치 못했던 방향으로 변질되고 있는 것 같다.

____ 우리의 '결혼서약'은 변질되어 가고 있다.

____ 배우자가 원하는 것 중에서 어떤 것은 나를 속상하게 하거나 역겹게 한다.

____ 나는 현재 우리의 결혼생활에 어느 정도 실망감을 느끼고 있다.

12. 우리는 팀워크가 좋지 않다.

　　　해결 가능 ____ 해결 불가능 ____ 현안이 아님 ____

　　다음 중 해당되는 항목에 모두 표시하라.

　　____ 배우자는 사려 깊지 않다.

　　____ 배우자는 가사나 육아를 공평하게 분담하지 않는다.

　　____ 배우자는 재정적으로 자신의 몫을 다하지 않는다.

　　____ 우리는 집안일을 서로에게 미룬다.

　　____ 우리는 서로 반대 방향으로 일을 이끌어가는 것 같다.

　　____ 나는 홀로 우리 가정을 꾸려나가고 있다는 기분이 든다.

13. 우리는 힘과 영향력의 균형을 이루는 데 문제가 있다.

　　　해결 가능 ____ 해결 불가능 ____ 현안이 아님 ____

다음 중 해당되는 항목에 모두 표시하라.

_____ 배우자는 우리의 결혼생활에 노력을 기울이지 않는다.

_____ 배우자는 소극적으로 변했다.

_____ 배우자는 점점 더 나에게 군림하려 든다.

_____ 우리가 내린 결정에서 내가 영향력을 행사했다는 생각이 들지 않는다.

_____ 나는 누가 결혼생활의 주도권을 쥐고 있는지에 대해 더 많이 신경 쓰기

시작했다.

_____ 나는 점점 더 까다로워져 간다.

14. 우리는 가정의 재정 문제에 대처하는 데 어려움을 느낀다.

해결 가능 _____ 해결 불가능 _____ 현안이 아님 _____

다음 중 해당되는 항목에 모두 표시하라.

_____ 배우자는 '우리'보다 '자신'의 재정 문제에 더 관심을 갖는다.

_____ 우리 중 한 명은 충분한 수입이 없다.

_____ 우리는 재정 문제로 압박을 받고 있다.

_____ 우리는 소비와 저축에 대하여 서로 견해가 다르다.

_____ 우리는 재정을 관리하는 데 의견이 잘 맞지 않는다.

_____ 우리는 재정 문제에 대한 계획이 충분치 않다.

15. 우리는 요즘 함께 즐거운 시간을 보내지 못했다.

해결 가능 _____ 해결 불가능 _____ 현안이 아님 _____

다음 중 해당되는 항목에 모두 표시하라.

____ 우리는 요즘 일하는 데 모든 시간을 쓴다.

____ 우리는 즐거운 일을 함께할 시간이 많이 부족하다.

____ 우리의 관심사는 너무 달라서 함께하고 싶은 즐거운 일이 없다.

____ 나는 노력은 하지만 함께하는 시간이 별로 즐겁지 않다.

____ 우리는 즐거운 시간을 보내기 위한 계획을 세우지만, 실행이 잘 되지 않는다.

____ 우리는 함께 즐거운 시간을 보내야 한다는 데 대해 스트레스가 크다.

16. 요즘 우리는 종교적인 주제에 대해서 이견을 좁히지 못한다.

해결 가능 ____ 해결 불가능 ____ 현안이 아님 ____

다음 중 해당되는 항목을 모두 표시하라.

____ 우리는 종교적 이상과 가치관이 다르다.

____ 우리는 같은 믿음을 공유하지 않는다.

____ 우리가 다니는 예배 장소는 다르다.

____ 우리는 영적인 주제에 대해 대화가 잘 통하지 않는다.

____ 우리의 영적 문제에 관한 다툼에는 가족이나 자녀가 관련되어 있다.

17. 우리는 함께 공동체의 일원이 되는 데 대해 갈등을 겪고 있다.

해결 가능 ____ 해결 불가능 ____ 현안이 아님 ____

다음 중 해당되는 항목에 모두 표시하라.

____ 우리는 특정 친구들과 어울리거나 어떤 그룹에 소속되는 것에 대해 서로 다른 견해를 갖고 있다.

____ 우리는 우리가 속한 공동체에 신경 쓰는 정도가 매우 다르다.

____ 우리는 정치, 정당, 학교, 병원, 교회 등에 시간을 할애하는 데 대해 서로 의견이 다르다.

____ 우리는 프로젝트를 진행하거나 자선활동을 하는 데 대해 서로 의견이 다르다.

____ 우리는 타인을 위해 좋은 일을 하는 데 대해 서로 의견이 다르다.

____ 우리는 공동체에 대한 봉사의 일환으로 리더 역할을 맡는 것에 대해 서로 의견이 다르다.

채점 및 진단: 결혼생활에 문제를 일으키는 17개 영역에서, 각 영역별로 당신에게 해당된다고 표시한 항목의 개수를 세어보라. 만약 각 영역에서 2개 이상의 항목이 표시되었다면, 그 영역은 중대한 갈등이 존재하는 영역이라 할 수 있다. 해결 가능한 문제의 경우, 당신은 다음 장인 제9장에서 이에 대한 조언을 찾아볼 수 있을 것이다. 그러나 만약 해결 불가능한 문제라면 제11장의 조언을 참고하라. 의심할 여지없이 대부분의 결혼생활이 그렇듯 당신의 결혼생활도 두 가지 종류의 문제 즉, 해결이 가능한 문제와 해결이 불가능한 문제 모두에 맞닿아 있음을 알게 될 것이다.

해결의 열쇠

다음 제9장에는 결혼생활의 이런저런 문제들 가운데 해결 가능한 문제와 해결 불가능한 문제에 대응하는 특별한 테크닉이 기술되어 있다. 다음 장을 살펴보기 전에 먼저 이러한 문제들에 대해 전반적인 조언을 한다면, 다음의 네 가지로 요약할 수 있다.

부정적 감정도 중요하다

비록 배우자의 부정적 감정을 듣는 것은 스트레스가 쌓이는 일이지만, 성공적인 부부관계는 '그대가 고통 속에 있을 때 세상은 멈추고 나는 듣는다'라는 모토를 통해 이루어질 수 있음을 기억하라. 이는 배우자의 분노, 슬픔, 실망, 두려움이 다른 대상이 아닌 당신을 향해 있을 때조차 반드시 기억해야 할 사실이다. 부정적인 감정에는 서로 더 '잘' 사랑하기 위해서는 어떻게 해야 하는지에 대한 중요한 정보가 담겨 있다. 그러므로 배우자가 화났을 때 어떤 이야기를 하는지 귀 기울여 들을 필요가 있다.

이 책의 목표 중 하나는 부부가 부정적 감정을 자연스레 표출하고 감정 상하는 일 없이 서로의 말에 경청할 수 있도록 인도하는 것이다. 그 결과 서로의 메시지가 상처를 주고받는 방식이 아닌 서로를 치유하는 방식으로 전달되도록 하는 데 있다. 이러한 방식의 대화는 사실 부부 모두에게 매우 어려운 일이 될 것이다. 당신과 배우자 모두 이러한 사실을 인식하고 서로에게 부드럽게 대해야 한다는 것을 늘 유념한다면, 부부관계에 큰 도움이 될 것이다.

그 누구도 옳지 않다

두 주관적인 자아가 충돌하는 결혼생활의 갈등에서 절대적으로 옳은 관점은 없다. 그저 이 갈등이 해결 가능한 것인지 혹은 해결 불가능한 것인지의 문제만 있을 뿐이다. 나의 동료 연구자인 댄 시겔은 이렇게 말했다. "오류가 전혀 없는 인식이란 존재하지 않는다." 이 기본적인 진실을 기억한다면 부부 사이의 의견 차이를 극복하는 데 도움이 될 것이다.

수용은 중요하다

상대방이 자신을 있는 그대로 이해하고 존중하며 수용한다는 믿음이 없으면 상대방의 조언에 주의를 기울이는 것은 사실상 불가능하다. 비난받고 있다거나, 미움받고 있다거나, 이해받지 못하고 있다고 느낄 때 갈등 해결은 불가능하고 답답한 느낌만 들 것이다. 부부관계의 문제를 효율적으로 풀어나가는 기본은 그것이 해결 가능한 것이든 해결 불가능한 것이든, 기본적으로 배우자의 인격을 존중하는 방식으로 대화를 해나가는 것이다. 가장 중요한 것은 배우자에게 운전하는 방식, 식사하는 방식, 섹스하는 방식 등에 대해 이래라저래라 간섭하기 전에, 당신이 배우자를 충분히 이해하고 존중하고 있다는 것을 평상시 말이나 행동으로 보여주는 일이다. "당신은 운전이 너무 서툴단 말이에요. 우리 둘 다 사고로 죽기 전에 속력을 좀 줄여요"라고 말하는 것과 "속력을 내면 기분이 좋다는 건 알고 있어요. 하지만 제한 속도 이상으로 달리면 난 신경이 곤두서요. 속도를 조금만 줄여주면 안 될까요?"라고 말하는 것에는 큰 차이가 있다. 물론 후자처럼 말하는 데까지는 시간이 꽤 걸릴 것이다. 그러나 이러한 변화는 대단히 중요하다. 왜냐하면 이것은 문제 해결에 효과적인 유일한 방법이기 때문이다.

이와 관련하여 부부들은 아동 발달에 대한 연구로부터 배울 점이 많다. 아이들은 우리가 그들의 감정에 이해와 존중을 표할 때 바르게 성장한다. 예를 들어, "저 강아지가 너를 무섭게 했구나", "너는 지금 슬퍼서 우는구나", "많이 화난 것 같네. 왜 화났는지 이야기해볼래"와 같은 표현들은 "이 조그만 개를 무서워하다니, 바보같이", "다 큰 애는 울지 않는 거야. 진정될 때까지 방에 가 있어"와 같이 아이를 위축시키거나 꾸짖는 표현들보다 훨씬 더 효과적이다. 당신이 아이들에게 부정적인 감정을 포함한 모든 감정이 자연스러운 것이라는 사실을 알려줌으로써, 당신은 아이들에게 슬플 때나 두려울 때나 받아들여지리라는 메시지를 전할 수 있다. 이것은 아이들이 스스로를 긍정적으로 바라볼 수 있게 도와줄 뿐 아니라, 이를 통해 아이는 성장하거나 긍정적으로 변화할 수 있다. 성인도 마찬가지다. 부부관계를 개선하기 위해 우리는 배우자를 있는 그대로 수용한다는 의사를 표현할 필요가 있다.

애정과 존중에 집중하라

만약 부부가 서로의 관점을 수용하기 힘들다면 제5장의 연습문제('배려와 존중의 7주 과정')를 반복하는 것이 효과가 있을 것이다. 우리는 깊은 애정과 존중이 행복한 부부 생활을 유지하는 데 핵심적인 역할을 한다는 사실을 확인했다. 나는 동료인 밥 레벤슨, 로라 카스텐슨과 함께 샌프란시스코 연안의 나이든 부부들을 연구했는데, 그 부부들은 배려와 존중의 '전문가'였다. 그들은 오랜 세월 동안 결혼생활을 해왔는데, 이들 중에는 40여 년 이상 결혼생활을 한 부부도 있었다. 이 부부들은 오랜 결혼생활을 통해 결점과 기벽奇癖조차도 배우자의 일부, 그것도 매우 유쾌한 일부로 바라보는 방법을 터득하고 있었다.

예를 들면, 한 아내는 남편이 항상 늦어서 미친 듯이 서두르는 습관을 버리지 못하는 것에 그저 싱긋 웃곤 했다. 그녀는 자신만의 방법을 찾은 것이다. 그들 부부가 공항에 가야 했을 때 그녀는 남편에게 비행기가 원래 이륙시간보다 30분 일찍 출발한다고 말했고, 그는 그녀의 장난에 웃음을 터뜨렸다. 한편 남편 또한 아내의 흥청망청한 쇼핑벽을 '두려움'보다는 '즐거움'을 갖고 참아주었다. 비록 그녀의 쇼핑 스타일이 대개 구입한 물건의 반을 다시 환불하는 혼란스러운 방식이었지만 말이다.

이러한 부부들은 배우자의 결점을 어느 정도 온화하게 받아들이는 방법을 터득한 것이다. 그래서 그들은 분노, 짜증, 실망, 상처 등의 감정에 사로잡혀 다툼을 벌일 때도 서로에 대한 기본적인 애정과 존중을 잊지 않는다. 어떤 주제로 대화를 하더라도, 그들은 배우자에게 '당신은 사랑받고 존중받고 있다'는 메시지를 전한다.

불행한 결혼생활을 하는 대부분의 부부들이 이를 실행하지 못하는 이유는 때때로 과거의 잘못을 용서하지 못하는 데 그 원인이 있다. 원망을 버리는 것은 언제나 어려운 일이기 때문이다. 행복한 결혼생활을 위해서, 부부는 서로에게 용서를 구하고 과거의 분노를 내려놓을 필요가 있다. 이것은 쉽지 않은 일이지만 행할 가치가 있는 일이다. 당신이 배우자를 용서한다면, 이는 부부 모두에게 이로운 일이 될 것이다. 그러나 격렬한 분노의 감정은 무거운 짐이 된다. 셰익스피어는 《베니스의 상인The Merchant of Venice》에서 이렇게 말했다. "자비의 축복은 이중으로 내린다. 자비는 주는 자와 받는 자를 똑같이 축복해주기 때문이다."

9

원칙 5

해결 가능한 문제는
두 사람이 해결하라

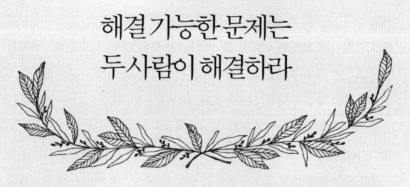

부부가 서로 존중하면서 생각이나 의견을 솔직하게 배우자에게 말할 수 있다면 설령 문제가 생기더라도 해결할 수 있는 길이 열린다. 하지만 배우자를 억지로 설득하려 들거나 동의할 수 없는 것을 강요하려 한다면 부부관계는 깨지고 만다. 부부간의 온화한 대화는 고함을 치거나 침묵을 지키는 것보다 훨씬 효과적이다. 온화한 대화를 할 수 있는 부부의 경우, 문제를 해결하려는 의지만 있다면 그 대부분을 해결할 수 있다. 그리고 그 문제 해결의 열쇠는 갈등을 해소하는 방법을 터득하는 데 있다. (이 방법으로도 교착 상태의 문제를 해결할 수는 있지만, 충분하지는 않다. 지속되는 문제를 해결하려면 제11장의 '원칙 6: 교착 상태를 함께 극복하라'를 반드시 읽어보라.)

많은 부부문제 상담가가 추천하는 방법은 상대방의 이야기를 상대방의 입장에서 듣고, 서로 의견이 다른 부분은 상대의 감정에 이입해서 '액티브 리스닝'을 해보는 것이다. 그렇게만 할 수 있다면 이것은 가장 좋은 방법임에 틀림없다. 하지만 내가 지금까지 이야기해왔듯이, 이 방법은 행복한 결혼생활을 하고 있는 부부들에게조차 쉬운 일이 아니다. 우리가 연구한 부부 가운데 남들이 부러워할 만큼 사이가 좋은 부부라도 일단 말다툼을 하게 되면 상담가가 추천하는 방법을 따르지 않았다. 그런데도 그들은 다툼을 나름대로 잘 해결해 나가고 있었다.

그들이 다툼을 해결하는 방법을 연구한 결과, 나는 부부관계에서의 새로운 갈등 해결 모델을 고안해냈다. 갈등을 원만하게 해결하기 위한 다섯 가지 방법은 다음과 같다.

① 과격하지 않은 부드러운 말로 대화를 시작한다.
② 적절하게 '회복 시도'를 사용한다.
③ 부부 싸움이 격렬해졌을 때, 자신의 내면 상태를 냉철하게 판단하여 분노하지 않도록 노력한다.
④ 타협하는 것을 배운다.
⑤ 배우자의 결점에 관대해지려고 노력한다.

이런 다섯 가지 갈등 해결 방법을 실천하는 데는 특별한 훈련이 필요하지 않다. 우리는 매일 다른 사람에게 이러한 행동을 하고 있다. 그러나 정작 가장 소중한 관계인 배우자에게는 이 방법을 적용하지 않는 경우가 많다. '원칙5' 의 핵심은 이를 '배우자'에게도 사용하라는 것이다. 즉, 당신이 손님에게 보이는 존중의 태도를 당신의 배우자에게도 동일하게 적용하라는 말이다.

만일 손님이 우산을 깜박 잊고 가려고 한다면, 당신은 "여기, 우산 챙기는 걸 잊어버리셨네요"라고 말할 것이다. 설마 "당신 머리가 어떻게 된 거 아니야? 당신은 늘 물건 챙기는 걸 잊어버리고 다니잖아! 좀 더 신경을 써야지. 내가 당신 우산을 지켜주는 종은 아니잖아"라고 말하진 않을 것이다. 또한 우리는 손님이 실수를 하더라도 손님의 기분이 상하지 않게 배려한다. 손님이 와인을 엎지르더라도 "괜찮습니다. 염려 마세요. 한 잔 더 드릴까요?"라고 말하지, "이런, 내가 아끼는 테이블보를 더럽혔네. 당신은 늘 그렇게 조심성이 없다니까! 이제 두 번 다시 당신 같은 사람은 집에 초대하지 않겠어요"라고 말하지는 않을 것이다.

크리스마스 날 아이들을 데리고 저녁식사를 함께하러 병원을 찾아온 아내에게 불같이 화를 냈던 의사 로리를 기억해보라. 다른 동료 의사로부터 전화가 걸려왔을 때, 그는 한순간에 부드러워졌다. 로리와 같은 사례는 부부들에게 종종 일어난다. 부부가 험악한 분위기에서 다투다가도, 어느 한 사람에게 전화가 걸려오면 금세 웃는 낯으로 바뀌어 "그래, 좋아. 점심을 함께하자고? 이번 주 화요일? 좋아. 아, 취직하려던 게 잘 안 됐다고? 속상하겠다"라고 말한다. 화를 내며 딱딱하게 굴던 사람이 배우자를 대하던 것과는 아주 딴판이 되어서 유연하고, 합리적이며, 이해심과 동정심을 두루 갖춘 '생물'로 변신한다. 딱 수화기를 내려놓기 전까지만……

우리는 왜 배우자에게만 날카로운 사람, 고집불통인 사람이 되는가? 친구보다 배우자에게 더 잘 대해주라고 요구하는 것은 아니다. 그저 친구에게 하는 것만큼 배우자에게도 잘 대해주라는 것이다. 당신의 배우자는 당신과 평생을 함께하기로 약속한 사람이 아닌가.

첫 번째 단계: 부드러운 말로 시작한다

사이가 좋은 부부와 사이가 나쁜 부부 모두에게서 발견되는 공통된 현상은 남편보다는 아내 쪽에서 민감한 문제를 제기하는 경향이 있으며, 그 해결을 위해 남편을 다그친다는 점이다. 남편들은 대개 민감한 사안으로부터 거리를 두고자 한다. 다시 말하지만 이런 차이는 성gender의 차이에서 오는 생리적인 이유 때문이다. 남자는 여자에 비해 더 쉽게 흥분하는 경향이 있는데, 남자의 몸이 여자의 몸보다 감정적 스트레스에 더 쉽게 반응하기 때문이다. 그래서 남자들은 민감한 사안에 부딪치는 것을 회피하고자 하는 경향이 있다.

그런데 아내들이 민감한 문제를 꺼내는 방식이 모두 동일한 것은 아니다. 대라의 경우를 기억해보라. 대화를 시작하자마자 그녀는 남편 올리버가 집안일을 도와주지 않는다며 다그치고, 채 1분도 지나지 않아 빈정거리는 말투로 "당신은 무능한 남자예요"라며 상처를 주고는, 남편이 해결책으로 제시한 제안마저 거부해버렸다. "그런 게 잘 될 것 같아요? 웃기지 말아요"라든가 "당신은 집에 돌아오자마자 벌렁 드러눕거나 화장실에 숨어버리거나 하죠"라는 말을 하면서 말이다.

마이클과 행복한 결혼생활을 하고 있는 저스틴이 말하는 방식과, 대라가 말하는 방식을 비교해보자. 마이클과 저스틴 역시 똑같은 문제를 안고 있었다. 마이클도 집안일을 돕지 않았다. 저스틴을 가장 짜증나게 하는 것은 언제나 혼자서 빨래를 개야 하는 것이었다. 저스틴은 빨래 개는 것을 싫어했다(내 아내도 그렇다). 저스틴이 애정문제연구소에서 마이클과 나눈 대화는 다음과 같다.

저스틴: (숨을 크게 들이쉬며) 음, 집안일 말인데요…….

마이클: 아아 그거. 설거지와 테이블 닦는 것은 내가 식사 후에 항상 깨끗이 하고
있어요. 그런데요?

저스틴: 그래요. 잘 해놓았던데요. (회복 시도)

마이클: 그럼요. (그는 안심했다. 저스틴의 회복 시도가 효과를 본 셈이다.)

저스틴: 부엌은 깨끗하지만, 빨래는 개지 않은 채로 산더미처럼 쌓여 있는데…….
(부드러운 말 꺼내기)

마이클: 아차, 그랬군. 내가 깜빡했어요. 미안해요. 잊고 있었어요. (자기변명은 아
니다.)

저스틴: (웃음) 그게 바로 당신의 귀여운 면이에요. 그런데 당신 갈아입을 속옷이
없잖아요?

마이클: 그래요, 없어요.

저스틴: 조금 있다가 내가 준비할게요.

마이클: 개야 할 빨래가 있다는 걸 깜빡깜빡 잊어버리네. 지금 할게요. (싱긋 웃음)

저스틴: 그럼 수건과 바지, 시트를 부탁해요.

마이클: 그럼 빨래 가져올게요. (그녀의 부탁을 받아들인다.)

저스틴: 부탁해요.

이 대화에서 가장 중요한 것은 네 가지 위험 요인(비난·모욕·자기변명·도피)
이 전혀 나타나지 않고 있다는 사실이다. 이는 말을 꺼내는 저스틴의 방식이
부드러웠기 때문이다. 그 반대의 경우, 네 가지 위험 요인이 활개를 치게 되어

부부 사이의 감정적인 골이 깊어진다. 그래서 이혼이라는 비탈길로 굴러 떨어진다. 이러한 네 가지 위험 요인이 대화 중에 자주 나타나는 부부는 우정도 친밀감도 다 잃게 되어 40% 정도가 이혼을 하고 만다.

앞의 사례에서 마이클이 솔직하게 빨래 개는 것을 깜빡 잊었다고 인정한 것은 매우 중요하다. 그랬기에 저스틴이 비난과 모욕을 퍼부을 생각이 아예 들지 않았던 것이다. 그는 긍정적인 분위기를 만들어 "그게 바로 당신의 귀여운 면이에요"라는 말이 나오게끔 했다. 또한 저스틴이 마이클을 상냥하게 대했기에 대화가 이와 같이 끝날 수 있었다. 그들은 이렇게 다툼을 미연에 방지할 길을 찾아내고 있다. 바로 이러한 점 때문에, 이 부부는 대화를 통해 결혼생활에 대한 긍정적 감정을 가질 수 있게 된다. 이러한 좋은 감정의 교류는 '애정 예금'을 증가시켜, 다음번에 일어날지도 모를 갈등을 예방하는 데 도움이 될 수 있는 긍정적 태도를 고무시킨다.

또 다른 행복한 부부의 예를 들어보자.

아내 안드레아는 남편 데이브가 교회에 좀 더 열심히 다니기를 원한다. 그러나 남편의 머릿속에 성경을 억지로 주입하려고 하지는 않는다. 대신 그녀는 이렇게 말했다. "당신이 매주 교회에 나가는 것을 원하는 건 아니에요. 그저 가끔 가서 함께 위안을 얻는다면 좋겠어요. 나는 당신이 나 때문에 교회에 억지로 가는 것은 원치 않아요." 이런 안드레아가 데이브에게 "교회에 특별한 행사가 있을 때에는 가끔 와줄래요?"라고 말하는 경우라면 둘은 타협점을 찾을 수 있다. 이때 데이브는 "알겠어요. 교회에 중요한 행사가 있을 때는 참석하도록 할게요"라고 말할 것이다.

내 제자인 자니 드라이버와 앰버 타바레스는 7년 동안 부부관계의 회복에 대해 연구한 끝에, 부부가 문제에 대해 책임을 공유하는 것이 부드럽게 대화를 시작하는 데 매우 중요한 요소라는 사실을 발견했다. 만약 남편이 아이들을 학교에서 데려오는 것을 잊어버려 화가 난 경우라도, 아내가 "내가 오늘 아침 당신에게 스케줄을 상기시켜주지 못했네요"라고 대화를 시작하는 것은 큰 효과가 있을 것이다. 만약 이것이 익숙하지 않다면, "이건 당신 잘못만이 아니에요. 나 또한 책임이 있어요"라고 단순하게 말해도 좋을 것이다. 책임을 공유하는 것은 말하는 대상이 누구든 부드럽게 대화를 시작하는 데 큰 도움이 된다. 그리고 나는 여기에서 특히 아내의 역할이 중요하다는 사실을 확인했다. 아내로부터 책임을 공유하는 말을 들은 대부분의 남편은 마치 하늘에서 만나 manna, 이스라엘 민족이 모세의 인도로 이집트를 빠져나와 가나안으로 갈 때 광야 생활을 하는 동안 여호와로부터 받은 특별한 식량가 떨어지는 것과 같은 기분을 느끼며 스트레스가 씻은 듯 사라질 것이다.

부드럽게 대화하는 가장 좋은 방법은 다음의 네 단계를 거친다. ① "이 문제에 저도 책임이 있어요"라고 대화 시작하기, ② 자신이 느낀 점을 이야기하기, ③ 특정한 상황에 대해 이야기하기, ④ 자신이 필요로 하는 것을 이야기하기 (부정적 요구가 아니라 긍정적 요구). 이것은 배우자를 질책하는 대신, 자기 스스로를 질책하는 방식이다. 부정적 요구를 긍정적인 것으로 바꾸기 위해서는 자신의 부정적 감정과 대면하여, 이 감정 이면의 열망을 찾아라. 만약 당신이 요술 지팡이를 휘둘러 소원을 이룰 수 있다면 결혼생활에 대해 무슨 소원을 빌겠는가? 배우자와의 성공적인 결혼생활을 위한 당신의 레시피는 무엇인가?

효율적인 의사 전달을 위해서 부드럽게 대화를 시작하는 것은 반드시 '외교적'일 필요는 없다. 그러나 절대 비난이나 경멸을 섞어서는 안 된다. 결혼생활을 하다 보면 불만이 있을 수 있다. 그래서 "여보, 나도 내가 때때로 게으르다는 걸 알아요. 그런데 당신이 지난밤 빨래더미를 거들떠도 안 보고 그냥 지나칠 때는 정말 화가 났어요. 나 혼자 저 많은 빨래를 개는 것은 정말 싫다고요" 혹은 "나는 우리가 지금보다 더 자주 함께 교회에 가야 한다고 생각해요. 이건 내게 정말 중요한 문제예요"라는 말이 나올 수도 있다. 그러나 이런 불만 토로가 직설적이기는 해도 비난과 경멸이 섞여 있지 않기에, 이 또한 '부드럽게 대화 시작하기'에 속한다고 할 수 있다.

대화유형 테스트

다음 문항을 읽고 해당되면 '예'에, 해당되지 않으면 '아니오'에 표시하라.

우리 부부가 결혼생활의 문제에 대해 대화할 때:

1. 나는 배우자가 문제를 제기하는 방식이 싫다.　　　　　예 / 아니오

2. 배우자가 불평을 하면, 내가 비난을 받는 것 같은 기분이 든다.　　예 / 아니오

3. 무슨 일이든지 내가 공격받는 것처럼 느껴진다.　　　　예 / 아니오

4. 나에 대한 개인적인 공격은 무조건 피하고 싶다.　　　　예 / 아니오

5. 나는 내게 가해진 비난을 부정하게 된다.　　　　　　예 / 아니오

6. 나는 최근 배우자와 크게 싸운 적이 있다.   예 / 아니오

7. 배우자가 불평을 늘어놓을 때 나는 무시당하는 기분이 든다.   예 / 아니오

8. 배우자가 불평을 하면 나는 그 자리에서 도망치고 싶어진다.   예 / 아니오

9. 결혼생활의 문제에 대해 대화할 때면 나는 평온한 가정이 갑자기 무너져버리
   는 것 처럼 느껴진다.   예 / 아니오

10. 배우자의 부정적인 태도 때문에 불안하다.   예 / 아니오

11. 나는 배우자가 불합리한 말을 자주 한다고 생각한다.   예 / 아니오

12. 배우자는 종종 내게 비판적인 태도를 취한다.   예 / 아니오

13. 배우자는 무슨 일에나 지나치게 부정적이다.   예 / 아니오

14. 배우자는 쉽게 상처를 입는 편이다.   예 / 아니오

15. 배우자는 나의 인격까지 비난한다.   예 / 아니오

16. 배우자는 나를 모욕하는 듯한 말투로 문제를 제기한다.   예 / 아니오

17. 배우자는 마치 상사처럼 명령하는 듯한 말투로 말한다.   예 / 아니오

18. 난데없이 다른 주제로 말다툼이 발생하는 경우가 많다.   예 / 아니오

19. 나도 모르는 사이에 말다툼이 시작된다.   예 / 아니오

20. 말다툼의 원인이 내게 있지 않은 경우가 많다.   예 / 아니오

채점: '예'를 1점으로 계산한다.

5점 미만: 당신 부부는 결속이 강한 결혼생활을 하고 있다. 배우자를 비난하거나 모욕
하지 않고 곤란한 문제를 부드러운 말투로 이야기할 수 있는 관계다. 대화를 시작할
때 서로를 비난하는 방식을 피하고 있기 때문에 갈등을 잘 해결할 가능성이 크다.

5점 이상: 당신 부부는 대화를 시작하는 방식을 개선해야 결혼생활의 위기를 피할 수 있다. 의견 충돌이 있을 때, 말을 꺼내는 방식이 거친 편이다. 그 결과 네 가지 위험 요인이 끼어들 여지가 생겨, 문제는 해결되지 않고 계속 쌓여간다.

만약 거칠게 대화를 시작하는 데 대한 책임이 상대방에게 있다 하더라도, 다툼을 피하는 비결은 두 사람이 함께 '원칙 1, 2, 3, 4'를 연습해나가는 것이다. 지금 연습을 시작하라. 대화를 시작하는 방식이 부드러워질 것이다. 만약 그래도 배우자가 대화를 거칠게 시작한다면, 내가 할 수 있는 최상의 조언은 당신의 배우자가 이해받고, 존중받고, 사랑받고 있다는 사실을 알게 해주라는 것이다. 그리고 당신이 배우자의 말을 수용하고 있다는 사실도 알게 하라. 거칠게 대화를 시작하는 것은 주로 남편이 아내의 사소한 불만이나 짜증에 반응을 보이지 않기 때문에 나오는 아내 쪽에서의 반응인 경우가 많다. "이번에는 당신이 쓰레기를 버릴 차례예요"와 같은 사소한 요청에 응한다면, "당신 도대체 뭐가 문제예요. 귀 먹었어요? 저 빌어먹을 쓰레기 좀 내다버리라고요"의 단계까지 이르는 걸 피할 수 있다.

만약 당신이 부부관계에서 거칠게 대화를 시작하는 쪽이라면, 나는 대화를 부드럽게 시작하는 것이 결혼생활의 운명에 얼마나 중요한지 아무리 강조해도 지나치지 않다는 사실을 말해주고 싶다. 만약 당신이 배우자의 급소를 찌른다면, 다량의 출혈이 발생할 것임을 기억하라. 이런 식의 대화는 의미 있고 생산적인 대화가 아닌 전쟁으로 이어진다. 만약 당신이 배우자에게 화가 나 있는 상태라면, 먼저 심호흡을 하고 어떻게 이야기를 꺼내야 할지 생각할 필요가 있다. 부드럽게 대화를 시작하는 것은 갈등을 해결하는 최상의 전략이라는 것을 계속 되뇌어 상기하라. 만약 너무나 화가 나서 도저히 문제를 부드럽게 이야기할 수 없는 상태라면, 마음이 차분히 진정될 때까지 아예 이야기를 꺼내지 않는 것이 최선이다. 곧이어 나올 '자기 진정법self-soothing'을 연습하기 바란다.

다음은 부드러운 대화를 위한 방법이다.

불만을 말하되 비난하지 마라

예를 들어, 당신이 반대하는데도 배우자가 개를 기르자고 우겨서 당신이 화를 냈다고 하자. 배우자는 개를 돌보는 일은 모두 자신이 맡겠다고 했지만 결국 마당 여기저기에 개똥이 널려 있는 상태가 되었다. 이 일에 대한 불평은 다음과 같이 표현하는 것이 좋다. "여보, 마당 여기저기에 개똥이 널려 있네요. 당신은 개를 혼자서 돌보겠다고 약속했죠? 그래서 내가 화를 내고 있는 거예요. 청소를 해줄 수 있나요?" 이건 약속 위반에 대한 추궁일 뿐 공격은 아니다. 당신은 단순히 특정 상황에 대해 불평을 하고 있는 것이지, 배우자의 인격이나 자질에 대해 불평을 하고 있는 것이 아니다.

그러나 "여보, 마당 여기저기에 개똥이 널려 있잖아. 이건 모두 당신이 무책임하기 때문이야. 당신이 이렇게 무책임하기 때문에 내가 개 키우는 걸 처음부터 반대했던 거라고"라고 말한다면 문제는 커진다. 이는 배우자를 비난하는 것일 뿐 생산적인 결과를 얻지 못한다. 이런 말을 듣고 설령 배우자가 개똥을 치운다 하더라도, 이는 부부간에 갈등을 불러일으키고 배우자의 분노 및 자기변명을 키우게 된다.

'당신은'이 아니라 '나는'이라는 말로 대화를 시작하라

토머스 고든이 1960년 "'나'로 시작하는 말은 '당신'으로 시작하는 말보다 상대방을 비난하고 자기변명으로 내모는 요소가 적다"고 발표한 이래로, 'I statements'는 심리학 분야에서 대인관계 연구의 큰 성과로 인정받아왔다. 그 차이를 살펴보자.

"당신은 내가 하는 말을 듣지 않고 있군요." / "난 당신이 내 이야기를 들어주었으면 해요."

"당신은 돈을 너무 헤프게 써요." / "난 좀 더 저축을 하고 싶어요."

"당신은 나에 대해선 전혀 생각해주지 않는군요." / "난 당신에게 무시당하는 기분이 들어요."

확실히 '나'로 시작하는 말은 '당신'으로 시작하는 말보다 부드럽게 들린다. 물론 '나'로 시작하는 말도, "난 당신이 이기적이라고 생각해요"와 같은 비난의 경우에는 그 부드러움을 잃고 만다. 이처럼 배우자를 비난하기보다는 자신의 기분을 배우자에게 전달하는 데 집중하면 부부간의 대화를 성공적으로 이끌 수 있다.

사실만 말하고, 배우자를 책망하거나 비난하지 마라

배우자를 책망하거나 비난하지 말고 있는 그대로의 사실만을 말한다. "당신은 전혀 아이들을 돌보지 않는군요"보다는 "오늘은 나 혼자서 온종일 애들을 쫓아다닌 것 같아요"라고 말하는 편이 좋다. 이런 표현은 상대방을 공격하는 것이 아니라, 자신의 입장도 생각해달라는 의사를 배우자에게 전달한다.

당신의 요구사항을 분명하게 말하라

배우자가 당신의 마음을 읽어주기를 바라지 마라. 배우자는 독심술을 터득한 사람이 아니다. "당신, 부엌을 왜 그렇게 어질러놨어요?"보다는 "부엌에 흐트러져 있는 당신 물건 좀 치워줬으면 좋겠어요"라고 말하는 편이 좋다. 또 "가끔씩 애들도 좀 봐줘요"보다는 "미안하지만 아기 기저귀 좀 갈고, 분유도 타서 먹여줘요"라고 말을 하는 편이 효과가 크다.

공손하게 말하라

"미안하지만"이라든가 "부탁해요", "고마워요", "이런 일을 부탁해서 번거롭겠지만" 같은 말을 사용하는 편이 효과가 크다.

배우자에게 감사를 표하라

과거에 배우자가 베풀었던 일에 고마움을 전하는 것과 함께 지금 이 순간 그것이 얼마나 필요한지를 표현하며 당신의 요구사항을 전달하라. "당신 요즘 내겐 통 시간을 안 내주는 것 같아요"보다는 "예전엔 매주 일요일 밤이면 둘이서 외출하곤 했는데, 기억나요? 당신과 단둘이 보낸 시간이 정말 행복했어요. 당신이 나와 함께 있고 싶어 한다는 걸 느끼는 것도 정말 좋았어요. 우리 또 단둘이서 외출할까요?"라고 말하는 편이 더 효과적이다.

불만을 쌓아두지 마라

불만이 마음속에 쌓이고 쌓여서 당장이라도 폭발해버릴 것 같을 때, 배우자에게 다정하게 대하기 어렵다. 그러니 불만을 말하는 데 주저하지 마라. 문젯거리를 그때그때 대화로 풀어버리지 않으면 울분이 마음속에 쌓이게 된다. "분을 내어도 죄를 짓지 말며 해가 지도록 분을 품지 말고."(에베소서 4:26)

이런 사항들을 유념하면 부드럽게 이야기를 풀어나갈 수 있다. 다음은 리처드와 아이리스 부부의 대화다. 거친 말로 시작했을 때와 부드러운 말로 시작했을 때의 차이를 비교해보라.

거친 말로 시작한 사례

아이리스: 매주 당신이 어질러놓은 것들 뒤치다꺼리를 하느라고 내 귀중한 시간을 빼앗기네요. 지난주 토요일에도 그랬고요! 당신이란 사람은 문제가 있어요. (비난)

리처드: 또 시작이군. 무슨 일만 생기면 말끝마다 "당신이 문제예요. 당신이 문제라고요"라고 되풀이하는데, 나한텐 아무 문제없다고!

아이리스: 그럼 어째서 내가 당신에게 잔소리를 한다고 생각해요? 좋아요, 어차피

나는 또 뒤치다꺼리를 해야 할 거고, 당신은 친구들에게 문자메시지 보내느라 바빠서 신경도 안 쓸 테니까. (경멸)

리처드: 난 청소가 싫어. 당신도 청소를 싫어하는 거 알고 있고. 그렇지만 앞으로 내가 뭘 해야 할지 생각해봤는데……. (회복 시도)

아이리스: 결국 아무것도 안 할 거면서. (다시 경멸)

리처드: 휴가 내고 여행을 다녀오는 게 어때? 당신은 가사에서 완전히 해방되는 거지. (다시 회복 시도)

아이리스: 무슨 말도 안 되는 소리를 하는 거예요? 가사도우미를 쓰지도 못하는 주제에 여행을 떠난다니.

부드러운 말로 시작한 사례

아이리스: 집 안이 엉망으로 어질러져 있네요. 오늘 밤 손님이 오기로 돼 있는데. (사실 진술) 집 안 정리를 혼자 하려고 보니 정말 어쩌면 좋을지 모르겠어요. 나는 일요일마다 늘 짜증이 나요. ('I statements') 여보, 난 당신이 좀 도와줬으면 좋겠어요. 청소기 좀 돌려줄래요? (분명하게 말하기)

리처드: 그러지 뭐. 청소를 싫어하기는 해도 청소기 돌리는 게 그래도 제일 낫지. 화장실도 청소할게요.

아이리스: 그렇게 해주면 큰 도움이 되겠네요. 고마워요, 여보. (감사)

리처드: 다 끝내고 나면 맛있는 점심이나 먹으러 가요.

아이리스: 좋아요.

여기 또 다른 예가 있다.

(거친 말투)   당신 요즘 스킨십이 뜸하네요.

(부드러운 말투)   지난번 주방에서 당신과 키스했을 때 정말 좋았어요. 당신 키스
                실력은 타고난 것 같아요. 우리 심심한데 키스나 할까요?

(거친 말투)   요즘 나한테 너무 무관심하네요.

(부드러운 말투)   당신과 대화가 없으니 요즘 너무 외로워요.

(거친 말투)   차가 또 찌그러졌네요. 언제쯤 그 부주의한 운전을 그만둘 생각이
                에요?

(부드러운 말투)   차에 또 흠집이 생겼네요. 어쩌다가 이렇게 됐죠? 당신이 차를
                부주의하게 몰아서 정말 걱정이 돼요. 난 당신이 안전운전하기를
                바래요. 우리 얘기 좀 할래요?

연습 1: 부드럽게 대화 시작하기

이제 '부드럽게 대화 시작하기'와 관련된 당신의 능력을 테스트해보자. 다음 상황
의 거친 대화를 부드러운 대화로 바꿔서 써보라. (모범 답안을 뒤에 제시해두었다. 그러
나 답안을 보지 말고 각자의 답을 먼저 써보라.)

1. 오늘 밤 시어머니가 집을 방문하신다. 당신은 얼마 전 시어머니가 자녀 양육

방식에 대해 당신을 혼내신 것이 얼마나 큰 상처였는지를 시어머니께 말씀드릴 계획이다. 남편은 시어머니 앞에서 언제나 소극적인 태도를 취하는데, 당신은 남편이 당신을 지지하고 도와주기를 바란다.

거친 대화: 난 당신 어머니가 집에 오는 것을 참을 수가 없어.

부드러운 대화:

2. 당신은 배우자가 저녁식사 준비를 하거나, 둘이 외식을 하기를 바란다.

거친 대화: 당신은 절대 외식하자고 하지 않네. 내가 저녁식사 준비하는 걸 도와주지도 않고. 난 요리하는 게 지겹다고.

부드러운 대화:

3. 함께 파티에 가면 배우자는 늘 당신보다 다른 사람들과 더 많은 시간을 보낸다.

거친 대화: 오늘 밤 파티에 가면 또 다른 남자/여자에게 꼬리를 치겠지. 부끄럽지도 않아?

부드러운 대화:

4. 당신은 배우자가 잠자리를 피하는 데 화가 난다. 배우자가 당신을 매력적이라

고 생각하지 않는다는 기분이 든다. 당신은 오늘 밤 배우자와 잠자리를 하고 싶다.

거친 대화: 당신은 항상 내게 차갑게 굴어.

부드러운 대화:

5. 당신은 배우자와 함께 즐거운 주말을 보내고 싶다.

거친 대화: 당신은 주말을 어떻게 보낼지에 대해 생각조차 안 해봤지? 당신은 일중독자야.

부드러운 대화:

6. 당신은 부부가 저축을 더 해야 한다고 생각한다.

거친 대화: 당신은 재정 관리에 대한 개념이 전혀 없네.

부드러운 대화:

7. 당신은 배우자가 당신을 위한 깜짝 선물을 사는 데 더 많은 비용을 썼으면 하고 바란다.

거친 대화: 당신이 내게 마지막으로 선물을 해준 게 언제인 줄 알아?

부드러운 대화:

모범 답안

1. 나는 시어머님이 오늘 밤 나를 또 혼내실까봐 염려되는데, 당신조차 내 편이 되어주지 않으면 어떻게 해야 할지 모르겠어요.

2. 나는 요리하는 게 지겨워요. 당신이 오늘 저녁식사 준비를 해주면 안 돼요? 아님 외식을 하든지요.

3. 오늘 밤 파티가 나에게는 어색한 자리에요. 파티에서 내 옆에 좀 있어줘요. 그럼 다른 사람과 대화하는 데 어색함이 덜 할 것 같아요. 당신은 파티를 즐기는 데 능숙하잖아요.

4. 요즘 당신 손길이 정말 그립네요. 내가 당신에게 얼마나 끌리는지 알아요?

5. 이번 주말에는 당신과 즐거운 시간을 함께 보내면 좋겠어요. 주말에 잠시 일을 접어두고 즐겁게 여가를 보내는 게 어떨까요? 보고 싶은 멋진 영화가 있어요.

6. 우리 재정에 대해 염려되네요. 우리 저축 계획에 대해 잠시 얘기해볼래요? 어때요?

7. 나는 요즘 우울한 기분이 들어요. 우리 선물을 주고받으며 서로를 즐겁게 해주면 어떨까요? 그러면 한 주의 우울함으로부터 벗어날 수 있을 것 같은데. 어떻게 생각해요?

당신이 부드럽게 대화를 시작한다고 해서 배우자가 곧바로 당신의 말에 부

드럽게 반응할 것이라 기대하지는 마라. 배우자는 당신이 결국 비난이나 경멸의 말을 할까봐 여전히 염려하면서 당신의 새로운 방식, 즉 부드러운 대화 방식에 긍정적으로 반응하지 않을 수도 있다. 이러한 배우자의 반응에 금세 도전을 포기하고 갈등을 고조시켜서는 안 된다. '부드럽게 대화 시작하기'를 지속적으로 시도하면 결국 당신은 배우자의 반응에서 변화를 발견하게 될 것이다. 특히 이 책에서 제시하는 '일곱 가지 원칙'을 당신이 배우자와 함께 지속적으로 연습해나간다면 말이다.

두 번째 단계: 회복 시도를 주고받는다

자동차 운전 연습에서 가장 처음 배우는 것은 차를 정지시키는 일이다. 브레이크를 밟는 것은 결혼생활에서도 중요한 기술이다. 이야기가 다른 길로 새거나 서로 책임을 떠넘기면서 다람쥐 쳇바퀴 돌듯 똑같은 이야기만 오갈 때, 브레이크 밟는 법을 터득하고 있다면 최악의 사태로 치닫는 것을 방지할 수 있다. 그리고 이 브레이크는 '회복 시도'를 통해 밟을 수 있다.

앞의 사례에서 마이클이 "설거지와 테이블 닦는 것은 내가 식사 후에 항상 깨끗이 하고 있어요. 그런데요?"라고 말하며 방어적인 태도를 취했을 때, 저스틴이 아직 정리를 끝마치지 않은 세탁물 이야기를 당장 꺼내지 않고 "그래요. 잘 해놓았던데요"라고 말하는 것이 회복 시도다. 이는 서로 간의 긴장을 완화시켜, 그 결과 마이클이 선뜻 타협점을 찾을 수 있게 하였다. 안정적인 부부, 감성지능을 가진 부부는 회복 시도를 주고받는 방식에서 탁월했다. 회복 시도에 서로를 적대시하는 분위기가 배어 있어서는 안 된다.

회복 시도 테스트

다음은 부부관계에서 회복 시도를 효과적으로 사용하고 있는지를 평가하는 질문
이다. 다음 문항을 읽고 해당되면 '예'에, 해당되지 않으면 '아니오'에 표시하라.

우리가 다툼이 된 문젯거리를 해결하려고 이야기를 주고받고 있을 때:

1. 나는 나의 잘못을 솔직하게 인정한다.   예 / 아니오

2. 화가 났을 때도 나는 스스로 얼마든지 마음을 가라앉힐 수 있다.   예 / 아니오

3. 차분히 대화를 나누면 의견 차이쯤은 해결할 수 있다고 생각한다. 예 / 아니오

4. 내가 사과하면 배우자는 나의 사과를 선선히 받아들인다.   예 / 아니오

5. 배우자의 제안에 따라 대화 방식을 바꾸면 이야기가 잘 풀린다.   예 / 아니오

6. 내가 크게 화를 낼 때, 배우자는 능숙하게 나의 기분을 누그러뜨려준다.

          예 / 아니오

7. 내가 대화의 내용이나 방식을 바꾸자고 제안하면 배우자는 이를 따라준다.

          예 / 아니오

8. 말다툼을 하다가도 내가 농담을 하면 배우자는 화를 푼다.   예 / 아니오

9. 배우자의 감정이 지나치게 격앙되었을 때, 나의 속상한 감정을 이야기하면

배우자가 화를 푼다. 예 / 아니오

10. 다툰 후에도 내가 잘해주면 배우자는 감사의 표현을 한다. 예 / 아니오

11. 필요하다고 생각되면 우리는 대화에 브레이크를 걸 수 있다. 예 / 아니오

12. 말다툼을 하면서도 우리는 서로 유머를 주고받는다. 예 / 아니오

13. 말다툼이 심해진 경우에도 내 회복 시도는 효과를 발휘한다. 예 / 아니오

14. 서로 다른 의견을 갖고 있어도 배우자의 말을 경청한다. 예 / 아니오

15. 말다툼이 심해진 경우 중단하고 다른 화제로 옮겨갈 수 있다. 예 / 아니오

16. 우리 부부의 문제는 대부분 우리 스스로 해결할 수 있다고 자신한다. 예 / 아니오

17. 의견이 일치하지 않더라도, 서로에게 계속 애정을 느낀다. 예 / 아니오

18. 필요하다면 이야기를 잠시 중단했다가 다시 하는데, 그러면 대화가 잘 풀린다.

예 / 아니오

19. 우리는 우리의 중대한 차이점에 대해서도 서로 이야기를 나눌 수 있다. 예 / 아니오

20. 대화를 하려고 계속 노력하다보면, 내 의도가 결국 배우자에게 전달된다.

예 / 아니오

채점: '예'를 1점으로 계산한다.

13점 이상: 당신 부부의 결속력은 굳건하다. 말다툼이 다소 과열되더라도 브레이크를 걸어, 서로를 효과적으로 진정시킬 수 있는 능력을 갖고 있다.

13점 미만: 당신의 결혼생활은 개선이 필요하다. 부부간의 상호작용을 개선할 수 있는 방법을 터득함으로써 서로의 문제 해결력을 크게 향상시키고, 결혼생활에 대해 보다 긍정적인 관점을 계발할 수 있다.

메시지 주고받기

효과적인 회복 시도의 핵심은 부부관계의 현재 상태임을 기억하라. 행복한 결혼생활을 하고 있는 부부는 쉽게 회복 시도를 주고받을 수 있다. 반면 불행한 결혼생활을 하고 있는 부부는 능숙하게 회복 시도를 하더라도 그것이 배우자에게 무시되기 십상이다. 그러나 이제 이러한 사실을 알게 된 이상, 당신은 문제를 극복할 수 있다. 배우자의 회복 시도를 받아들이려고 하기 전에는 당신의 결혼생활이 개선되리라 기대하지 마라. 회복 시도를 가로막고 있는 문제들에 집중하고 배우자의 회복 시도를 잘 알아차릴 수 있도록 훈련함으로써 당신은 회복 시도를 시작할 수 있다. 지금 바로 시작하라. 그러면 당신은 악순환의 고리로부터 벗어날 수 있을 것이다.

> 66
>
> 부부가 의견이 달라,
> 대화가 자주 부정적인 방향으로 흘러가더라도
> 부부의 미래는 밝을 수 있다.
> 그 비결은 위기관리 능력이다.
>
> 99

부부가 서로의 회복 시도를 알아채지 못하는 이유 중 하나는 서로의 회복 시도가 상대방에게 늘 듣기 좋은 말로 들리는 것은 아니기 때문이다. 예를 들어, 당신이 배우자에게 "당신 또 주제에서 벗어난 얘기를 하고 있잖아!"라고 소리를 지르거나 불평을 할 때, 배우자가 "우리 잠시 진정할 시간을 갖죠"라고 말하는 것은 회복 시도에 해당한다. 그러나 만약 당신이 그 회복 시도를 알아채지 못한다면, 당신은 "우리 화해해요"라는 그 말에 담긴 진짜 의미를 놓치게 되는 것이다.

부부관계가 부정성의 수렁에 빠져 있을 때 서로의 회복 시도를 알아차리는 것은 어려운 일이다. 이러한 상황에서 최선의 전략은 효과가 보장된 회복 시도를 통해 배우자가 당신의 의도를 알아차리게 하는 것이다. 다음에 제시된 목록의 표현들을 참고하라. 이는 말다툼을 진정시키기 위해 배우자에게 건넬 수 있는 특정 표현들의 목록이다. 말다툼이 과열되었을 때 이 표현들을 사용함으로써 당신은 대화가 극단의 상황으로 치닫는 것을 막을 수 있다. 심지어 어떤 부부들은 이 목록을 복사하여 냉장고에 붙여놓고 계속 참고하기도 한다. 이러한 목록화된 표현들을 사용함으로써 회복 시도를 하는 것은 두 가지 차원에서 말다툼을 진정시키는 효과가 있다. 첫째, 다음의 목록을 통해 당신은 말다툼을 그치는 데 유용하게 사용할 수 있는 일련의 표현들을 익힐 수 있다. 둘째, 이 표현들은 당신이 회복 시도에 집중하고 있다는 사실을 말해주는 일종의 메가폰과도 같다.

이 표현들 중 다수는 아마도 당신에게 인위적이고 부자연스럽게 들릴지도 모른다. 왜냐하면 이것은 당신이 화났을 때 배우자와 대화를 해나가는, 지금까지와는 전혀 다른 방식을 제시하기 때문이다. 그러나 이 표현들의 인위적인 특성 때문에 이를 사용하는 데 거부감을 느껴서는 안 된다. 비유적으로 표현하면, 테니스 라켓을 더 효율적으로 사용하는 법을 배웠을 때 처음에는 이것이 '잘못된' 방식 혹은 '부자연스러운' 방식처럼 느껴질 수 있지만, 이는 단지 그 새로운 방식에 익숙하지 않기 때문이다. 회복 시도의 방법 역시 마찬가지다. 시간이 지날수록 이 표현들은 당신에게 더 익숙하게 다가올 것이고, 당신은 이 표현들을 당신의 말하는 방식이나 성향에 맞게 수정하여 사용할 수 있다.

나는 느껴요.

1. 나는 무서워지려고 해요.

2. 조금만 더 부드럽게 말해줘요.

3. 내가 잘못한 게 있다면 말해줘요.

4. 그건 내 마음을 아프게 해요.

5. 그건 내게 모욕처럼 느껴져요.

6. 난 슬퍼요.

7. 비난받는 기분이에요. 다른 방식으로 말해줄래요?

8. 난 당신에게 이해받지 못하고 있다는 기분이 들어요.

9. 당신의 말이 공격적으로 느껴져요. 다르게 표현해줄 수 있어요?

10. 짓눌린 느낌이 들어요.

11. 내게 너무 엄격한 잣대를 들이대는 것 같아요. 다른 방식으로 이야기해 줄 수 있어요?

12. 이 상황이 점점 걱정스러워져요.

나는 진정할 필요가 있어요.

1. 우리 이 문제를 더는 심각하게 만들지 말아요.

2. 난 지금 이 순간 좀 진정할 필요가 있는 것 같아요.

3. 난 지금 당신의 지지가 필요해요.

4. 지금 내 말을 듣고 나를 이해하려고 해줘요.

5. 날 사랑한다고 말해줘요.

6. 키스해줄래요?

7. 내가 그 키스 다시 돌려줘도 돼요?

8. 나에게 조금만 더 부드럽게 대해줘요.

9. 내가 진정할 수 있도록 도와줘요.

10. 잠깐만 말을 멈추고 내 말을 들어줘요.

11. 이건 나에게 중요한 문제이니 들어줘요.

12. 내가 하던 말을 마저 끝낼게요.

13. 난 이 대화가 좀 버겁네요.

14. 난 비난받는 기분이 들어요. 다르게 말해줄 수 있나요?

15. 우리 잠깐만 쉬는 게 어때요?

미안해요.

1. 내 반응이 너무 격했죠? 미안해요.

2. 내가 그 일을 망쳐버렸어요. 미안해요.

3. 내가 그 일을 다시 할 수 있게 해줘요.

4. 지금 이 순간 당신을 더 부드럽게 대하고 싶어요. 그렇지만 어떻게 해야 할지 모르겠어요.

5. 이 일에서 내가 잘못한 부분을 알겠어요.

6. 내가 어떻게 해야 상황을 더 낫게 만들 수 있을까요?

7. 내가 그걸 극복할 수 있게 도와줘요.

8. 당신이 하려던 말이 뭐였나요. 다시 말해줘요.

9. 내가 좀 더 부드럽게 다시 말할게요.

10. 미안해요. 나를 용서해줘요.

"그렇다"고 말해요.

1. 당신 말이 옳다는 확신이 들어요.

2. 당신 말에 일정 부분은 동의해요.

3. 우리 타협을 해요.

4. 우리 의견의 공통된 부분을 찾아봐요.

5. 그런 식으로 생각해본 적이 없었어요.

6. 큰 그림으로 봤을 때 이 문제는 그렇게 중요한 것 같지 않아요.

7. 생각해보니 당신 관점도 이해가 돼요.

8. 우리 두 사람의 관점을 절충해서 해결책을 내봐요.

9. 내가 당신에게 고마운 건……

10. 내가 당신을 존경하는 건……

11. 당신이 무슨 말을 하는지 알겠어요.

잠시 멈춰요.

1. 내가 이런 부분에서 틀린 것 같아요.

2. 제발, 우리 잠깐만 멈춰요.

3. 우리 조금만 쉬어요.

4. 잠시만 기다려줘요. 다시 돌아올게요.

5. 좀 버겁네요.

6. 이 부분에 서로 동의하지 않는다는 것을 인정하기로 해요.

7. 우리 처음부터 다시 시작해봐요.

8. 우리 대화 주제를 바꿔요.

9. 우리는 원래의 대화 주제에서 벗어나고 있어요.

이해 / 동의 / 감사 / 사랑해요.

1. 이게 당신 잘못이 아니라는 것을 알아요.

2. 당신 말이 무슨 의미인지 알겠어요.

3. 좋은 지적이에요.

4. 여기서 우리 모두 동의하는 건……

5. 이해해요.

6. 사랑해요.

7. 내가 늘 당신에게 고맙게 생각했던 점은……

8. 내가 당신을 존경하는 건……

이제 앞의 목록을 사용해 당신의 결혼생활의 문제를 해결할 시간이다. 비교적 갈등의 정도가 심하지 않은 주제를 선택하여 대화를 시작하라. 각자 15분간 서로에게 이야기를 하라. 두 사람 모두 위의 목록 중 적어도 한 구절 이상을 반드시 사용하여 말하라. 회복 시도를 하기 전 배우자에게 미리 알려주어라. 다음과 같이 구체적으로 말해주는 것도 좋을 것이다. "나 이제 '나는 느껴요' 파트의 6번 항목 '난 슬퍼요'로 회복 시도를 할 거예요."

배우자가 회복 시도를 할 것이라고 언질을 줄 때, 당신이 해야 할 일은 그저 그것을 받아들이려고 노력하는 것이다. 회복 시도를 상황을 개선시키려는 일종의 신호, 즉 부부관계를 회복하고자 마음먹은 배우자의 시도로 받아들이라는 것이다. 이것은 더 나아가 부부관계에서의 배우자의 영향력을 수용하는 것까지를 포함한다. 예를 들어, 만약 배우자가 대화 도중 "내가 하던 말을 마저 끝낼게요"라고 말한다면, 이 말에 담긴 배우자의 요구를 인식하고 배우자가 말을 계속할 수 있도록 격려하라. 대화를 할 때 앞의 목록의 표현들을 지속적으로 사용하다가, 나중에 그 표현들을 다른 몸짓으로 대체해도 좋다. 예컨대, 당신이 손을 들어 회복 시도를 할 거라는 신호를 보낼 수 있다. 아니면 당신은 부부가 가진 특유의 성향을 고려해 더 적합한 회복 시도 방식을 개발해낼 수도 있다. 내가 아는 한 부부는 '따가닥 따가닥'이라는 말발굽 소리를 그들만의 암호로 정해놓고, 대화가 갈등 국면에 접어들 것 같을 때 이를 이용한다. 이러한 유머가 깃든 회복 시도는 부부관계의 부정성을 완화시키는 데 도움이 된다.

세 번째 단계: 자신을, 그리고 서로를 진정시킨다

사이 나쁜 부부들의 말다툼은 큰 싸움으로 번지는 경우가 많다. 대개 한쪽이 적대감으로 마음이 굳어져 있어, 배우자의 말을 귀담아들을 만한 상태가 아닐 때 배우자의 회복 시도를 받아들일 수 없다. 이들은 대부분 분노("나는 더이상 참을 필요가 없어.") 혹은 피해의식("왜 그/그녀는 나를 늘 괴롭힐까?")에 사로잡혀 있다. 이때 몸은 긴장 상태에 놓이게 되는데, 심장은 빨리 뛰고, 몸에서는 땀이 나며, 호흡은 가빠진다. 배우자의 회복 시도를 받아들이지 못하는 대부분의 경우는, 듣는 사람이 배우자가 말하는 것을 제대로 들을 수 없을 만큼 분노에 휩싸여 있기 때문이다. 그런 상태에서는 어떠한 사려 깊은 회복 시도를 사용한다 해도 효과를 전혀 기대할 수 없다.

적대감 테스트

배우자에게 갖고 있는 적대감이 부부관계에 얼만큼 중대한 영향을 미치고 있는지를 살펴보자.

다음 문항을 읽고 해당되면 '예'에, 해당되지 않으면 '아니오'에 표시하라.

1. 나는 흥분하면 좀처럼 마음이 가라앉지 않는다.　　　　예 / 아니오
2. 나는 말다툼 후에는 배우자가 꼴도 보기 싫다.　　　　예 / 아니오

3. 나는 말다툼을 하고 나면 몸이 화끈화끈 달아오른다.　　　　예 / 아니오

4. 배우자가 적대감을 드러내면, 나는 비이성적이 된다.　　　예 / 아니오

5. 배우자의 흥분을 가라앉힐 방법이 전혀 없다.　　　　　예 / 아니오

6. 말다툼이 시작되면 나는 그 자리에서 도망치고 싶어진다.　예 / 아니오

7. 말다툼을 할 때 나는 마음을 진정시킬 수가 없다.　　　예 / 아니오

8. 배우자는 곧잘 화를 낸다.　　　　　　　　　　　　　예 / 아니오

9. 배우자는 필요 이상으로 큰 소리를 질러댄다.　　　　　예 / 아니오

10. 배우자는 갑자기 냉소적으로 나오는 경우가 많다.　　　예 / 아니오

11. 배우자는 이치에 맞지도 않는 요구를 한다.　　　　　예 / 아니오

12. 우리 부부의 대화는 언제나 심한 말다툼이 된다.　　　예 / 아니오

13. 다투다보면 어느 한쪽이 꼭 돌이킬 수 없는 말을 내뱉고야 만다. 예 / 아니오

14. 왜 우리는 논리적으로 이야기를 할 수 없는지 모르겠다.　　예 / 아니오

15. 우리는 사소한 문제를 이야기하다가도 어느새 큰 문제로 다툰다. 예 / 아니오

채점: '예'를 1점으로 해서 점수를 계산한다.

6점 미만: 적대감은 당신의 결혼생활에서 중대한 문제가 아니다. 당신 부부는 흥분하지 않고 의견 차이에 대해 이야기를 나눌 수가 있다. 즉, 당신은 배우자와 의견이 일치하지 않는다 해도 이에 대한 피해 의식도 적대감도 느끼지 않는다. 이것은 적대적인 감정 없이 대화를 잘 풀어나갈 수 있음을 의미한다. 앞으로도 갈등을 잘 해결해나갈 수 있을 것으로 보인다.

6점 이상: 당신은 배우자와의 말다툼에서 쉽게 분노하는 경향이 있다. 이 분노 때

문에 당신은 갈등을 대화로 해결해나갈 수 없다. 분노에 휩싸여 배우자가 말하는 것을 제대로 들을 수 없고, 도움이 되는 갈등 해결 방법을 사용할 수도 없다. 이 문제에 대처하는 방법을 찾고자 한다면 다음의 연습을 계속해나가기 바란다.

연습 2: 스스로를 진정시키기(자기 진정법)

적대감에 대처하는 첫 번째 단계는 지금 바로 말다툼을 끝내는 것이다. 만약 그치지 않고 말다툼을 계속한다면 당신은 아마 배우자에게 화를 폭발시키거나 다른 물건에 분풀이를 하여 배우자와의 대화를 엉망으로 만들 것이다. "내 생각을 마저 다 말한 후 말다툼을 중단해야지"라고 생각하지 마라. 왜냐하면 당신은 결코 다툼을 중단하지 못할 것이기 때문이다. 그냥 멈춰라. 그대로 멈춰 잠시 휴식을 취하라. 당신이 현재 분노에 차 있다는 사실을 배우자가 알 수 있도록 하라.

휴지休止는 최소한 약 20분 정도는 가지는 것이 좋다. 왜냐하면 당신의 몸과 마음이 진정되기 위해서 그 정도의 시간은 필요할 것이기 때문이다. 중요한 것은 이 휴지 기간에 분노와 피해의식을 버려야 한다는 것이다. 명상, 음악 감상, 산책, 독서 등 자신을 진정시킬 수 있는 무엇인가를 하며 시간을 보내라. 당신이 좋아한다면 운동도 괜찮은 방법이다. 그러나 운동을 하며 분노하거나, 슬픔을 키우거나, 휴지 이후에 배우자에게 퍼부을 비난을 연습하지 마라.

많은 사람들이 추천하는, 스스로를 진정시키는 최선의 방법은 명상을 통해 몸과 마음을 진정시키는 데 집중하는 것이다. 여기 간단한 방법을 하나 소개한다.

1. 안락한 의자에 앉거나, 마루에 등을 대고 누워라.

2. 호흡을 조절하는 데 집중하라. 분노가 치밀어오를 때는 숨을 참았다가 얕게 내뱉어라. 눈을 감고 규칙적으로 깊은 호흡을 하는 데 집중하라.

3. 근육을 이완시켜라. 긴장된 근육(이마, 턱, 목, 어깨, 팔 등)에 힘을 주었다가 2초후 이완시켜라.

4. 근육의 긴장을 풀면서 근육이 무겁다고 상상해보라.

5. 이제 무거워진 근육을 따뜻하다고 상상해보라. 가장 널리 사용되는 방법은 눈을 감고 평온한 생각에 집중하는 것이다. 숲이나 호수, 해안 등 고요한 장소를 떠올리는 것이 효율적이다. 예를 들어, 나는 워싱턴 주의 오르카스 섬에 대해 생각한다. 그곳에서는 가장 시끄러운 소리라고 해봐야 고작 근처 숲 속에 사는 독수리가 하늘로 솟아오를 때 바람에 바스락거리는 나뭇잎 소리뿐이다. 그 이미지가 마법과도 같이 당신을 이완시키며 자연스럽게 '자기 진정'의 다음 단계로 인도한다. 당신의 마음을 진정시킬 수 있는 장소를 최대한 생생하게 상상해보라. 약 30초간 이 평화로운 이미지에 집중하라.

이러한 종류의 휴지를 갖는 것은 매우 중요하기 때문에 우리 연구소가 개최하는 워크숍에서 매번 갈등 해결 프로그램에 명상을 포함시키고 있다. 참가자들은 처음에 이 명상에 '집중'하는 데 어려움을 느낀다. 많은 사람들은 그저 눈을 감고 호수 등을 생각하는 것이 그들의 문제를 해결하는 데 도움이 될지에 대해 매우 회의적이다. 그러나 그들이 한 번 이 연습에 참여하여 집중하고 나면, 이것이 얼마나 강력한 효과를 발휘하는지 깨닫게 된다. 갑자기 방 안의 모든 사람들의 긴장이 풀리며, 부부간의 대화 방식이 바뀐다. 그들은 더 많이 웃고, 목소리는 부드러워진다. 이처럼 휴지를 갖는 것은 부부가 서로를 적이 아니라 한 팀으로서 인식하도록 하고, 두 사람 간의 갈등을 더 원활하게 해결해나갈 수 있도록 돕는다.

만약 당신이 이 연습의 실질적인 효과에 관한 또 다른 증거가 필요하다면, 우리 애정문제연구소에서 수행했던 한 실험에 대해 들어보라. 우리는 부부들에게 15분간 결혼생활의 갈등에 대해 대화를 나누도록 했다. 그리고 우리는 그들에게 잠시 녹화 장비를 조정해야 한다는 핑계를 대고 30분 정도 그 주제에 대해 이야기하지 말고 잡지를 읽으라고 했다. 우리가 다시 이 실험을 재개했을 때, 그들의 심장박동수는 안정을 되찾았고 부부간의 상호작용은 전보다 더 생산적으로 진행되었다.

연습 3: 서로를 진정시키기

일단 당신 스스로 차분해졌다는 기분이 들면, 이번에는 배우자를 진정시키는 데 시간을 할애하라. 이는 당신의 결혼생활에 크게 도움이 될 것이다. 매우 화가 나거나 상처받은 기분이 들 때 배우자를 진정시키려고 시도하는 것은 매우 어려운 일이다. 그러나 이것은 긍정적인 결과를 도출할 수 있다는 점에서 시도할 만한 가치가 있다. 당신 스스로를 진정시키는 데 20분 정도를 할애한 후라면, 이제 배우자를 진정시키는 것을 시도하라.

당신이 배우자를 진정시키는 것은 결혼생활에 큰 도움을 주는데, 그 반대의 경우 역시 마찬가지다. 즉, 배우자가 당신을 진정시키는 일이 잦다면, 당신은 배우자를 볼 때 스트레스보다는 휴식을 연상하게 될 것이다. 이는 부부관계의 긍정성을 증가시킨다. 서로를 진정시키기 위해 당신은 먼저 당신의 분노에 대해 배우자에게 솔직하게 이야기할 필요가 있다. 다음 항목에 스스로 답해보고, 배우자에게도 질문해보라.

- 우리는 각자 무엇 때문에 분노를 느끼는가?
- 우리는 각자 어떠한 방식으로 문제를 제기하고, 짜증과 불만에 대해 이야기하는가?
- 우리는 둘 다 불만을 쌓아두는 편인가?
- 내가 배우자를 진정시킬 수 있는 방법이 있는가?
- 배우자가 나를 진정시킬 수 있는 방법이 있는가?
- 우리가 분노에 휩싸였을 때, 이를 상대방에게 알릴 수 있는 신호가 있는가? (이 때 휴지를 가지는 것이 필요하기 때문이다.)

당신이 배우자를 진정시킬 수 있는 방법은 다양하다. 여기서 가장 중요한 것은 배우자가 스스로 그 방법을 결정해야 한다는 것이다. 또한 배우자는 그것에 즐겁게 동참할 수 있도록 노력해야 한다. 어떤 부부들은 스트레스 가득한 말다툼에는 마사지가 특효약이라고 생각하고, 또 어떤 부부들은 앞서 제시한 바와 같이 배우자를 명상으로 이끄는 것을 가장 효과적인 방법이라 말한다. 또한 배우자가 근육을 수축·이완하며 진정할 수 있도록 정교한 설명서를 써주거나, 배우자에게 즐거움을 줄 수 있는 고요하고 아름다운 장면을 마음속에 그려보도록 유도하기도 한다. 스트레스를 받을 때 들을 수 있도록 연주곡을 다운로드해두는 것도 고려해보라. 이것은 배우자에게 특별한 선물이 될 것이다. 꼭 갈등상황에서만 이 방법들을 시행할 필요는 없다. 규칙적으로 서로를 진정시키는 연습을 하는 것은 미래의 분노를 예방하고 당신의 결혼생활을 풍요롭게 하는 탁월한 방법이다.

분노를 예방하는 또 다른 전략은 부부 각자가 산소 펄스옥시미터산소포화도 측정기를 사용하는 것이다. 이것은 손가락에 끼워서 심장박동수와 스트레스 지수를 측정할 수 있는 비교적 저렴한 측정기다. FDA미국식품의약국에서 승인받은 제품으로, 당신의 심장박동수가 일정 수준(분당 100비트, 운동선수의 경우에는 분당 80비트)을 초과하면 알람을 통해 알려주는 모델을 사용할 것을 권장한다. 만약 알람이 울리면, 두 사람 모두 최소한 20분간의 휴지를 가지고 난 다음에 대화를 이어나가기를 바란다. 우리 연구소의 연구 대상이었던 부부들은 심신을 진정시키는 훈련에 도움이 되는 허트매쓰HeartMath 사의 생체자기제어 장치 엠웨이브emWave를 사용해 효과를 보았다.

네 번째 단계: 타협한다

좋든 싫든 결혼생활을 해나가는 과정에서 문제를 해결할 수 있는 유일한 길은 타협이다. 부부 중 어느 한쪽이 상대방에게 자신의 방식을 강요한다면, 비록 그 방식이 옳다고 하더라도 결코 친밀하고 애정 어린 부부관계는 형성될 수 없다. 강요로 얻은 자기만족으로는 결혼생활에서 결코 동등한 관계, 공정한 관계를 이끌어낼 수 없다.

부부들은 종종 타협에 실패하곤 하는데, 이는 그 노력이 부족해서가 아니라 방법이 틀렸기 때문이다. 타협이란 다음 사항에 유의해야만 성공할 수 있는 것이다. 우선 부드러운 말로 대화를 시작하고, 적절한 회복 시도로 흥분을 가라앉히는 것이 중요하다. 이성적인 상태를 유지해야만 서로 진솔한 의견을 교환하여 건설적인 태도로 타협점에 이를 수 있기 때문이다. 반드시 기억할 것은 타협이란 단 한 사람의 변화만으로는 충분치 않다는 것이다. 타협은 서로의 의견을 수용하는 방법을 찾아내고 조율하는 것이기 때문이다.

배우자의 단점을 있는 그대로 받아들이지 않고는 타협을 성공적으로 이끌어낼 수 없다. '……라면 좋을 텐데if only'라는 생각은 결혼생활을 자주 수렁에 빠뜨린다. 만약 내 배우자가 키가 더 크다면, 더 부자라면, 더 똑똑하다면, 더 깔끔하다면, 더 섹시하다면, 모든 문제는 사라질 것이라고 생각한다. '……라면 좋을 텐데'라는 생각은 배우자가 갖추지 못한 조건이나 자질에 대한 분노를 키울 뿐이다. 부부에게 이러한 태도가 지속되는 한 갈등을 해결하기는 매우 어려울 것이다. 갈등 해소를 시도하기 전에 타협의 기본은 제7장 '원칙 4', 곧 '배우자가 당신을 변화시키는 것을 두려워 마라'임을 마음속 깊이 새겨두기 바란다. 타협이 이루어지기 위해서는 배우자의 의견이나 희망사항에 대하여 마음의 문을 꼭 닫고 있어서는 안 된다. 배우자의 의견에 모두 동의할 필요는 없지만, 배우자의 입장을 충분히 고려하는 열린 마음을 가져야 한다. 이것이 배우자의 의견을 존중하는 기본이다. 만약 배우자가 어떤 문제에 대해 이야기하고자 할 때, 당신이 팔짱을 낀 채 고개를 가로저으며 앉아 있다면 부부의 대화는 결코 그 목적을 달성하지 못할 것이다.

앞서 말한 바와 같이, 보편적으로 아내가 남편의 영향력을 받아들이는 것보다 남편이 아내의 영향력을 받아들이는 것에 어려움을 겪는 경우가 더 많다. 그러나 당신의 성별이 무엇이든, 부부간의 갈등이 쉽게 해결되지 않는 진짜 원인은 서로에게 마음을 열지 못하는 데 있다. 만약 당신이 이미 이러한 문제를 겪고 있다면, 배우자의 영향력을 수용하는 훈련을 다룬 제7장의 연습으로 돌아가라. 그리고 이러한 문제에서 벗어나기 위해서는 끊임없는 자기 인식이 필요하다는 것을 명심하라. 배우자의 관점을 이해하기 위한 질문을 던져라.

당신이 진정으로 배우자와 타협할 마음의 준비가 되었다면, 마법처럼 해결책이 나타나리라는 기대는 버려라. 타협이란 대부분 합리적인 방법을 통해 서로의 차이와 각자가 선호하는 것을 철저히 논의하는 것일 뿐이다. 앞서 제시한 방법들을 지속적으로 연습해나가면서 부부의 대화가 부정적인 방향으로 흐르는 것을 막는다면, 이는 그리 어렵지 않은 문제다.

연습 4: 공통분모를 찾아라

부부가 해결 가능한 문제 중 어떤 것을 논의할지 함께 결정하라. 그리고 일단 따로 앉아서 그 문제에 대해 각자 생각해보라. 종이 위에 두 개의 원을 그려라. 큰 원 하나를 그리고, 그 안에 작은 원 하나를 그려라. 안쪽의 작은 원에는 당신이 양보할 수 없는 것들의 목록을 만들어라. 바깥쪽의 큰 원에는 당신이 양보할 수 있는 것들의 목록을 만들어라. 당신이 양보를 많이 하면 할수록 배우자를 설득할 수 있는 가능성은 높아질 것이다. 그러므로 바깥쪽의 원은 가능한 크게, 안쪽의 원은 가능한 작게 그려라.

다음은 성생활에 불만을 갖고 있는 레이먼드와 캐롤 부부가 작성한 목록이다.

레이먼드
안쪽 원:

1. 나는 좀 더 에로틱한 섹스를 원해요.

2. 당신이 섹시한 속옷을 입고 나의 성적 판타지를 충족시켜주기를 원해요.

바깥쪽 원:

1. 밤과 낮 중에 언제 섹스를 할지에 대해서는 조정이 가능해요. 내가 피곤할 때라도 좋아요.

2. 섹스 도중 대화를 나누도록 해요.

캐롤
안쪽 원:

1. 나는 섹스를 하면서 우리가 사랑하고 있다는 감정을 느끼고 싶어요.

2. 나는 당신이 때로 나를 거칠게 대했으면 좋겠어요. 나는 전희를 많이 하기를 원해요.

바깥쪽 원:

1. 나는 밤에 섹스를 하기를 원해요. 왜냐하면 나는 섹스 후 당신의 품 안에서 잠
   들고 싶거든요. 그러나 아침에 하는 섹스도 괜찮아요.
2. 나는 섹스 도중에 대화하는 게 좋아요. 그러나 이 문제에 대해서는 조정이 가
   능해요.

부부가 원을 다 채우고 나면(당신의 목록은 레이먼드와 캐롤의 것보다는 더 긴 목록이어야
한다) 서로 그것을 공유하고 타협점을 찾도록 하라. 이 장에서 제시된 문제 해결 전
략—부드럽게 대화 시작하기, 스스로를 진정시키기, 서로를 진정시키가—을 사
용하는 것을 잊지 마라.

레이먼드와 캐롤의 경우, 그들의 안쪽 원의 목록은 서로 다르지만 조정 불가능한
것은 아니다. 그들이 일단 서로의 성적인 차이를 수용하고 존중하고 나면, 그들은
아내가 원하는 친밀감을 지닌 섹스를 하면서도 남편이 원하는 성적 판타지를 충
족시킬 수 있는 섹스를 즐길 수 있을 것이다.

그들의 바깥 원의 목록 또한 서로 다르지만, 그들은 이 영역을 기꺼이 조정하여
쉽게 타협점을 찾을 수 있다. 그들은 아침이든 저녁이든 시간에 구애받지 않고 섹
스를 나눌 때를 정할 수 있을 것이다. 또한 섹스 도중 마음 내키는 대로 대화를 나
눌 수도 있을 것이다.

이 원의 목록을 작성하는 목적은 결혼생활의 문제들에 대한 공통분모를 늘려감으
로써 결국 부부가 함께 행복한 삶을 누리는 것이다. 배우자와 이 원을 공유해나가
면서 다음을 자문해보라.

1. 우리 모두 동의한 것은 무엇인가?
2. 우리가 이 문제에 대해 공유하고 있는 감정은 무엇이며, 그중에서 가장 중요한 감정은 무엇인가?
3. 우리는 어떠한 공통된 목적을 가지고 있는가?
4. 우리는 이 상황과 문제를 어떻게 이해하고 있는가?
5. 우리는 이 목표들을 어떻게 성취해야 한다고 생각하는가?

만약 당신이 해결 가능한 문제로 씨름하고 있다면, 이 단계를 밟음으로써 합리적인 타협점을 찾을 수 있을 것이다. 이 연습을 통해 일정기간 동안 타협점을 찾아보고, 효과가 없다면 다시 이 과정을 밟아서 부부가 함께 문제를 해결해나가기 바란다.

다섯 번째 단계: 배우자의 정서적 상처를 이해한다

부부가 모두 만족하도록 해결 가능한 문제를 타협할 수 있다면, 말다툼이 교착 상태에 빠지는 갈등으로 변질되는 것을 막을 수 있다. 그러나 말다툼은 그것을 촉발시킨 이슈를 극복해낸 이후에도 여전히 서로에게 상처로 남을 수 있다. 나는 이렇게 남겨지는 상처를 '정서적 상흔emotional injury'이라고 부른다. 윌리엄 포크너는《어느 수녀를 위한 진혼곡Requiem for a Nun》에서 "과거는 결코 죽어 사라지지 않는다. 사라진 것은 이미 과거가 아니기 때문이다"라고 말한 바 있다. 여전히 과거는 현재의 우리 마음속에 살아 있기 때문에 우리는 과거를 재방문한다. 정서적 상흔이 치유되지 않으면, 그것은 마음속에서 지속적 자극을 일으키는 찌꺼기로 남는다. 마치 걷고 있는 당신의 신발 속에 들어가 자리를 잡은 모래처럼 말이다. 대부분의 사람들은 이를 계속 곱씹어보는 경향이 있기에, 부부간에 정서적 거리감이 커지게 된다. 툭툭 털어버리고 넘어가야 할, 혹은 짚고 넘어가야 할 과거의 정서적 상흔을 가지고 있는 것은 지극히 일반적인 것이다.

당신이 말다툼을 했을 때나 서로에게 상처가 되는 말을 주고받았을 때 정서적 상흔이 생겼다면, 그 원인은 당신이 무엇 때문에 다투었는지에 있는 것이 아니라 어떻게 다투었는지에 있다. 다음의 심도 있는 연습을 통해 말다툼을 하는 동안 부부 사이에 오가는 상호작용을 면밀히 검토함으로써 말다툼의 원인을 확인할 수 있다. 또한 그 말다툼을 서로가 어떻게 다른 관점에서 느끼는지를 깊이 이해할 수 있을 것이다. 이 연습을 통해 얻게 되는 지식은 앞으로 당신이 갈등을 겪을 때 정서적인 상흔을 훨씬 덜 입을 수 있도록 도움을 줄 것이다.

연습 5: 과거의 정서적 상흔을 치유하라

이 연습을 수행해나가면서 기억해야 할 것은 관점이란 매우 주관적인 것이라는 사실이다. 부부 사이에 무슨 일이 일어났는지, 그 궁극적 '진실'을 기록하는 전지적全知的인 카메라는 존재하지 않는다. 부부 각자의 관점은 동등하게 유효한 것이다. 그렇기 때문에 당신의 목표는 누구의 관점이 더 정확한지를 판가름하는 것이 되어서는 안 된다. 당신의 목표는 배우자를 주관적 실체로서 더 잘 이해하고, 결혼생활의 문제에 어떻게 대처할지를 더 잘 아는 것이다. 이것이 바로 과거의 정서적 상흔을 치유하는 방법이다. (이 연습의 일부는 제6장의 '연습 3: 속마음 털어놓기'와 유사하다는 것을 알 수 있을 것이다.)

STEP 1 : 함께 해결할 구체적 사건을 선정하라

부부가 겪었던 갈등 상황 중, 지금은 평정심을 가지고 대화할 수 있는 주제를 선정하라. 이 연습은 당신이 마치 연극의 인터미션intermission 동안 극장의 발코니에 앉아 1막에서 무슨 일이 있었는지에 대해 대화하는 것처럼 임해야 한다. 그리고 당신이 그 무대 위의 배우라고 생각하지 말고 대화에 임하기 바란다.

STEP 2: 대화 도중 끼어들지 마라

이 연습에서 부부는 차례로 화자와 청자가 된다. 화자가 이야기를 끝마칠 때까지 역할을 바꾸지 마라. 당신이 청자일 때는 대화를 중단하지 말고 배우자가 하는 이야기를 끝까지 경청하고 수용하라.

STEP 3: 당신이 그때 어떤 감정이었는지를 소리 내어 말하라

당신이 화자일 때 과거의 다툼이나 유감스러운 사건을 하나 말하고, 그때 어떤 감정을 느꼈었는지 소리 내어 말하라. (다음의 감정 목록을 참고하라.) 이 단계에서는 당신이 왜 그러한 감정을 느꼈는지에 대해서는 말하지 마라. 당신이 청자일 때, 당신의 배우자가 느꼈던 감정에 대해서는 일체 언급하지 마라.

그 다툼에서 내가 느낀 것은……

1. 버림받았다.

2. 두려웠다.

3. 소외되었다.

4. 화가 났다.

5. 수치스러웠다.

6. 우리 둘 다 부분적으로는 옳은 듯했다.

7. 비난받았다.

8. 우울했다.

9. 방어적이 되었다.

10. 탐탁지 않았다.

11. 역겨웠다.

12. 불성실했다.

13. 쓰러질 것 같았다.

14. 너무 흥분했다.

15. 바보가 된 것 같았다.

16. 좌절했다.

17. 죄책감이 들었다.

18. 희망이 없는 것 같았다.

19. 배가 고팠다.

20. 상처를 입었다.

21. 무기력했다.

22. 내가 어떤 감정을 느끼는지 몰랐다.

23. 난 옳고 당신은 틀렸다.

24. 내가 무고한 피해자 같았다.

25. 당신이 나를 떠난 듯한 기분이 들었다.

26. 내 의견은 중요하게 여겨지지 않는 듯했다.

27. 당신이 나를 좋아하지 않는 것 같았다.

28. 외로웠다.

29. 오해받았다.

30. 도덕적으로 정당하다고 생각했다.

31. 통제 불능이 되었다.

32. 당신의 감정에 압도되었다.

33. 무력했다.

34. 후회했다.

35. 억울해서 분노했다.

36. 슬펐다.

37. 충격을 받았다.

38. 고집스러웠다.

39. 어리석었다.

40. 신경이 날카로웠다.

41. 지쳤다.

42. 추했다.

43. 인정받지 못했다.

44. 사랑받지 못했다.

45. 불안했다.

46. 기타(당신이 느꼈던 부가적인 감정을 기술하라.)

STEP 4: 당신의 감정과 당신이 필요로 했던 것을 배우자와 공유하라

이제 배우자에게 왜 당신이 그때 그러한 감정을 느꼈는지를 말하라. 당신의 느낌과 감정에 대해 이야기할 때는 마치 기자가 보도를 하는 것처럼 객관적으로 말하라. 공격, 비난, 비판은 피하라. 어떤 식으로든지 배우자를 탓하지 마라. 오로지 당신 자신에 대해서만 이야기하라. 'You statements'("당신이 그렇게 말했잖아요.")가 아닌 'I statements'("난 당신이 그렇게 말했다고 생각했어요.")를 사용하라. 또한 그 당시 당신이 필요로 했던 것이 무엇이었는지 배우자에게 말하라. 이 단계에서 필요한 것은 부부가 서로의 의견을 가치 있는 것이라 인정하는 것이다. 또한 그 당시 배우자가 슬픔을 느꼈다면 이제라도 위로해주는 것이 필요하다.

그 당시의 감정을 회상하며……

1. 나는 당신이 내 말에 귀 기울여주는 게 필요했어요.

2. 나는 당신이 나를 참을성 있게 기다려주는 게 필요했어요.

3. 나는 당신이 과민하게 반응하지 않기를 바랐어요.

4. 나는 당신이 나에게 사랑한다고 말해주기를 바랐어요.

5. 나는 잠시 이야기를 멈추고 진정할 시간이 필요했어요.

6. 나는 당신이 나의 관점을 조금이라도 이해해주기를 바랐어요.

7. 나는 당신이 나를 존중해주기를 바랐어요.

8. 나는 당신의 지지와 공감이 필요했어요.

STEP 5: 당신에게 민감한 반응을 촉발시키는 '도화선'이 무엇인지 탐색하라

대개 말다툼 도중에 일어나는 부정적 반응은 과거로부터의 '지속되는 상처'에서
기인한다. 이 '지속되는 상처'가 바로 당신이 민감하게 반응하는 주제와 연결되어
있다고 할 수 있다. 당신의 기억의 테이프를 되감으면서, 현재의 말다툼에서 느끼
고 있는 감정과 동일한 감정을 느꼈던 과거의 시점에서 멈춰라. 그것은 당신의 유
년 시절일 수도 있고 과거의 특정한 상황일 수도 있다. 예컨대, 누군가는 유년 시
절 부모로부터 버림받은 기억 때문에 사랑하는 사람으로부터 버림받을까 봐 크게
염려할 수도 있다. 이처럼 당신이나 배우자에게 민감한 반응을 촉발시키는 '도화
선'을 더 잘 알게 됨으로써 당신과 배우자는 다툼 과정에서 서로에게 상처 주는 일
을 줄일 수 있다. 그러므로 당신의 배우자에게 '지속되는 상처'에 얽힌 이야기를
해주는 것이 중요하다. 배우자가 당신이 특정 주제에 대해 왜 그렇게 민감하게 반
응하는지를 이해할 수 있기 때문이다.

그 다툼 중에 내가 느낀 것은……

1. 나는 소외되었다.

2. 나는 중요한 존재가 아니다.

3. 나는 강하게 거부당했다.

4. 나는 비난받고 있다.

5. 나는 당신에게 애정이 없다.

6. 나는 자존심에 상처를 입었다.

7. 나는 당신에게 괴롭힘을 당하고 있다.

8. 나는 당신을 전혀 설득할 수 없다.

9. 당신은 나에게 매우 냉정하거나 감정이 없다.

10. 당신은 나에게 애정이 없다.

11. 기타(당신이 느꼈던 부가적인 감정을 기술하라.)

자신에게 민감한 반응을 일으킨 사건을 배우자에게 말해준 후에는 스스로를 돌아보라. 제4장의 '연습 3: 나는 누구인가'에서 했던 당신의 대답들을 검토하라. 예전의 트라우마와, 배우자와의 현재의 말다툼 사이에 연결점이 있는지를 생각해보라. 다음의 목록은 이 연결점을 찾는 데 도움을 줄 것이다.

나의 민감한 반응은 어디에서 기인하는가? (해당되는 항목에 모두 표시하라.)

____ 성장기에 가족들이 나를 대했던 방식

____ 예전에 누군가와 맺었던 관계

____ 과거의 상처, 어려운 시절, 과거에 겪었던 트라우마

_____ 내 저변에 깔린 두려움과 불안감

_____ 아직 해결하지 못한 상황이나 사건

_____ 실현되지 못한 소망

_____ 과거에 당했던 부당한 처우

_____ 나 자신에 대한 생각

_____ 오랫동안 염려해온 '악몽' 혹은 '재앙'

내가 예민하게 반응하게 되는 경우는?

_____ 내가 심판받는다고 느낄 때

_____ 내가 무시당한다고 느낄 때

_____ 내가 비난받는다고 느낄 때

_____ 내가 위축되었다고 느낄 때

_____ 내가 수치스럽다고 느낄 때

_____ 내가 외롭다고 느낄 때

_____ 나 자신이 하찮게 느껴질 때

_____ 내가 존중받지 못한다고 느낄 때

_____ 내가 무력하다고 느낄 때

_____ 상황이 제어가 안 된다고 느낄 때

_____ 희망이 없다고 느낄 때

당신이 청자일 때, 배우자의 말에 이해와 공감을 가지고 반응하라. 이야기를 듣고 느낀 점을 다음과 같이 요약하라. "나는 당신이 왜 그 일에 그렇게 민감하게 반응하는지를 알게 되었어요. 당신의 과거 이야기를 듣고 당신을 더 잘 이해하게 되었어요. 그리고 나는 이 문제가 당신에게 왜 상처가 되는지를 알게 되었어요."

STEP 6: 발생한 일에 대한 당신의 책임을 인정하라

앞 단계에서 서로의 대답에 대해 논의한 후, 우리 인간은 모두 그 행위와 반응이 인식, 사고, 감정, 기억이라는 광범위한 영역에 의해 지배받는 복합적인 피조물이라는 사실을 알게 되었기를 바란다. 배우자와 다투었을 때, 오로지 배우자에게만 그 책임이 있다고 믿는 것은 자연스러운 현상이기는 하지만 실은 잘못된 생각이다. 서로에게 책임을 돌리는 이러한 악순환에서 벗어나기 위해, 부부는 갈등 상황을 만들어낸 데 대해 두 사람 모두에게 (아무리 사소하더라도) 일정한 책임이 있다는 사실을 인정할 필요가 있다.

가장 쉬운 첫 단계는 과민한 반응을 일으킨 마음의 상태가 과거의 유감스러운 사건 당시의 마음과 같다는 사실을 표현하는 것이다. 과거를 회상해보고, 다음 중 해당되는 항목에 표시하라.

그때 나의 마음은?

1. 나는 스트레스가 매우 심했고, 짜증이 났다.

2. 나는 배우자에게 충분히 고마움을 표현하지 않았다.

3. 나는 너무 민감하게 굴었다.

4. 나는 너무 비판적이었다.

5. 나는 나의 내면세계를 배우자와 공유하지 않았다.

6. 나는 우울했다.

7. 나는 배우자의 말을 경청하지 않았다.

8. 나는 마치 순교자처럼 희생하는 기분을 느꼈다.

9. 나는 혼자 있고 싶었다.

10. 나는 걱정이 너무 많았다.

11. 나는 누군가를 신경 쓰고 싶지 않았다.

12. 나는 자신감이 많이 결여되어 있었다.

13. 나는 공허한 기분이었다.

14. 나는 내 존재가 거부당하는 기분이 들었다.

15. 나는 감정적 여유가 없었다.

16. 나는 배우자의 존재를 당연하게 여겼다.

17. 나는 배우자와 즐거운 일을 함께하는 데 관심이 없었다.

18. 기타

다음으로 당신이 배우자에게 사과하고자 하는 것을 말하라. 먼저 배우자에게 당신이 특별히 유감스러웠던 일을 말하고, 그 일에 당신 스스로의 책임은 어떤 것인지를 말하라. 그리고 배우자에게 명확하게 사과하라. "미안해요"라고 말하는 것은 부부관계에 마법과도 같은 효과를 가져다줄 것이다. 다음은 그 예시다.

나는 사과하고 싶어요. 미안해요.

1. 과민하게 반응해서 미안해요.

2. 성격이 나빠서 미안해요.

3. 너무 변명만 늘어놓아서 미안해요.

4. 너무 부정적이어서 미안해요.

5. 공격적인 태도를 취해서 미안해요.

6. 당신의 말을 경청하지 않아서 미안해요.

7. 당신을 존중하지 않아서 미안해요.

8. 지나치게 감정적으로 굴어서 미안해요.

배우자가 당신의 사과를 받아주면 당신은 고맙다는 말로 응대하라. 만약 배우자가 사과를 받아들이지 않는다면, 이는 부부 사이에 더 많은 연습이 필요하다는 것을 의미한다.

STEP 7: 앞을 내다보라. 그리고 계획을 세워라

다음의 두 질문에 부부가 차례로 묻고 답하라.

1. 다툼의 재발을 막기 위해 내가 할 수 있는 일에는 어떤 것이 있을까요?

2. 다툼의 재발을 막기 위해 당신이 할 수 있는 일에는 어떤 것이 있을까요?

이 장에서 제시된 문제 해결 방법을 숙달하였다면, 당신은 부부 사이에 일

어나는 대부분의 문제에 그 나름의 해결책이 있다는 사실을 알게 되었을 것이다. 부부간의 의사소통을 막아왔던 장벽을 허문다면, 이제 문제 해결은 훨씬 더 쉬워질 것이다. 다음 제10장은 부부들이 직면하게 되는 가장 일반적인 갈등들—과도한 전자기기 사용, 직장에서의 스트레스, 고부간의 갈등, 돈, 가사 분담, 부모 되기, 성생활—에 대해 창조적이면서도 간단한 해결책을 제시한다. 그러나 이 해결책은 오로지 해결 가능한 문제들에만 효과가 있다는 것을 기억하라. 만약 배우자와 타협점을 찾는 것이 아직도 요원해 보인다면, 아마도 당신이 지금 씨름하고 있는 그 문제는 해결 불가능한 문제일 것이다. 그렇다면 이제 해결 불가능한 문제에 대처하는 방법을 살펴볼 차례다.

10
전형적인 일곱 가지
문제의 해결책

결혼생활에서 발생할 수 있는 가장 전형적인 문제 영역은 과도한 전자기기 사용, 직장에서의 스트레스, 고부간의 갈등, 돈, 가사 분담, 부모 되기, 성생활 등이라 할 수 있다. 당신의 부부관계에서도 이 문제들이 뜨거운 쟁점이 될 가능성이 크다. 비록 모든 부부관계는 각각 다르지만, 이 문제들이 일반적인 데는 이유가 있다. 이 문제들은 결혼생활의 가장 중요한 책무들을 건드리기 때문이다.

많은 사람들이 성공적인 결혼생활을 하려면 '노력'이 필요하다고 말한다. 그러면 어떤 노력이 필요한 것일까? 어느 부부에게나 정도의 차이는 있지만 갈등은 언제나 어떤 형태로든 존재하며, 성숙한 결혼생활을 위해서는 두 사람이 함께 그러한 갈등을 극복하지 않으면 안 된다. 부부가 서로 깊이 이해하고 유대감을 갖는 것만이 결혼생활을 지키는 길이다. 이 유대감이 없다면 결혼생활은 폭풍우 속에서 정박할 항구가 없는 배와 같다.

위의 일곱 가지 일반적인 문제 영역 중 어느 하나에서 갈등이 발생할 때, 그 이유는 대개 그 문제의 중요성과 문제 접근 방식에 대해 두 사람이 가진 인식이 다르기 때문이다. 영원히 해결할 수 없는 문제의 경우, 어떤 해결책을 도입해도 그 문제는 완전히 사라질 수 없다. 그러나 영원히 해결할 수 없는 문제가 있다 하더라도 두 사람 사이가 좋다면 갈등은 완화될 수 있다. 만일 문제가 해결될 수 있는 성질의 것이라면, 올바른 처방전을 찾아야 한다. (문제가 해결될 수 있는 성질의 것인지, 지속되는 성질의 것인지를 판별하려면 제8장을 참고하라.)

다음의 전형적인 일곱 가지 문제들―과도한 전자기기 사용, 직장에서의 스트레스, 고부간의 갈등, 돈, 가사 분담, 부모 되기, 성생활―에 대하여 그 과제와 해결책을 생각해보자.

과도한 전자기기 사용

과제: 서로에게 온전히 주의를 기울이기 어려운 인터넷 시대에 부부의 친밀감을 유지한다.

당신은 부부간의 대화에 얼마나 많은 시간을 할애하고 있다고 (혹은 할애해야 한다고) 생각하는가? 최근 로스앤젤레스의 연구자들이 전문직에 종사하는 젊은 부부들을 7일 동안 24시간 추적 조사한 결과 평균적으로 35분간 대화를 하는 것으로 나타났다. 1주일 동안 말이다! 게다가 그들의 대화의 대부분은 누가 쓰레기를 내다버릴지, 누가 아이들을 스쿨버스까지 데려다줄지 등 가사에 대한 것뿐이었다. 이것은 정말 애석한 일이다. 물론 대화가 부족한 것에는 많은 이유가 있지만, 가장 큰 원인은 전자기기나 인터넷에 의해 대화가 끊임없이 방해받기 때문일 것이다. 웹사이트, 이메일, 문자메시지, 트위터, 비디오 게임 등이 제공하는 정보와 오락을 통한 즉각적인 여흥 때문에 주의가 산만해지고 진정한 유대감은 끊어진다.

해결책▶ 당신이 결혼생활보다는 소셜미디어에 더 집중한다고 배우자가 불만을 제기한다면, 당신은 동의하지 않는다고 하더라도 그것을 진지하게 받아들일 필요가 있다. 나는 모든 부부들이 그들에게 맞는 규칙을 만들 것을 권장한다. 적어도 그 규칙에는 식사를 할 때나 데이트를 할 때, 부부에게 진지한 대화가 필요할 때만큼은 문자메시지 발송, 이메일 체크 등의 '사이버 범죄'를 금지하는 것을 포함해야 한다. 우리는 교회나 극장에서 휴대폰 같은 전자기기의 전원을 기꺼이 끈다. 우리는 그와 동일한 존중과 예절을 배우자에게 확대 적용할 필요가 있다. 또한 어떤 부부들은 자신들에 관한 특정 정보나 이미지를 온라인상에 공개하는 것이 적절한지에 대한 다툼을 피하기 위해 엄중한 규칙을 만들고 싶어 할 수 있다. 당신 부부에게 적절하다고 생각하는 규칙을 만들어 그것을 실천하는 것이 필요하다.

전자기기 사용으로 인한 주의 산만의 문제가 당신의 부부관계에서 심각한 문제인지를 알아보고, 이에 대해 생각해볼 수 있도록 다음 문항에 답하라.

퀴즈: 전자기기 사용으로 인한 주의 산만

1. 배우자는 텔레비전이나 디지털 미디어에 너무 자주 빠져들고 싶어 한다.

전혀 그렇지 않다(0)　가끔 그렇다(1)　보통이다(2)　자주 그렇다(3)

2. 내가 방에 들어갈 때, 배우자는 소셜미디어에 빠져 내가 방에 들어온 것조차 알아차리지 못해 속상하다.

　　전혀 그렇지 않다(0)　가끔 그렇다(1)　보통이다(2)　자주 그렇다(3)

3. 내가 배우자와 대화를 하고 싶을 때, 종종 그(녀)는 문자메시지나 인터넷 사용으로 바쁘다.

　　전혀 그렇지 않다(0)　가끔 그렇다(1)　보통이다(2)　자주 그렇다(3)

4. 전자기기 때문에 배우자가 온전히 나를 위한 시간을 내주지 않는다고 느낀다.

　　전혀 그렇지 않다(0)　가끔 그렇다(1)　보통이다(2)　자주 그렇다(3)

5. 나는 배우자가 온라인상의 일들에 너무 많은 시간을 할애하는 것이 염려된다.

　　전혀 그렇지 않다(0)　가끔 그렇다(1)　보통이다(2)　자주 그렇다(3)

6. 배우자는 전자기기와 소셜미디어 때문에 주의가 산만하다.

　　전혀 그렇지 않다(0)　가끔 그렇다(1)　보통이다(2)　자주 그렇다(3)

7. 둘만의 시간이 있을 때에도 우리 부부는 디지털 미디어 사용에 많은 시간을 소비한다.

　　전혀 그렇지 않다(0)　가끔 그렇다(1)　보통이다(2)　자주 그렇다(3)

8. 소셜미디어 등으로 인한 주의 산만이 우리 부부 사이의 심각한 이슈다.

　　전혀 그렇지 않다(0)　가끔 그렇다(1)　보통이다(2)　자주 그렇다(3)

9. 전자기기 때문에 나는 배우자의 최우선 고려 대상이 아닌 것 같다.

　　전혀 그렇지 않다(0)　가끔 그렇다(1)　보통이다(2)　자주 그렇다(3)

10. 나는 전자기기보다 내가 배우자의 최우선 고려 대상이 되고 싶다.

전혀 그렇지 않다(0)   가끔 그렇다(1)   보통이다(2)   자주 그렇다(3)

채점: 각 항목의 점수를 합산하라.

0〜10점: 당신 부부에게 전자기기를 사용하는 문제는 심각한 이슈가 아니다.

11〜20점: 이 영역에서의 문제를 해결해야만 당신의 부부관계는 개선될 수 있다. 해결 가능한 문제에 대한 제9장의 조언을 당신 부부에게 적용해보라. 예컨대 문자메시지를 주고받는 것, 이메일을 쓰는 것, 비디오게임을 하는 것 등 당신 부부에게 가장 큰 갈등을 일으키는 행동에 대해 시간과 장소를 제한해보라. 서로의 요구를 부드럽고 솔직하게 이야기하며 의견을 조율한다면 이 이슈로 인한 다툼을 줄일 수 있을 것이다.

21〜30점: 전자기기의 과도한 사용과 이로 인한 주의 산만 때문에 당신의 부부관계는 늘 방해받고 있다. 일상에서 전자기기를 사용하는 시간을 제한하는 데 합의할 수 있도록 배우자와 대화해보라. 합의가 이루어진다면, 1주일 동안 제한적인 스케줄을 지켜나가며 그 제한을 다시 검토해보라. 때로 부부들은 대화와 접촉을 피하기 위한 일환으로 전자오락을 한다. 만약 당신이 이 영역에서 추가적인 도움이 필요하다면, 제6장 '서로에게서 달아나는 대신 서로를 향해 가라'를 다시 읽기 바란다. 제6장의 연습문제들을 하나하나 복습해볼 것을 권한다. 만약 이 영역에서의 문제가 여전히 해결 불가능한 것으로 남는다면, 제11장 '교착 상태를 함께 극복하라'의 조언에 따르기 바란다.

포르노의 문제

전자기기로 인한 주의 산만에 대해 논할 때, 포르노그래피의 큰 인기를 언급하지 않을 수 없다. 무려 5억 장에 달하는 포르노 사진들이 인터넷상에 돌아다니고 있고, 거의 모든 종류의 전자기기에 제공되고 있다.

미국결혼·가족치료협회AAMFT, American Association for Marriage and Family Therapy는 미국의 인터넷 사용자 중 20~33%가 성적인 목적으로, 즉 포르노 이미지를 보거나 혹은 성적인 관계를 맺기 위해 온라인에 접속한다고 추정한다. 이들 중 대부분은 기혼 남성이다.

나는 포르노가 본질적으로 로맨틱하지 않다고 생각하는데, 그 이유는 비인격적—즉, 사람을 대상화하는— 이기 때문이다. 게다가 여성의 가치를 격하시키거나 남성의 성적 욕구를 여성에 대한 폭력과 결합하는 포르노 영상들도 많다.

그러므로 습관적인 포르노 시청, 특히 부부간 성생활의 즐거움의 일부가 아니라, 혼자 포르노를 시청하는 것(이것이 일반적인 경우다)이 성관계의 본질을 해친다는 연구결과는 별로 놀랍지 않다. 포르노를 보고 습관적으로 마스터베이션을 하는 것은 다음과 같은 영향을 미친다.

① 줄어드는 성생활

일반적으로 부부 중 한 명이 습관적으로 포르노를 보면서 마스터베이션을 할 경우 부부의 성생활이 활발하지 못하다. 부부 중 어느 한쪽이 포르노를 보지 않고 마스터베이션만 하는 경우, 부부가 더 자주 성관계를 하는 것으로 나타났다.

② 줄어드는 성적 대화

포르노는 배우자와의 상호작용, 즉 상대방의 욕망에 대한 인식이나 대화를 요구하지 않는다. 그렇기 때문에 포르노는 양방향적 대화가 필요치 않다. 따라서 이에 익숙해지면 섹스 도중 배우자와의 대화가 줄어들게 된다.

③ 상호 만족스러운 섹스의 감소

만약 당신이 특정한 이미지와 판타지에만 반응하여 오르가슴을 느낀다면, 당신은 실제 삶에서도 동일한 자극을 추구하게 된다. 이러한 자극은 오르가슴을 느끼는 동안 신체가 배출하는 '결합과 쾌락의 호르몬', 옥시토신과 도파민으로 인해 생성된다. 그 결과, 포르노 시청자들은 특정한 마스터베이션 판타지에 집착함으로써, 배우자가 그 판타지에 기꺼이 참여하려 하지 않을 때 성생활에 불만족을 느끼게 된다. 그러나 배우자는 그 자극을 공유하지 않을 가능성이 크고, 포르노와 비슷한 이미지를 재현하는 데 불편함을 느낄 수도 있다. 결과적으로 부부 중 어느 누구도 침실에서 행복을 느끼지 못할 것이다.

④ 불륜의 위험성 증가

포르노는 불륜으로 끝을 맺는 궤도 안에서 그 끝을 향해 '한 발짝씩 나아가게' 한다. 때로 포르노를 보는 것은 온라인 채팅으로 가는 관문이 되어, 결국 선호하는 판타지를 공유하고자 하는 사람들과의 실제 만남으로 이어진다.

포르노의 잠재적 위험에도 불구하고 그 인기와 유혹을 부정할 수는 없다. 그러므로 부부가 포르노 시청과 그 장단점에 대해서 논의하는 것은 현명한 일이다. 명시적인 합의가 없다면, 배우자가 혼자서 포르노를 보는 것은 부부관계에서 배신행위가 될 수 있다.

포르노가 삶에서 큰 비중을 차지하게 되면 포르노 중독으로 이어질 수도 있다. 만약 당신 부부가 이러한 문제로 씨름하고 있다면, 정신과 전문의의 도움을 받아야 한다. 알코올 중독이나 약물 중독과 마찬가지로, 포르노 중독은 부부관계에 커다란 짐이 될 수 있기 때문에 외부의 도움이 필요하다.

직장에서의 스트레스

과제: 가정을 평화로운 안식처로 만든다.

스테파니와 토드는 언제나 몇 분 차이로 귀가한다. 그러나 집에 들어와서 서로 얼굴을 마주하면, 사랑스러운 인사 대신 늘 고함을 지르곤 한다. 어느 날 토드는 온종일 성미가 까다로운 상사의 비위를 비굴하게 맞출 수밖에 없어서 짜증이 나 있었는데, 스테파니가 테이블을 치워서 우편물을 찾을 수 없게 되자 화가 머리끝까지 났다. 스테파니 역시 회사 일의 마감시한이 임박하여 집에서 늦게까지 일을 해야 했는데, 냉장고 안에 딸기잼밖에 없는 것을 보고는 화가 폭발했다. 그녀는 "먹을 게 아무것도 없잖아! 왜 슈퍼에 들르지 않았어요? 오늘 아침에 약속해놓고! 머리가 어떻게 된 거 아니에요?"라고 소리를 질렀다.

여기서 생각해야 할 문제는 무엇이 스테파니와 토드를 화나게 만들었는가 하는 점이다. 이 부부는 각자의 직장에서 받은 스트레스를 가정으로 갖고 들어와 결혼생활을 망치고 있다.

> **“**
> 서로 힘든 마음을 토로할 시간을 가지면
> 직장에서의 스트레스를 가정에까지
> 끌어들이지 않을 수 있다.
> **”**

　요즘은 직장에서 받는 스트레스 때문에 결혼생활에 불화가 생기는 경우가 많다. 오늘날 부부의 노동 시간은 30년 전에 비해 연평균 1,000시간 이상 많아졌다.

　그 결과, 대화를 나누고, 휴식을 취하고, 식사를 하고, 잠자리를 하는 등 부부가 함께 지내는 시간이 훨씬 적어졌다. 활기차게 “여보, 나 집에 왔어요!”라고 외치던 일은 이제 오래된 과거가 되어버렸다. 맞벌이 가정이 늘어나면서 그 ‘여보’도 이제 일을 하는 경우가 많아서, 각자 일거리를 한가득 집으로 가져오게 되었다.

　남자 상사 밑에서 일하는 아내의 경우, 집에 돌아와 또다시 남자의 뒤치다꺼리를 하는 것을 지긋지긋하게 생각하고 있는지도 모른다.

　해결책▶스트레스가 쌓인 채 귀가했을 때 배우자의 행동에 화가 벌컥 나더라도, 그것은 당신이 밖에서 갖고 들어온 스트레스가 폭발한 것임을 알아야 한다. 마찬가지로 배우자가 스트레스를 잔뜩 받은 채 귀가했을 때, “머리가 어떻게 된 거 아니에요?”라고 배우자의 인격을 비난하는 말은 절대로 해서는 안 된다. 배우자는 괴로운 일과를 막 마치고 난 후일 것이다. 배우자를 비난하여 상태를 더 악화시키기보다는 내버려두는 편이 낫다.

그러므로 귀가하면 우선 마음을 안정시키며 스트레스를 해소하도록 한다. 침대에 드러누워 쉬거나 유치한 코미디 영화를 보는 것도 좋고, 조깅을 하며 바깥 공기를 쐬거나 명상을 하는 것도 좋다.

어떤 부부들은 위안을 얻는 가장 좋은 방법으로 배우자에게 도움을 청하는 것을 들기도 한다. 만약 당신이 그렇다면 제9장 '연습3'에 제시된 '서로를 진정시키기' 테크닉을 시도해보라.

마음이 가라앉으면 둘이서 그날 있었던 일을 이야기하는 시간을 갖는다. 이 시간을 '허가받은 불평 시간'으로 생각하라. 이 시간만큼은 서로 그날 있었던 최악의 일을 토로할 수 있도록 하고, 듣는 이는 상대방을 이해하고 지지하도록 한다.

고부간의 갈등

과제: 부부의 유대감을 쌓아나간다.

시어머니와 아내의 불화, 즉 고부간의 갈등은 부부관계에서 자주 갈등 요인이 된다. 생각이나 의견, 인격, 인생관 등 두 여성 사이에는 피하기 어려운 차이가 있으며 함께 생활하는 경우 이 차이가 더욱 뚜렷이 드러나게 된다. 외식하는 일만 해도 언제, 어디서, 무엇을 먹느냐, 식비는 누가 지불하느냐 하는 사소한 점에서부터 두 사람 사이에 갈등이 생겨난다.

더구나 가치관, 직업, 거주 장소, 생활방식, 종교를 둘러싸고는 더욱 심각한 갈등을 빚을 수 있다.

> **"**
>
> 고부간의 문제는 결혼한 날부터 시작되지만,
> 아기가 태어날 때 혹은 부부의 삶의 과정에서
> 중요한 단계를 지날 때 자주 촉발되며,
> 부모가 고령이 되어감에 따라 빈번히 고개를 든다.
>
> **"**

이 갈등의 핵심은 한 남자의 사랑을 바라며 두 여성이 치열한 줄다리기를 한다는 데 있다. 아내는 남편이 자신 쪽에 서는지, 아니면 그의 어머니 쪽에 서는지 언제나 눈을 부릅뜨고 지켜본다. 아내는 "당신은 어느 집 사람인가요? 우리 집? 아니면 어머니 집?"이라며 남편에게 묻는다. 어머니도 아들에게 같은 질문을 한다. 남자는 다만 두 여성이 사이좋게 지내주기를 바랄 뿐이다. 남자는 두 사람을 모두 사랑하고 있으며, 어느 한 사람을 선택할 수가 없어 말을 얼버무린다. 남자에게는 이 모든 생각과 질문들이 그저 어리석게만 느껴진다. 남자는 두 사람 사이를 조정하는 중재자 역할을 맡아야 함에도 불구하고 엉거주춤한 태도를 보임으로써 고부 관계는 더욱 악화된다.

해결책▶문제를 해결하는 유일한 방법은 남자가 의연하게 아내 쪽에 서는 것이다. 남자에게는 잔혹한 선택이라고 여겨질 수도 있지만, 부부가 일심동체가 되는 것이 결혼의 근본이라는 것을 기억하기 바란다. 남자는 어머니에게, 자신에게는 아내가 우선이라는 사실을 명확히 알려줘야 한다. 남자는 먼저 아내의 남편이고 나서, 어머니의 아들이다. 어머니의 입장에서 보면 기분이 상할지도 모른다. 하지만 어머니도 아들 부부의 가정을 깨뜨리지 않기 위해서라도 이 현실을 받아들여야 한다. 남편이 아내와 일심동체라는 사실을 확고히 하는 것은 결혼생활에서 절대적으로 중요하다. 설령 때때로 남자가 이것을 부당하다고 느끼거나 그의 어머니가 이 새로운 현실을 받아들이지 못하더라도 말이다.

이는 남자가 자신의 부모를 소홀히 해도 좋다거나, 부모의 가치관을 부정해도 좋다고 말하는 것은 결코 아니다. 다만 남편으로서 자신의 위치를 간과하지 말라는 것이다. 언제나 아내 쪽에 서라. 애매하게 두 사람 사이에 서지 마라. 남편과 아내는 그들 스스로의 가치관과 삶의 방식을 확고히 하고, 부모에게도 그것을 존중해줄 것을 주장할 필요가 있다.

부부가 일심동체인 가정을 꾸린다는 것은, 부모님이 중심이 된 가정과의 결별을 수반한다. 예를 들어보자. 부모가 주말에 데이비드의 신혼집을 찾아왔을 때, 그와 아내 제니는 '오소부코송아지의 정강이 살을 백포도주에 넣고 찐 이탈리아 요리 위기'라고 이름 붙인 사건에 직면하게 되었다. 그 사건은 이렇게 일어났다.

제니는 시어머니가 찾아오는 것을 처음부터 두려워하고 있었다. 시어머니는 제니를 아들의 귀여운 신부이지만 주부로서는 부적격이라고 여기는 것 같았기 때문이었다. 게다가 자신이 있어야만 아들 부부의 가정이 제대로 돌아갈 수 있다는 듯이 행동했다. 따라서 제니는 시어머니에게 공손하게 대했지만, 시어머니가 자신들의 생활에 너무 개입한다고 남편에게 말해왔다. 그러나 데이비드는 그것을 아내의 피해망상이라고 일축했으며, 그것이 또 제니의 신경을 건드리고 있었다.

제니는 시부모를 대접하기 위해 단골 식당인 이탈리아 레스토랑에 저녁식사를 예약해두었다. 시부모는 이탈리아 음식을 매우 좋아했기에 제니는 멋진 이탈리아 요리로 시부모를 대접하게 되리라는 기대에 부풀어 있었다. 시부모가 방문하기로 한 날 오후, 제니와 데이비드는 밖에 나가 자질구레한 일들을 처리하느라 바빴다. 그동안에 시어머니는 정육점과 슈퍼마켓에 가서 재료를 준비하여, 저녁 메뉴로 데이비드가 좋아하는 오소부코를 요리해놓았다. 제니와 데이비드가 집에 도착하자, 마늘과 송아지 고기를 찐 냄새가 집 안에 감돌고 있었다. 시어머니는 아들이 이 특별한 집밥에 감사를 표할 것으로 생각했다.

제니는 화가 났고 데이비드는 딜레마에 빠졌다. 어머니가 만든 요리는 맛있을 것 같았고, 만일 그가 그것을 먹지 않는다면 어머니는 마음에 상처를 입을 터였다. 그는 솔직히 제니에게 예약을 취소하라고 말하고 싶었다. 제니는 숨을 죽이고 데이비드를 지켜보고 있었다. 데이비드는 헛기침을 하고는, 어머니의 목을 꺼안고 훌륭한 요리를 만들어준 데 감사를 표했다. 그리고 그는 어머니에게 "이것은 냉장고에 넣어두겠어요"라고 말했다. 그는 토요일 밤에 제니와 단골 레스토랑에 가는 것을 좋아하고, 이를 부모님과 공유하는 것이 그들에게 얼마나 중요한지를 설명했다.

어머니는 무척 화가 난 것처럼 보였다. 눈물을 글썽이며 금방이라도 울음을 터뜨릴 것 같았다. 그는 어머니를 달래는 일을 아버지에게 맡겼다. 이 일은 두 사람의 결혼생활에서 의미 있는 사건이었다. 데이비드의 메시지는 분명했다. '어머니, 저에게는 제니가 먼저입니다. 이제 익숙해지셔야 해요.' 이후 제니는 다음과 같이 말했다. "이때 우리의 진정한 결혼생활이 시작된 거예요. 데이비드의 마음속에 첫 번째 자리를 차지하고 있는 사람은 아내인 나라고 어머니에게 말한 거니까요."

배우자를 최우선으로 여기는 것에서 가장 중요한 부분은, 설령 부모라 할지라도 나의 배우자를 모욕하는 것을 허용하지 않겠다는 태도다. 노엘과 이블린이 이러한 일의 중요성을 알기 전까지 그들의 결혼생활은 불행으로 치닫고 있었다. 딸이 태어난 후, 그들 부부는 노엘이 주로 아기를 돌보는 것에 동의했다. 왜냐하면 이블린은 노엘보다 일이 더 바빴고 고소득자였기 때문이다. 이블린은 2주일에 한 번씩 노엘에게 이웃 도시에 살고 있는 그녀의 부모에게 딸을 데리고 가도록 했다. 노엘은 일요일 밤에 처갓집에 가곤 했다. 그런데 처가에 발을 들여놓는 순간부터 그는 적지敵地에 있는 듯한 기분이 들었다. 장인, 장모는 노엘을 무시하면서 분유병, 카시트 등에 대해 잔소리를 했다. 반면 그들은 이블린이 얼마나 좋은 엄마인지에 대해 입에 침이 마르도록 칭찬했다.

어느 일요일, 노엘의 장인은 노엘이 분유병과 맥주병의 차이를 아는지나 모르겠다고 농담을 했다. 노엘은 그들 부부가 최근 냉장고 안에 있는 맥주병 때문에 다툰 적이 있었기에, 이블린이 그녀의 부모에게 그 다툼에 대해 고자질했음을 짐작하고 화가 치밀었다. 이블린은 노엘에게 아기를 돌보는 동안에는 맥주를 마시지 말라고 주의를 주었고, 이 때문에 화가 난 노엘이 언성을 높였던 것이다. 노엘은 장인, 장모와 함께 있으면 자신이 아기를 풀타임으로 돌보는 유일한 사람이라는 사실을 인정받을 수 없음을 깨달았다. 또한 노엘은 이블린이 늘 장인, 장모에게 자신에 대한 험담을 한다고 의심을 하게 되었다. 우리 연구소는 그들에게 이 문제에 대해 의논하게 했다. 그 결과, 노엘의 의심이 일부 옳았음이 판명되었다. 이블린은 노엘에 대해 험담을 한 적이 있었고, 이는 부부로서의 두 사람의 유대감을 저해하고 있었다.

이블린은 자신의 행동이 결혼생활에 어떠한 영향을 미쳤는지를 깨닫고 달라지기 시작했다. 부모의 집으로 딸을 데려 가지 않고, 부모가 그들의 집으로 오게 했다. 이블린의 어머니가 "손녀가 입이 짧다"며 우려를 표하자, 이블린은 "노엘이 아기를 소아과에 데리고 갔는데, 의사가 아기는 건강하다고 했어요"라고 대꾸했다. 이블린의 아버지가 "아기에게 더 두툼한 겨울옷을 입혀야 하는 게 아니냐?"고 말하면 "아기에 대해서는 노엘이 그 누구보다도 더 잘 알아요"라며 그를 감쌌다. 처음에 이블린의 부모는 달라진 딸의 모습에 불쾌해했지만, 시간이 흐름에 따라 딸을 이해하게 되었다. 노엘과 이블린의 결혼생활은 더 행복해졌고, 부부로서의 결속은 더욱 굳건해졌다.

연습: 고부간의 갈등

현재 배우자의 가족 구성원과의 사이에 문제가 있는지 다음의 간략한 질문에 답을 해보라. 이 질문들을 통해 당신은 가족관계로 인한 갈등을 파악하고, 그 해결에 집중할 수 있을 것이다. 또한 부부로서의 유대감을 강화할 필요가 있는지 여부를 확인할 수 있을 것이다. 부부는 각자의 종이에 답을 쓰는 것이 좋다.

배우자의 가족들과 당신의 관계를 생각해보라. 만약 배우자가 다음의 관계 중에서 당신의 편에 서지 않는다고 느낀다면, 혹은 어느 가족 구성원과 현재 문제가 있다면, 표시해보라.

- [ ] 배우자의 어머니
- [ ] 배우자의 아버지
- [ ] 배우자의 새어머니
- [ ] 배우자의 새아버지
- [ ] 배우자의 남자형제
- [ ] 배우자의 여자형제
- [ ] 기타

이 관계에서 지금까지 잘해온 부분을 기술하라.

....

....

....

이 관계에서 여전히 남아 있는 갈등을 기술하라.

....

....

....

이제 함께 서로의 답을 꼼꼼히 읽어보라. 그리고 서로를 향한 지지와 유대감을 높이기 위해 무엇을 할 수 있을지 논의해보라. 배우자가 문제를 제기한다고 해서 방어적인 태도를 취해서는 안 된다. 가족관계에서 사소한 문제가 큰 갈등을 유발할 수 있다는 것을 알아야 한다. 예를 들어, 당신이 어머니 편만 든다고 아내가 생각한다면, 그것은 부부의 결혼생활에서 반드시 노력하여 개선해야 할 문제다. 만약 당신이 그 문제에 대한 아내의 인식에 동의하지 않는다고 하더라도 말이다.

돈

과제: 돈이 상징하는 자유와 권리, 안정과 신뢰 사이에서 균형을 잡는다.

통장이 빵빵하든 그렇지 않든, 많은 부부들이 재정문제와 관련하여 갈등에 부딪히게 된다. 종종 이러한 갈등은 해결할 수 없는 문제가 되기도 하는데, 돈이란 즐거움이나 안정감과 같은 심리적 욕구를 상징하기 때문이고, 더 나아가 우리 개개인의 가치 체계의 핵심을 이루기 때문이다. 재정 문제가 발생했을 때, 이를 해결하는 핵심은 부부가 돈에 관한 서로의 가치관을 이해하는 것이다. 돈은 즐거움을 구입할 수 있는 수단인 동시에 안정감을 구입할 수 있는 수단이기 때문이다.

서로의 가치관을 이해하고, 그 사이에서 균형을 잡는 것은 어떤 부부에게나 필요하다. 왜냐하면 돈에 대한 가치관은 서로 다르고 때로는 특이한 가치관을 가진 사람도 있기 때문이다.

나는 해결 가능한 재정 문제가 대개 신혼부부의 영역임을 확인했다. 결혼생활이 오래 지속되어감에 따라, 이 문제는 해결하기가 점점 어려워지거나 해결할 수 없는 문제로 발전하기 때문이다. 이직, 자녀 교육, 은퇴 후 계획, 연로하신 부모 봉양 등에 대한 부부간의 의견 차이는 중년 부부의 일반적인 다툼의 근원이다.

해결책▶명확한 예산 편성이 요구된다. 먼저 무엇에 대해 얼마를 지출할 것인지를 정해보라. 그러나 복잡한 재정 문제를 다루는 것은 이 책의 범위를 벗어나는 것임을 이해하라.

만약 당신이 재정 계획이나 투자에 대해 추가적인 도움을 받고자 한다면, 온라인상의 다양한 자료를 검색하거나 지역 도서관이나 서점을 찾아보라. 결혼생활에서 가장 중요한 것은 부부가 재정 문제에서 한 팀이라는 것을 이해하고 예산을 짜기 전 각자의 염려나 필요, 원하는 점을 서로에게 표현하는 것이다. 부부 중 어느 한 사람에게 희생을 강요하는 예산 편성이어서는 안 된다. 그것은 단지 갈등의 원인이 될 뿐이다. 각자가 꼭 지키고 싶은 항목들에 대해서 서로가 이해하고 배려할 필요가 있다.

STEP 1: 당신의 현재 지출을 항목별로 계산해보라

다음 양식을 사용하여 지난달, 혹은 지난 일정 기간 동안에 얼마나 지출했는지를 기록해보라. 당신의 재정 내역을 검토해야 한다. 예산 작성 소프트웨어 혹은 인터넷을 활용하는 것도 고려해보라. 온라인에서 '가사 예산 워크시트 family budget worksheet'로 검색하면 방대한 자료를 찾을 수 있을 것이다.

● 지출명세서 (기간:　　　　)

항	목	금 액
식비 및 식료품비	식료품비(주 · 부식 구입비)	
	외식 및 간식비	
의복비	의류 구입비	
	세탁비 및 의류수선비	
주거비	주택 할부금 및 임차료(월세)	
	주택 관리비(청소 및 방역 등 포함)	
	전기료	
	수도료	
	가스 및 난방비	
	주택 수리 및 리모델링비	
	주택분 재산세 등	
비품 구입비	가구 구입비	
	가전제품 구입비	
	주방용품 구입비	
생활비	휴대폰 구입비 및 통화료	
	TV 시청료 및 인터넷 이용료	
	미용, 목욕 및 화장품 구입비	
	경조사비 및 선물 구입비	
	생활용품 구입비	

	기타(가사 및 생활 관련 지출 비용)	
문화생활비	도서 및 DVD 구입비	
	영화 · 연극 · 스포츠 관람료	
	각종 여가 및 취미생활비	
	휴가 및 여행비	
	사교비(각종 모임 회비 등 포함)	
	사치비(명품 구입비 등)	
	각종 기부금 및 헌금	
교통비	자동차 구입 및 할부금	
	자동차 수리비	
	자동차 주유비	
	주차비, 통행료, 기타 경비	
	자동차 보험료	
	대중교통 이용료	
	자동차세, 기타 공과금 및 범칙금	
양육 및 교육비	육아비	
	아이들 장난감, 선물, 용돈	
	학원비 및 과외비	
	학교 수업료 및 기타 납부금	
건강 및 의료비	건강유지비(헬스클럽, 마사지 등)	
	약품 및 건강 기기 구입비	

	치료비	
	건강보험료	
예적금 및 투자비	예금 및 적금	
	보험료	
	부동산 구입비	
	주식 매수 및 기타 투자금	
세금 및 이자	소득세, 토지분 재산세 및 공과금	
	대출 이자 및 은행 수수료 등	

STEP 2: 재정을 관리하라

1. 당신의 행복에 필수적이라고 생각하는 항목을 앞의 지출명세서에서 모두 골라 적어보라.

2. 당신의 수입과 지출 및 자산을 주의 깊게 살펴보라. 중장기 재정에 '필수적'인 요소들을 관리할 수 있는 예산을 짜보라.

3. 지출을 알뜰하게 할 수 있는 방안을 생각해보라. 누가 어떤 지출을 관리할 것인지를 결정하는 것이 필요하다.

4. 부부가 각자 만든 재정 계획에 대해 논의하고 둘의 공통점을 찾아보라. 두 사람의 '필수적'인 요구를 충족시킬 수 있는 효과적인 전략을 수립하는 것이 좋다. 그리고 몇 개월 후에 이것이 효과적으로 운용되고 있는지를 확인하라.

STEP 3: 부부의 재정에 대한 미래를 설계하라

1. 지금으로부터 5년 후, 10년 후, 20년 후, 30년 후의 삶을 상상해보라. 당신이 생각하는 이상적인 상황은 어떤 모습인가? 당신이 원하는 것(주택 등)과 이상적으로 생각하는 생활방식을 생각해보라. 당신이 원치 않는 재정 파탄의 상황 또한 충분히 생각해보는 것이 좋다. 예컨대, 사람들이 가장 두려워하는 재정적 상황은 충분한 노후자금 없이 은퇴하는 것이다. 또 어떤 사람들은 자녀들의 대학 학비를 대지 못하는 것을 두려워하기도 한다.

2. 이제 당신이 가장 바라는 것이 무엇인지, 가장 두려워하는 것이 무엇인지를 고려하여 장기적인 재정적 목표를 작성해보라. 예컨대, 당신의 목표에는 주택을 구입하는 것, 부업 없이 생활이 가능한 것, 은퇴 후 노후자금을 마련하는 것 등이 포함될 수 있다.

3. 각자의 목표를 배우자와 서로 공유하라. 장기적인 목표의 유사점과 차이점을 찾아보고 이에 대해 논의해보라.

4. 두 사람 모두의 목표를 포함하는 장기적인 재정 계획을 수립하라. 반드시 자주 이 계획을 들여다보고 여전히 합리적인지, 계속 실행되고 있는지를 확인하라.

부부가 재정에 대한 미래를 설계해보는 것은 다양한 종류의 재정적 문제를 겪고 있는 부부가 효과적인 해결책을 찾는 데 도움이 된다.

예를 들어, 린다는 유행에 따라 옷 사는 것을 좋아하고 사무실 근처 헬스클럽에 다닌다. 한편 데번은 친구들과 외식하는 것과 매년 두 번씩 스키 타러 가는 것을 즐긴다. 두 사람은 서로의 취미를 위한 지출이 몹시 낭비라고 생각한다. 그들은 '지출명세서'를 작성한 후, 자신의 지출이 어떻게 이루어지고 있는지를 정확히 알 수 있었다. 그들은 재정에 대해 이야기를 나눴고, 예산에 대한 잠정적인 합의에 도달했다.

두 사람은 각자의 취미를 포기하고 싶지 않았기에, 공동 계좌를 개설하여 매월 월급 중 일부를 공동 계좌에 입금하기로 합의하였다. 이 공동 계좌는 자녀들의 교육비와 장래의 다른 중요한 지출에 대비하기 위한 것이었다. 그리고 각자의 계좌에는 헬스클럽 회원권 구입과 스키 여행을 위한 돈을 저축했다. 그들은 6개월 후에 이 합의에 대해 다시 상의하여 새로 짠 재정 계획이 두 사람 모두에게 효과적인지를 검토해보기로 했다.

또 다른 예로 딜레마에 부딪힌 티나와 진의 상황을 생각해보자. 그들의 아들 브라이언은 2년 후면 대학에 입학한다. 그들은 브라이언이 지역 대학에 입학하기에는 충분한 돈을 저축해두었지만, 티나는 그를 학비가 더 비싼 주립대학에 보내고 싶었다. 브라이언은 늘 탁월한 학생이었기에, 항공 엔지니어가 되고자 하는 그의 꿈은 실현 가능한 것이었다. 그러나 주립대학을 보내기 위해서는 더 비싼 학비를 내야 하기 때문에, 진은 호숫가의 주택을 구입하는 꿈을 연기해야만 할 것이었다. 물론 진은 브라이언의 교육에 깊은 관심이 있었지만, 지금 집을 사지 않으면 주택가격이 올라 평생 '주택 마련의 꿈'을 실현할 수 없을까 봐 걱정되었다. 진은 티나가 다시 상근직으로 일을 하며 브라이언의 학비도 마련하고 호숫가의 주택도 살 수 있게 되기를 바랐다. 그러나 티나는 자신의 노모老母와 함께 살고 있었고, 노모가 일상을 티나에게 전적으로 의

존하고 있었기에 상근직으로 일하는 것을 거절했다. 진은 이제 티나의 언니가 노모를 돌볼 차례가 되었다고 생각했지만, 티나의 언니는 상근직으로 일하고 있었기에 노모를 돌볼 수 없다고 말했다. 다른 선택은 노모를 요양원으로 모시는 것이었지만, 티나가 이를 완강히 반대했다. 진과 티나는 이 일을 두고 거의 매일 다투었다.

티나와 진은 예산안을 작성해보았다. 그렇다고 간단한 해결책이 떠오른 것은 아니었다. 그러나 예산안을 함께 검토하는 과정에서 그들은 그들이 처한 상황을 정확하게 인식하게 되었고, 그들 사이의 격한 감정은 완전히 사라졌다. 그들은 그 문제에 대해 말다툼을 하는 대신 다양한 정보를 조사하여 학자금 대출이나 장학금에 대해 알아보았다.

마침내 진은 자신의 꿈의 실현을 몇 년간 연기해야만 한다는 사실을 받아들였다. 티나는 취직을 하기는 했지만 비상근직 일을 맡았다. 진은 그의 업무 시간을 변경하여 티나가 출근한 동안 집에서 장모님을 돌보았다. 브라이언은 2년 동안 학비가 저렴한 커뮤니티 칼리지에 다닌 후에 명문 주립대로 편입하기로 했다.

이 부부가 직면한 문제나 해결책이 당신의 상황에 꼭 들어맞지는 않을 것이다. 핵심은 당신 부부의 재정 문제가 무엇이든, 두 사람이 수용할 수 있는 계획을 세우는 과정을 통해 한 팀이 됨으로써 갈등을 완화시킬 수 있다는 것이다. 비록 그것이 지금 당장 당신이 원하는 모든 것을 해결해줄 수는 없다고 하더라도 말이다.

가사 분담

과제: 공평성과 팀워크에 유의한다.

조앤은 지칠 대로 지쳤다. 더러운 속옷을 침실에 벗어두지 말라고 지난 몇 개월 동안 말했는데도, 남편 그렉은 여전했다. 게다가 그는 저녁마다 카펫을 청소하고 설거지를 하기로 한 약속도 지키지 않고 있었다. 두 사람은 모두 직장에 다니고 있는데, 조앤이 조금 일찍 귀가하기 때문에 언제나 그렉의 일까지 떠맡곤 했다. 청소기로 카펫을 밀고, 싱크대 속에 담가둔 더러운 그릇에서 굳어버린 시리얼 쪼가리를 박박 긁어내다보면 조앤은 화가 치밀었다. 남편이 귀가해 말을 걸면 조앤은 퉁명스럽게 굴거나 "난 당신의 가정부일 뿐이지"라고 비꼬아 말하곤 했다. 그렉은 그녀가 시끄럽게 잔소리를 늘어놓기 때문에 집안일을 하고 싶은 마음이 사라져버린다고 주장했다. 그는 "만일 내게 시끄럽게 잔소리를 늘어놓지 않으면 나도 집안일을 해야겠다고 마음먹었을 거야"라고 말했다.

어느 날 그렉이 집에 들어왔을 때, 조앤의 화난 목소리가 침실에서 들렸다. 침실에 들어서자 외출복을 갈아입지도 않은 조앤이 그가 벗어놓은 속옷을 바닥에 내동댕이치고 있었다. "이 지저분한 속옷을 여기에 사흘 동안이나 벗어둔 채로 놔뒀어. 이걸 침실 장식품으로 삼을 작정이야!"라고 그녀가 소리쳤다. 그렉은 그때서야 가사 분담에 대한 그의 태도가 얼마나 그들의 결혼생활에 악영향을 미치고 있었는지를 비로소 알게 되었다. 그 후 조앤과 그렉은 이혼했다.

물론 그 반대의 경우도 흔히 볼 수 있지만, 일반적으로 남편은 아내가 집 안을 정리하는 일에 얼마나 신경을 쓰고 있는지를 너무 모른다. 남편이 약속한 가사 분담 몫을 게으름을 피우고 방치했을 때, 대부분의 경우 아내는 남편이 자신을 사랑하지도 않고 존중하지도 않는다고 생각한다. 이 점이 아내를 짜증나게 만들어 결혼생활을 '불만'으로 몰아넣는다. 내가 말하는 '게으름뱅이' 남편은 일부러 게으름을 피우는 것은 아니다. 대부분의 남편은 단지 아내에게 가사가 왜 그렇게 중요한지 이해하지 못하기 때문에 게으름을 피운다. 그들은 대부분 아버지가 가사에는 일체 참여하지 않는 권위주의적인 가정에서 자랐다.

대부분의 부부가 맞벌이를 하고 있는 오늘날, 각자의 직장에서 돌아오면 남편은 등을 기대고 앉아 휴식을 취하고, 아내는 제2의 업무인 가사를 혼자 떠맡는 것은 불공평하다는 데에 남편 또한 동의한다. 그러나 남자들의 오랜 관념은 좀처럼 변하지 않는다. 대부분의 남편들은 가사가 아내의 일이라고 생각하고 있다. 남편은 집안일을 '돕고' 나면 뭔가 특별한 일을 한 것처럼 칭찬받고 싶어 한다. 그런데 아내는 가사를 좀 더 하라고 요구한다. 이에 반발하여 남편은 집안일을 하지 않게 된다.

그렉의 경우가 그렇다. 대부분의 남편들은 집안일을 조금이라도 거들고 나면 아내에게 커다란 도움을 준 것처럼 자신을 과대평가한다. 이에 관해서는 영국의 심리학자인 앤 오클리의 책에도 기술되어 있다. 사실 맞벌이를 하는 우리 집의 경우도 마찬가지다. 내가 대부분의 가사를 떠맡고 있다고 아내에게 불평을 하면, "참 잘했군요. 대단해요"라고 아내는 대답한다. 사실 아내는 내가 가사의 절반만을 담당하고 있음을 알기 때문이다.

해결책▶바로 지금부터 이 문제에 대한 해결책의 핵심을 분명히 해야 한다.

남편은 지금 하고 있는 것 이상으로 집안일을 해야 한다는 것이다. 남편이 이따금 게으름을 피우며 가사 분담을 회피하는 것은 처음부터 집안일을 할 마음이 없기 때문이다. 눈이나 비가 내리는데 쓰레기봉투를 집 밖에 내놓는 일을 누가 기꺼이 하려 하겠는가? 그런데 놀랍게도 남편이 기꺼이 집안일을 돕는 모습을 보고 많은 아내들이 '성적 매력'을 느낀다고 한다. 남편이 적극적으로 가사를 분담하는 가정의 부부가 성생활에 만족하는 비율이 높다는 보고가 있다. 가사 분담의 좋은 영향이 침실로까지 이어지는 것이다.

맞벌이 부부로서 결혼생활을 충실히 하며 만족스러운 성생활을 누리기 위해서, 남편이 반드시 50%의 집안일을 해야 한다고 권고하는 것은 아니다. 중요한 것은 객관적인 가사의 양이 아니라, 가사 분담이 적절한지에 대한 아내의 주관적 판단이다.

남편이 얼마만큼의 집안일을 맡아야 하는지를 생각해보는 데 가장 좋은 방법은 부부가 다음의 가사 분담 목록을 작성해보는 것이다. 정확히 누가 무엇을 할지에 대해 목록을 작성해봄으로써 당신은 가사 분담을 결정할 합리적인 지표를 마련할 수 있다.

우선 현재 집안일에 대한 분담 상황을 작성해보라. 그리고 앞으로 어떻게 분담하면 좋겠는지를 기술하는 가사 분담 목록을 작성해보라. 이 목록에는 청소와 같은 것에서부터 재정 관리나 자녀 양육에 이르기까지 다양한 일들이 포함되는 것이 좋다. 여기서 부부 중 어느 한쪽이라도 분담이 불공평하다고 느낄 때 갈등이 야기될 수 있다.

이 작업을 하다 보면 어떤 특정한 패턴이 발견될 것이다. 앞서 언급한 바와 같이, 남편들은 대개 그들이 실제 맡고 있는 것보다 더 많은 일들을 담당하고 있다고 생각한다. 그러나 대부분의 경우, 남편은 세차라든지 잔디 깎기와 같은 '힘쓰는 일'이나 재정 계획과 같이 딱히 마감시한이 없거나 매일 해야 할 필요가 없는 일들을 맡는 경우가 많다. 반면 아내는 세탁이라든지 아이들 등하교와 같은 매일의 단순노동을 맡는 경우가 많으며, 이것 때문에 스트레스를 느낀다.

● 가사 분담 목록: 누가 무엇을 담당할까?

분 류	세 부 업 무	현재 상황	분 담 자
식食생활 관련	식료품 구입		
	요리		
	설거지		
	냉장고 관리		
의衣생활 관련	세탁 및 의류수선		
	옷장 관리(침구류 포함)		
주住생활 관련	주택 할부금 및 임차료 관련		
	주택 관리 및 수리		
	가정용 기기 관리 및 수리		
	주택 관련 제세공과금		
	청소(거실 및 침실)		
	청소(주방)		

	청소(화장실 및 베란다)		
	청소(유리창)		
	화분 및 정원 관리		
	쓰레기 분류 및 버리기		
자동차 관리	자동차 세차 및 관리		
	자동차 관련 보험		
	자동차 사고 처리		
양육 및 교육	유아 돌보기		
	식사, 목욕, 재우기		
	놀아주기		
	공부 및 숙제 봐주기		
	학원 및 과외 관리		
	등하교 관리		
	교사와의 연락		
	학부모회의 참석		
재정관리	제세공과금 납부 및 관리		
	보험료 납부 및 보험 관리		
	공동 계좌(예금) 관리		
	투자(주식 및 부동산 등)		
	법적 문제 해결		
기 타			

이제 당신은 현재 어떤 일을 분담하고 있고, 어떤 일을 배우자에게 떠넘기고 있는지를 명확하게 알 수 있을 것이다. 부부는 서로 합의하여 가사 분담을 공평하게 재분배할 수 있다. 실제로 남편이 하고 있는 가사의 양보다도 남편이 제 몫을 다하고 있는지에 대한 아내의 생각이 더 중요하다는 사실을 기억하라. 중요한 것은 아내가 요청('잔소리')을 하지 않더라도 남편이 가사에 성실히 참여하는 것이며, 서로의 필요와 형편에 따라 애정을 갖고 배우자의 분담 업무에 서로 협조하는 것이다. 예를 들어, 어느 날 밤 지쳐 있는 아내를 보고, 남편은 비록 자신의 차례가 아닐지라도 설거지를 기꺼이 할 수 있는 것이다. 이는 배우자에게 지극한 사랑과 존중을 보내는 일이다. 만약 당신의 부부관계에서 가사와 관련한 성역할이 반대라고 하더라도 마찬가지다.

부모 되기

과제: 아기를 포함한 가족 간의 유대감을 키운다.

"아기를 낳는다는 것은 결혼생활에 수류탄을 터뜨리는 것이다. 그 흙먼지가 잦아들 때면 당신의 결혼생활은 이전과는 달라진다. 좋아진다고 혹은 나빠진다고 콕 집어 말할 수는 없지만 확실히 달라진다." 노라 에프런은 저널리스트 칼 번스타인과의 이혼을 다룬 실화 소설 《하트번Heartburn》에서 이렇게 말한 바 있다. 실제로 '부부 두 사람의 생활'에서 '부모로서의 생활'로 옮겨간 사람들이 그녀와 같은 경험을 했다고 진술한 조사 결과도 있다.

아기는 결혼생활에 지각변동을 일으킨다. 불행히도 대부분의 경우, 그 변동은 나쁜 방향으로 움직인다. 아내들 가운데 67%는 첫 아기가 태어난 후부터 결혼생활의 만족도가 급격히 하락했다고 말한다. (아내의 영향을 받아, 그 후 남편 역시 불만을 느끼게 된다). 이러한 불만은 여러 가지 측면에서 생겨난다. 수면 부족, 육아의 과중한 업무에도 불구하고 이해받지 못한다는 기분, 갓난아기를 키운다는 어버이로서의 중대한 책임감, 육아와 일의 양립 등이 그것이다.

이상한 것은 아기를 낳은 여자 중 67%가 비참하다고 느끼는데, 33%는 이 변화를 어려움 없이 받아들인다는 점이다. (사실 어떤 여자들은 아기가 생김으로써 결혼생활이 보다 좋아졌다고 말한다.) 우리는 갓 결혼한 부부 130쌍의 결혼생활을 9년 동안 추적 조사한 결과, '수류탄이 폭발한 후'로 부부 사이가 오히려 더욱 행복하고 안정될 수 있는 비결을 찾아냈다. 이것은 갓난아기가 울보든, 온순한 아기든, 모유로 키우든, 분유로 키우든, 집에서 키우든, 어린이집에 맡기든 공통적인 것이기에 아기의 성격이나 양육 방법과는 전혀 관계가 없다. 결혼생활에 대한 아내의 만족 여부는 남편이 이 변화를 아내와 함께 받아들이는지, 아니면 아내에게만 그 변화에 적응하도록 남겨두는지에 달려 있다.

대부분의 여자는 아기를 낳음으로써 필연적으로 변한다. 아기를 향해 느끼는 사랑은 이전에는 결코 경험해본 적 없는 깊은 감정이다. 아기에 대한 애정은 그녀의 인생관마저 변화시키는 힘을 갖고 있다. 많은 엄마들이 연약한 갓난아기에 대해 강렬한 경이로움을 느낀다. 이런 아내의 심경 변화를 이해하지 못하는 남편은 부부 사이의 거리를 멀어지게 만든다. 남편은 아내가 아기에게만 관심을 쏟고 아기를 돌보느라 지쳐 남편인 자신을 소홀히 대하는 데 화가 난다. 그는 예전처럼 부부끼리만 즐길 시간을 가질 수 없는 데 불만을 표한다.

그 역시 아기를 사랑하지만, 아내가 아기를 낳기 전과 같았으면 좋겠다고 생각하는 것이다. 이러한 경우에 남편은 어떻게 해야 하는 것일까?

해답은 간단명료하다. 아내를 이전으로 되돌릴 수는 없다. 남편이 아내가 도달한 새로운 상황으로 들어가야 한다. 이것만이 결혼생활을 행복하게 만드는 유일한 방법이다. 아내와 같은 상황에 도달한 남편은 아기를 질투하지 않는다. 그는 남편인 동시에 아버지로서의 자부심과 자식에 대한 애정, 자식을 보호하려는 마음을 갖게 된다. 그렇다면 남편이 아버지로서의 자각을 가지려면 어떻게 해야 할까? 우선 주위의 그릇된 조언을 무시해야 한다. 전문가라고 자칭하는 많은 사람들이 마치 시소처럼 아기와의 생활을 한쪽에 올려놓고 또 한쪽에는 결혼생활을 올려놓아, 둘 사이의 균형을 잡으라고 권고한다. 잠시 아기와 떨어져 결혼생활과 취미생활에 집중할 수 있는 시간을 가지라고 권고한다. 육아를 제외한 주제로 이야기하며 즐길 수 있는 시간 말이다. 그러나 부부생활과 가족생활은 상반된 것이 아니며, 부모와 자녀의 생활은 마치 한 벌의 옷처럼 서로 분리될 수 있는 성격의 것이 아니다.

물론 부부는 이따금씩 자녀와 떨어져서 자신들만의 시간을 가져야 한다. 그런 때에도 부부가 함께 부모로의 이행을 잘 해낸 경우라면, 자연스럽게 자녀에 대한 이야기를 대화 소재로 삼을 것이다. 때로 이런 부부는 그들이 부부관계보다 부모로서의 역할을 더 우선시한다는 생각 때문에 그들에게 어떤 문제가 있는 것은 아닐까 하고 생각할 수 있다. 어쩌면 이러한 생각 때문에 스트레스를 받거나 혼란스러울 수도 있다. 그러나 그들은 매우 잘하고 있는 것이다. 중요한 것은 부부가 아기를 포함한 가족을 일심동체라고 생각하는 것이다. 남편과 아내 모두 이러한 가치관의 변화를 이뤄내야만 부모-자식 관계와 결혼 생활이 모두 성공할 수 있다.

해결책▶아기가 태어난 후에도 부부의 유대를 강화시켜나갈 수 있는 해결책은 다음과 같다.

① 부부의 애정에 초점을 둔다.

아기가 태어나기 전에 부부는 서로를 깊이 이해하는 사이가 되어야 한다. 부부가 한 몸이라는 일체감을 가질수록 더 쉽게 부모의 역할에 적응할 수 있다. 남편이 아내를 잘 이해한다면, 아내가 어머니로서의 생활을 시작하게 될 때 남편도 이에 유연하게 적응할 수 있다.

② 남편을 육아로부터 배제하지 마라.

때로 아내는 아기를 기르는 전문가처럼 행동한다. 남편에게 육아를 분담하자고 말하면서도, 마치 직장 상사가 부하 직원에게 명령하는 것처럼 "그런 식으로 안으면 안 돼요"라든가 "제대로 트림이 나오게 하지 않았잖아요!" 혹은 "목욕물이 너무 차갑잖아요"라고 말하는 등 자신의 방식을 그대로 따르지 않았다고 꾸짖는다. 이 같은 '집중 포화'를 맞은 남편은 아기 돌보는 일을 아내에게 맡기고, 자신은 육아에서 손을 떼게 된다. 그리고 아기에 대해 끝까지 무지한 채로 지내게 된다. 애석하게도 이로 인해 육아에 대한 부부의 성취감은 점점 더 떨어진다. 그 결과 아내는 아기에게만 매달리게 되어 부부 사이는 멀어져 간다.

이 문제에 대한 해결 방법은 간단하다. 아내가 한 발 물러서야 한다. 트림시키는 것도 자신의 방법이 가장 좋다고 생각하지 말고, 남편에게도 그 나름의 방식이 있음을 이해해야 한다. 남편의 방식이 마음에 들지 않더라도 아기는 남편의 자녀이기도 하므로, 엄마의 방식뿐만 아니라 아빠의 방식도 경험하게 하는 것이 아기에게 더 좋을 수 있다는 것을 기억해야 한다. 아내가 남편의 방식에 정말 불안을 느낀다면, 남편에게 자신의 방식을 강요하기보다는 소아과 의사에게 상담을 받게 하거나 육아 관련 서적을 읽어보게 해야 한다. 시기적절한 부드러운 충고는 좋지만(부드럽게 대화를 시작하는 것을 잊지 마라), 아내가 남편에게 강의나 비판을 하려 들면 그 역효과로 남편은 자녀 양육에서 멀어지게 된다.

아내가 갓난아기에게 젖을 먹이는 모습은, 남편은 할 수 없는 모자母子가 일체를 이룬 아름다운 광경이며, 남편은 이를 선망하지 않을 수 없다. 아버지라 하더라도 들어갈 수 없는 모자만의 세계인 것이다. 그래서 일부 유아용품 회사 웹사이트에서는 실제로 남편이 모유 수유와 같은 육아 체험에 더 가까이 접근할 수 있는 상품을 제공하기도 한다. 예를 들면, 따뜻한 분유를 담은 '플라스틱 가슴'을 남편의 가슴에 끈으로 연결해 갓난아기를 안고 먹이는 것이다. 그러나 모유 수유에 좀 더 깊이 관여할 수 있도록 돕는 상품에 남편이 꼭 기댈 필요는 없다. 대신 모유 수유 시간에 남편이 할 수 있는 역할을 찾으면 된다. 예컨대, 모유 수유 시간이 되면 남편이 아기를 아내에게 안겨줄 수 있다. 또한 모유 수유 이후 아기를 트림시키는 일을 남편이 도맡아 할 수도 있다. 아니면 아내가 모유 수유를 하는 동안 곁에 앉아서 아기의 머리를 부드럽게 쓰다듬으며 조용히 노래를 불러줄 수도 있다.

③ 아버지가 아기의 놀이 상대가 되어준다.

몇몇 남편들은 아기가 걸음마를 시작하고, 말을 하거나 놀이를 할 수 있게 될 때까지 아기와의 친근감을 별로 느끼지 못했다고 나에게 털어놓았다. 불행히도 그때까지의 남편과 모자 사이의 거리는 가정생활에 균열을 만들 수도 있다. 지금까지의 수많은 연구 결과를 보아도 남편이 자녀와 친해지는 데는 많은 시간이 걸린다. 그 이유는 아내의 경우 아기가 태어나기 전부터 아기와 접촉을 하지만, 남편은 생후 1년쯤 지나서부터 놀이를 통해 아기와 친해지기 때문이다. 대부분의 경우 남편은 갓난아기와는 함께 놀 수 없다는 사실을 깨닫고 육아에서 매우 중요한 생후 첫 해 동안 아기와 친해질 수 없다고 생각한다.

그러나 아기와 처음부터 접촉해온 아버지는 갓난아기라 하더라도 단지 울고, 젖을 먹고, 배변을 하고, 잠을 잘 뿐인 존재가 아님을 알게 된다. 갓난아기라도 훌륭한 놀이 친구가 될 수 있다. 갓난아기는 3주가 지나면 미소를 짓고 그보다 훨씬 전에 눈으로 물체의 움직임을 뒤쫓을 수 있다. 그 후에는 기쁜 듯이 다리를 움직이며 웃을 줄 알게 된다. 아기를 목욕시키거나 기저귀를 갈아주거나 분유를 먹이는 아빠는 아기 또한 아버지와 놀고 싶어 한다는 사실을 알게 될 것이다. 그와 동시에 그는 자신이 아기의 삶에서 특별한 역할을 갖게 되었다는 사실 또한 알게 될 것이다.

④ 부부만의 시간을 갖는다.

부부가 부모로 이행하는 과정에서 생활이 아기 중심으로 되는 것은 당연한 일이다. 하지만 이따금 신뢰할 수 있는 베이비시터, 친척, 친구 등에게 아기를 맡기고 부부만의 시간을 가져야 한다. 그러나 그때 아기가 화제의 중심이 되어도 상관없다는 것을 기억하라. 얼마 후에 갓난아기가 유아가 되고 학교에 다니게 되면, 자연히 부부간 화제의 중심이 항상 자녀에 관한 이야기에 머물지는 않을 것이다.

⑤ **아버지의 존재를 기억한다.**

아무리 아버지가 노력해도 아기는 언제나 어머니를 필요로 하기에 남편은 상실감을 느낄 수 있다. 남편은 이러한 사실을 머릿속으로는 이해하면서도 아기에게 아내를 빼앗겼다고 느낄 수 있다. 아내는 남편이 무엇을 포기하고 있는지를 헤아려주고, 그가 여전히 자신의 삶에서 둘도 없이 소중한 사람임을 표현한다면, 남편은 언제나 그녀를 가장 잘 이해하고 지지하는 사람이 될 수 있을 것이다. 그러나 아내가 이러한 노력을 게을리하면 남편은 아내에게서 점점 멀어지게 된다.

⑥ **아내에게 휴식을 준다.**

신생아를 돌보는 아내는 직장의 유무와 상관없이 매일의 가사노동에 지쳐 있다. 만일 남편이 근무 시간을 조정해 조금 일찍 귀가하여 집안일을 맡아준다면, 아내는 쉬기도 하고 친구들을 만나며 예전의 생활을 조금이라도 누릴 수 있을 것이다. 이 조언을 마음속에 새겨둔다면, 결혼생활에 큰 도움이 될 것이다.

성생활

과제: 부부가 서로의 진가眞價를 알고, 몸과 마음을 모두 받아들인다.

결혼생활에서 섹스만큼 당혹감과 마음의 상처를 주는 영역도 드물다. 섹스의 거절은 마음의 유대를 끊는 잠재적인 요소를 가지고 있다. 최근 나는 결혼생활에서의 성적 만족도에 초점을 맞추어 연구를 진행하고 있는데, 많은 부부들, 특히 남편들이 배우자의 열정의 감소에 불만을 가지고 있었다. 대부분의 경우 남편이 아내보다 더 자주 섹스를 요구한다. 특히 유아를 키우고 있는 부부에 대한 연구에서 남편이 아내보다 평균 6배 정도 더 자주 섹스를 원하는 것으로 조사되었다. 이것은 부부가 만족스러운 성생활을 하는 경우이든, 아니면 거의 성생활을 하지 않는 경우이든 사실이다. 다시 말해, 만족스러운 성생활을 하고 있는 부부들조차 남편은 더 많은 섹스를 원한다는 것이다.

장기적으로 봤을 때, 성적 만족의 핵심은 무엇일까? 어린 아이를 키우고 있는 부부들(대부분의 경우 가장 스트레스가 심한 시기)에 대한 연구에서, 우리는 성생활에 만족하고 있는 부부들이 섹스를 의무라고 생각하지 않으면서도 우선순위로 두고 있다는 것을 확인할 수 있었다. 이 부부들은 바쁜 직장일과 육아에도 불구하고 성생활에 대해 대화를 나누었고, 반드시 단둘이 함께할 수 있는 시간을 확보하였으며 그들의 관계를 중요하게 생각했다. 또한 그들은 단순히 삽입만이 아니라 다양한 방법으로 성적인 만족을 추구했다. 그들은 서로에게 큰 신뢰감을 갖고 있었고, 침실 안이든 밖이든 배우자의 요구를 존중하고 있었다. 이러한 결과는 부부 사이의 애정을 소중하게 생각하는 것이 성적인 측면을 포함한 모든 측면에서 장기적인 만족의 핵심임을 나타낸다. 이러한 이유로 부부의 성생활은 매일의 일상에서 '일곱 가지 원칙'을 잘 지킬 때 개선될 가능성이 높다.

반면, 행복한 성생활을 가로막는 큰 장애물은 이 주제에 대해 명확하게 대화하는 데 어려움을 느끼는 것이다. 많은 부부들이 이에 대해 이야기하기를 꺼릴 뿐만 아니라, 설령 이야기를 나누어도 불명확한 표현을 씀으로써 배우자가 그 진의를 파악하지 못하는 경우가 많다.

다음 대화는 우리 연구소에서 실제로 주고받은 어느 부부의 대화 내용이다.

에밀리: 3년 전에 당신이 어떻게 느꼈는지 생각해봐요. 무슨 생각을 했고, 문제를 어떻게 다루었는지 말이에요. 생각해보라고요. 그 무렵에는 지금보다 더 문제가 있었다고 생각하지 않아요?

노아: 지금은 그 무렵에 비해 우리의 결속이 더 강해졌기 때문이라고 생각해요. 잘은 모르겠지만, 그래도 그때와 달라진 게 없잖아요. 우리 둘 다 달라졌다고는 생각하지 않는데.

에밀리: 당신은 지금도 그 무렵의 당신과 같아요?

노아: 당신은 어때요?

에밀리: 3년 전에는 우리 결혼생활이 파경에 이르는 건 아닐까 생각했어요. 지금은 그런 생각을 하진 않지만……

노아: 당신은 그렇게 생각하고 있었군요. 나는 결혼생활이 파경에 이르리라고는 전혀 생각하지 않았는데.

에밀리: 그랬어요? 어쩐지 안심이 되는군요.

이 부부가 서로 이야기하고 있는 문제는 남편 노아가 항상 아내 에밀리보다 더 자주 섹스를 원한다는 것이다. 이 대화에서 에밀리는 간접적이고 불명확하게 불만을 말하고 있고, 남편 역시 불만을 노골적으로 말하지 않고 있다.

부부들은 자신의 성적 욕구를 서로 이야기할 때, 노아와 에밀리의 대화처럼 간접적이고 불명확하게 말하며 자신의 요구를 분명하게 밝히지 않는다. 그리고 자세히 이야기하지 않아도 자신이 원하는 것을 상대방이 이해해주기를 바라면서 대화를 서둘러 끝내려고 한다. "어젯밤에는 오랫동안 가슴을 어루만져주었죠. 나는 무척 행복한 느낌이 들었어요"라든가 "매일 당신을 안고 싶어요" 혹은 "나는 아침에 사랑을 나누는 게 좋아요"라고 말하는 경우는 드물다.

문제는 배우자에게 원하는 것을 분명히 말하지 않기 때문에 원하는 바를 얻지 못하고, 그것이 불만으로 남는다는 것이다. 섹스는 서로가 쾌락을 나눔으로써 두 사람의 결합을 더욱 강화시키는 것이다. 자신의 생각이 상대에게 충분히 전달되지 않으면, 욕구 불만과 마음의 상처만 남게 될 뿐이다.

해결책▶부부가 마음 편히 섹스에 대한 이야기를 할 수 있는 분위기를 만든다. 이는 부부의 성생활을 원활하게 할 것이다. 연구 결과에 따르면, 여성은 섹스에 대한 주제를 편안하게 이야기할 수 있을 때 오르가슴에 도달할 수 있는 가능성이 더 높았다. 당신이 현재 성생활에 만족하고 있는지를 알아보기 위해 다음의 질문에 답해보라.

퀴즈: 부부의 성생활, 로맨스, 그리고 열정

다음 각 항목에서 현재 당신의 부부관계에 해당하는 것을 하나씩만 표시하라.

1. ☐ A. 나는 배우자에게 로맨틱한 감정을 느낀다.

   ☐ B. 나는 배우자에게 로맨틱한 감정을 느끼지 못한다.

2. ☐ A. 나는 배우자에게 열정을 느낀다.

   ☐ B. 나는 배우자에게 열정을 느끼지 못한다.

3. ☐ A. 나는 섹스로부터 얻는 만족도에 문제가 없다.

   ☐ B. 나는 섹스로부터 얻는 만족도에 문제가 있다.

4. ☐ A. 나는 배우자를 성적으로 흥분시킬 수 있는 방법을 알고 있다.

   ☐ B. 나는 배우자를 성적으로 흥분시킬 수 있는 방법을 잘 모른다.

5. ☐ A. 나는 배우자가 나를 욕망한다고 느끼고, 내가 배우자에게 성적으로 매
      력이 있다고 느낀다.

   ☐ B. 나는 배우자가 나를 욕망한다는 느낌을 받지 못하며, 내가 배우자에게
      성적으로 매력이 있는지 잘 모르겠다.

6. ☐ A. 배우자는 나에게 애정 어린 칭찬을 자주 한다.

   ☐ B. 배우자는 나에게 애정 어린 칭찬을 거의 하지 않는다.

7. ☐ A. 배우자는 나에게 "사랑해"라는 말을 자주 한다.

☐ B. 배우자는 나에게 "사랑해"라는 말을 거의 하지 않는다.

8. ☐ A. 배우자는 나에게 자주 존중을 표한다.

☐ B. 배우자는 나에게 거의 존중을 표하지 않는다.

9. ☐ A. 배우자는 자주 나를 섹시하게 유혹한다.

☐ B. 배우자는 나를 거의 유혹하지 않는다.

10. ☐ A. 배우자는 로맨틱한 선물로 자주 나를 놀라게 한다.

☐ B. 배우자는 나에게 로맨틱한 선물을 거의 하지 않는다.

11. ☐ A. 배우자는 우리의 성생활에 만족한다.

☐ B. 배우자는 우리의 성생활에 만족하지 못한다.

12. ☐ A. 배우자는 로맨틱하고 열정적이다.

☐ B. 배우자는 열정이 없다.

13. ☐ A. 배우자는 나를 성적으로 흥분시킬 수 있는 방법을 알고 있다.

☐ B. 배우자는 나를 성적으로 흥분시킬 수 있는 방법을 잘 모른다.

14. ☐ A. 우리는 로맨틱하고 열정적이다.

☐ B. 우리는 열정을 잃어가고 있다.

15. ☐ A. 우리는 자주 서로를 부드럽게 어루만진다.

☐ B. 우리는 거의 서로를 부드럽게 어루만지지 않는다.

16. ☐ A. 우리는 서로 자주 껴안는다.

☐ B. 우리는 서로 거의 껴안지 않는다.

17. ☐ A. 우리는 자주 열정적으로 키스한다.

☐ B. 우리는 열정적인 키스를 거의 하지 않는다.

18. ☐ A. 우리는 자주 애정 어린 열정적 순간을 갖는다.

☐ B. 우리는 애정 어린 열정적 순간을 거의 갖지 않는다.

19. ☐ A. 우리의 성생활에 만족한다.

☐ B. 우리의 성생활에는 확실히 문제가 있다.

20. ☐ A. 우리는 섹스의 빈도에 문제가 없다.

☐ B. 우리는 섹스의 빈도에 문제가 있다.

21. ☐ A. 우리는 성생활의 문제에 대해 거리낌 없이 이야기할 수 있다.

□ B. 우리는 성생활의 문제에 대해 이야기하는 데 어려움이 있다.

22. □ A. 욕망의 차이는 우리 부부관계에서 큰 문제가 아니다.
　　　□ B. 욕망의 차이는 우리 부부관계에서 큰 문제가 된다.

23. □ A. 우리는 섹스 중 정서적 교감을 느낀다.
　　　□ B. 우리는 섹스 중 정서적 교감을 느끼지 못한다.

24. □ A. 우리는 섹스와 로맨스를 우리 부부관계의 우선순위에 둔다.
　　　□ B. 우리는 섹스와 로맨스를 우리 부부관계의 우선순위에 두지 않는다.

25. □ A. 우리는 서로의 성적 욕구에 대해 쉽고 편안하게 말하는 편이다.
　　　□ B. 우리는 서로의 성적 욕구에 대해 쉽고 편안하게 말하지 못하는 편이다.

26. □ A. 우리는 서로의 성적 판타지에 대해 잘 알고 있고, 그것을 존중하는 편이다.
　　　□ B. 우리는 서로의 성적 판타지에 대해 잘 모르고, 관심도 없다.

27. □ A. 전반적으로 우리는 성적으로 잘 맞는 편이다.
　　　□ B. 전반적으로 우리는 성적으로 잘 맞지 않는 편이다.

채점: 당신이 'A'라고 답한 항목의 개수를 모두 합하라.

27점: 축하를 보낸다! 부부의 섹스, 로맨스, 열정이 이보다 더 좋을 수 없다.

20~26점: 현재 당신의 부부관계에서 섹스, 로맨스, 열정이 매우 양호한 편이다. 배우자에게 섹스에 대해 더 편안하게 이야기할 수 있다면 성생활이 더욱 개선될 여지가 있다. 어떻게 하면 효율적이고 긍정적이며 부드러운 방식으로 이를 성취할 수 있을지에 대해서는 다음에 제시되는 조언을 계속해서 읽어보라.

11~19점: 현재 당신의 부부관계에서 섹스, 로맨스, 열정은 개선이 필요하다. 그러나 상황이 그리 심각한 것은 아니다. 이것은 당신 부부에게만 해당되는 일이 아니다. 많은 부부들이 이러한 문제로 어려움을 겪고 있다. 다음에 제시되는 조언은 부부가 성적 욕망에 대해 서로 터놓고 이야기할 수 있는 방법을 알려줄 것이다.

0~10점: 현재 당신의 부부관계에서 섹스, 로맨스, 열정은 매우 심각한 문제다. 다음에 제시되는 조언은 큰 도움을 줄 것이다. 그러나 섹스 문제에 집중하기 전에 제1~5장('애정과 존중 쌓기')과 제6장('서로를 향해 가기')을 먼저 재검토하는 것이 도움이 될 것이다.

더 은밀하고 로맨틱한 섹스를 위한 다섯 가지 방법

섹스의 목적은 성적 쾌감은 물론, 부부 사이의 친밀감을 높이고 결혼생활에서 배우자로부터 존중받고 있다는 감정을 느끼는 데 있다. 우리가 연구했던 부부들이 섹스와 관련하여 그들의 부부관계를 개선시켰던 방법을 소개한다.

'섹스'에 대한 개념 바꾸기

로맨스와 섹스는 긴밀하게 연결되어 있는데, 동네 서점을 기웃거려 책을 사보는 것만으로는 이러한 사실을 결코 알 수 없다. 대개 서점에는 부부관계를 개선시키는 방법에 대한 책과 섹스에 대한 책이 별도의 섹션에 꽂혀 있다. 후자는 주로 섹스 '매뉴얼'이라고 할 수 있으며, 해부학과 생리학에 대한 기술적인 책이 대부분이다. 그러나 그 책들이 관계의 맥락(예컨대, 소통이나 갈등 해결)에서 섹스를 다루는 경우는 거의 없다. 반면 관계를 다루는 책들은 섹스에 대한 이야기를 명시적으로 하는 경우가 드물다. 불행히도 '관계'와 '섹스'의 분리는 실제로 부부들의 침실에서 이뤄지고 있는 일을 반영한다. 섹스가 열정과 소통보다는 기교로 여겨질 때, 그 결과는 성적 불안뿐이다. 남자들은 발기에 대해서만 걱정하고 여자들은 오르가슴의 도달에만 몰두한다. 이들은 둘 다 자의식적인 것이기에 털어놓기 어렵다.

섹스를 원만한 부부관계의 측면에서 분리시켜 침실에서의 특정한 행위로 생각했던 기존의 태도에 변화를 시도해보라. 섹스가 단지 특정한 행위를 지칭한다는 생각을 버리고, 대화, 애무, 키스 등 부부 사이에서 일어나는 모든 긍정적인 교감을 섹스라고 생각해보라. 이러한 생각은 여성의 섹슈얼리티에 대해 조사한 쉐어 하이트의 획기적인 베스트셀러 《하이트 보고서The Hite Report》의 응답자들이 제공한 통찰이다. 하이트가 인터뷰한 많은 여성들이 불만을 제기한 것은 남성들이 오르가슴을 터치다운touch down, 미식축구에서의 득점에 비유한다는 점이다. 이처럼 섹스에 대한 목표지향적인 접근법은 역기능을 초래할 가능성이 높은데, 왜냐하면 목적이 성취되지 않을 경우 무언가 '잘못되었다'고 생각되기 때문이다. 인터뷰에 응한 여성들이 하이트에게 말한 것은 남성들이 섹스에만 집착하지 말고 그저 침실에서의 대화, 애무, 키스 등을 즐겼으면 좋겠다는 것이다. 내가 부부들에게 '모든 긍정적인 교감을 섹스라고 생각하라'고 제안하는 것은 바로 이러한 이유에서다.

전희란 특별한 것이 아니라 온종일 어떤 방식으로든 부부 사이에 일어나는 모든 성적 흥분을 의미할 수 있다. (우리가 가트맨 클리닉에서 제공하는 티셔츠와 머그컵에는 다음과 같은 슬로건이 적혀 있다. "당신의 부부관계에서 일어나는 모든 긍정적인 것들이 바로 전희예요.") 이러한 관점의 전환을 통해 섹스에 대한 걱정은 크게 감소될 수 있고, 섹스의 전 과정은 보다 즐거운 것이 될 수 있다. 오직 오르가슴만을 섹스의 목표로 삼지 않을 때, 부부들은 비로소 섹스가 유대감의 다른 이름이라는 것을 알게 될 것이다.

섹스에 대해 말하는 방법 배우기

대부분의 부부들은 배우자와 성생활에 대해 이야기하기를 원한다. 그러나 그것이 상대방에게 비난처럼 들리지 않도록, 어색한 상황을 만들지 않도록 표현하는 방법은 잘 모른다. 여기에 그 기본원칙을 소개한다.

① 부드럽고 긍정적으로 말하라.

대부분의 사람들은 자신이 배우자에게 매력적인지, 배우자를 성적으로 만족시키고 있는지에 대한 문제로 어느 정도 불안해하고 있으므로 섹스를 화제로 삼을 때에는 비난조가 아닌 온화한 태도로 이야기를 해야 한다. 실제로 당신은 부부관계에서의 나쁜 점을 이야기하려는 것이 아니기 때문에 비난조로 말할 이유가 없다. 부부는 '좋은 관계를 어떻게 하면 더 좋게 만들지'에 대해 함께 브레인스토밍을 하고 관점을 공유해야 한다. 섹스를 주제로 한 대화에서 한쪽이 상대를 비판하기 시작하면, 빨리 끝나버린 섹스만큼이나 모든 대화도 이내 끝나버린다. "당신 요즘 왜 나를 만지지 않나요?"라고 비난조로 말하는 것만큼 배우자가 당신을 애무하고 싶은 마음이 확 달아나게 하는 것은 없다. "우리 지난주 소파에서 키스했을 때 정말 좋았어요"라고 말하는 편이 더 좋다. 마찬가지로 "거기는 만지지 말아요"라고 말하는 대신, "당신이 여기를 만진 때가 더 좋아요"라고 말하는 것이 더 좋은 반응이 될 것이다.

② 인내심을 가져라.

사람들은 각자 성적인 문제를 솔직히 이야기할 수 있는 정도가 매우 다르다. 가정교육이나 성장배경 등에 따라 많은 사람들은 여전히 섹스에 대해 언급하는 데 수치심을 가지고 있다. 그러므로 부부의 경우에도 배우자의 성적 욕구를 아는 데 어려움이 따른다. 만약 당신이 이러한 상황에 처해 있다면, 나의 조언은 천천히 시간을 가지라는 것이다. 부부 각자가 섹스에 대한 자신의 감정을 이야기해보는 것으로 시작하는 것이 최선의 방법이다. 예를 들면, 어릴 때 성에 대해 어떠한 교육을 받았는지, 섹스 때문에 겪은 갈등은 무엇이었는지 등에 대해서 말이다. 그러고 나서 서로가 성적으로 가장 좋아하는 것은 무엇인지에 대한 구체적 이야기로 넘어가는 것이 좋다. 이런 방식으로 대화하다 보면, 서로에 대한 정서적 친밀감과 안정감을 끌어올릴 수 있다.

③ 개인적인 문제로 받아들이지 마라.

섹스는 매우 사적인 행위이기에 이 말이 모순처럼 들릴 수 있다. 그러나 대개의 경우, 배우자를 흥분시키는 문제는 당신에게 달린 문제가 아니다. 성적 취향은 개인마다 다르고 각자의 내면에 깊게 자리하고 있으므로, 성관계의 목표는 상대의 성적 취향을 탐색해나가는 것이라 할 수 있다. 만일 배우자로부터 어떻게 해주었으면 좋겠다는 요구를 받으면, 그 요구가 자신의 매력이나 성적 능력, 성적 기교, 성적 대응에 대한 불만을 지적하고 있는 것이라는 비뚤어진 생각을 해서는 안 된다. 그러한 요구를 받으면 우선, '나는 일류 요리사'라는 기분을 갖도록 하라. 일류 요리사는 고객이 오늘 저녁은 올리브를 원치 않는다고 말해도, 그것을 그의 요리 실력에 대한 모욕으로 받아들이지 않는다. 일류 요리사는 성의껏 최고의 요리를 만들어 고객을 만족시킨다.

④ 타협하라.

"배우자와 타협하라"는 말은 반드시 배우자의 요구를 모두 받아들이라는 의미가 아니다. 그것은 둘이서 무엇을 하고, 무엇을 하지 않을 것인지를 결정하는 일이다. 성性은 믿을 수 없을 만큼 상호 영향력이 커서 서로 기쁨을 얻을 수 있는 방법을 찾으면 쌍방이 모두 만족할 수 있게 된다. 예를 들면, 마이크는 1주일에 여러 번 섹스를 하고 싶었지만, 린은 2주일에 한 번으로도 충분하다고 생각하고 있었다. 그 결과 마이크는 욕구불만에 빠지고, 린으로부터 거부당하고 있다고 생각하게 되었다. 그는 횟수를 늘리자고 끊임없이 린에게 요구했고 포르노 잡지를 사와서 린을 자극하려고 했다. 이것이 린에게는 역효과를 낳아, 그녀는 압박감을 느꼈다. 마이크의 욕구불만은 더욱 심해졌고, 린의 성적 욕망은 더욱 줄어들었다.

두 사람이 우리 연구소를 찾아왔을 때, 그들은 이 문제를 어떻게 해결해야 할지 몰라 완전히 포기한 상태였다. 우리는 문제의 초점을 섹스에서 관능을 만족시키는 쪽으로 옮겼다. 그래서 섹스에 흥미가 적은 린을, 관능을 만족시키는 데 관심을 갖도록 하는 방향으로 이끌기로 했다.

린은 마사지 받는 것을 좋아했다. 그래서 마이크에게 마사지에 관한 책을 읽게 하고 린에게 마사지를 해주도록 했다. 섹스는 없었지만, 두 사람 사이에는 서로 접촉하고 껴안는 일이 많아졌다. 이에 따라 린의 성적 욕망도 높아져서 그들은 1주일에 두 번의 섹스를 하기에 이르렀다.

섹슈얼한 애정 지도 그리기

배우자의 섹슈얼한 애정 지도에 대한 정보를 공유하기 위해 다음의 두 유형의 질문을 이용하라.

지난번 섹스 때 어떤 점이 좋았나요?

- 섹스 중 좋았던 순간이 언제였죠?
- 애무, 키스, 마사지는 어땠어요?
- 우리는 서로를 흥분시키기 위해 무엇을 했죠?
- 서로에게 더 친밀감을 느끼기 위해 우리는 무엇을 했죠?
- 당신은 왜 편안함을 느꼈죠?
- 애무와 관능으로 빠져들게 한 신호탄은 뭐였죠?
- 나와 유대감을 느끼게 했던 것은 뭐였죠?
- 결정적으로 이성을 잃게 만든 것은 뭐였죠?

우리의 섹스를 더 개선하기 위해 무엇이 필요하다고 생각하나요?

- 당신이 너무 피곤하거나 바쁠 때, 아니면 섹스할 기분이 아닐 때 내가 어떻게 하는 게 좋아요?

- 만약 내가 정말 섹스를 하고 싶은데 당신이 애매한 태도를 취할 때, 내가 어떻게 했으면 좋겠어요? 내가 분위기를 잡으려 시도해도 될까요? 만약 괜찮다면 내가 어떤 방법으로 다가가면 좋겠어요?

- 만약 당신이 섹스를 원하는데 나는 그렇지 않을 때, 내가 그저 "하고 싶지 않아요"라고 대답해도 괜찮나요?

- 분위기를 잡기 위해 무엇이 필요하다고 생각해요?

- 당신의 성적 판타지는 무엇인가요?

- 당신에게 섹스가 단순한 성관계 이상이라고 느끼게끔 하는 것은 무엇인가요?

- 좋아하는 섹스 패턴이 뭐예요?

- 빨리 절정에 이르거나 빨리 절정에 이르도록 만드는 것에 대해 어떻게 생각해요?

더 자세한 내용이 필요하다면 내 저서 《무엇이 사랑을 지속시키는가?What Makes Love Last?》와 www.gottsex.com을 참고하라. 당신 부부의 섹슈얼한 애정 지도를 향상시키기 위한 더욱 다양하고 솔직한 질문 목록이 소개되어 있다.

성적 친밀감을 위해 지속적인 대화 나누기

섹슈얼한 애정 지도를 업데이트하는 것은 당신의 성생활에 도움이 될 것이다. 서로의 섹슈얼한 '온도'를 감지하기 위해서 두 사람 사이의 성적 경험에 대해 때로 이야기를 나누는 것이 필요하다. 이런 대화로 서로의 성적 요구를 조율하고 친밀감도 높일 수 있다. 또한 두 사람 모두 서로에게 사랑받고 있다는 만족스러운 감정을 유지하도록 할 수도 있다.

다음의 대화는 행복한 결혼생활을 하고 있는 한 부부가 일과 후 함께 침대에 누워 나누는 대화다. 이 대화에서 남편은 섹스를 하려 하고, 아내는 이를 거절하고 있다. 그러나 그들은 서로 침묵하거나 분노를 표하는 대신 이 책의 앞 장에서 제시한 갈등 해결 방법을 사용해 문제에 대해 터놓고 이야기하고 있다.

제드: 오늘 기분 어때요, 자기? ("오늘 기분 좋아요. 당신도 기분 좋죠? 우리 섹스할까요?"라는 말을 듣기를 희망하며)

제인: 오늘은 기분이 별로예요.

제드: (섹스를 하고 싶었기에 실망하며) 무슨 일 있었어요?

제인: 나는 당신의 손길이 더 많이 필요해요. 요즘 당신이 털끝 하나 건드리지 않아서 외롭고 슬펐어요.

제드: ('아, 또 내 잘못이군'이라고 생각하며) 계속 말해줄래요.

제인: 우리는 아침에 자주 껴안곤 했어요. 그런데 요즘엔 당신이 새벽 4시에 일어나서 의뢰인을 위한 프레젠테이션을 준비하는 바람에 전혀 그러질 못했죠. 난 우리가 아침에 껴안곤 했던 그때가 그립단 말이에요.

제드: ('그래, 맞아. 나는 요즘 프로젝트에 완전 몰두해 있었지.') 당신 말이 맞아. 나는 요즘 완전히 업무에만 몰두해 있었어요. 그게 당신 기분을 엉망으로 만들었군요.

제인: 당신 정말 매일 아침마다 프레젠테이션 준비를 해야 해요?

제드: 아니야. 침대에 머물며 당신과 껴안고 있을래요. 나도 그게 좋아요. 달콤하고 평화롭고 그래.

제인: 좋아요. 당신은 어때? 당신은 내게 원하는 거 없어요?

제드: 음……. 당신이 아까 내가 털끝 하나 건드리지 않았다고 말했을 때, 내게 처음 든 생각은 이거였어. '말도 안 돼. 내가 지난 일요일 저녁 당신에게 팔을 둘렀을 때, 당신이 뿌리쳤거든? 내게는 상처였어. 나는 당신에게 스킨십을 자주 한다고. 이건 전적으로 당신 잘못이야. 내 잘못이 아니라.' 이게 내게 처음 들었던 생각이에요. 그렇지만 당신에게 이 생각을 바로 말하지 않고 억누른 건 참 잘한 것 같아요.

제인: 지난 일요일 당신이 내게 팔을 두른 건 섹스가 하고 싶어서였죠. 맞죠?

제드: (약간 당황스러워하면서) 응. 아마 그랬던 것 같아요.

제인: 당신이 한동안 내게 다가오지 않아 힘들었어요. 나만 섹스를 원하는 것 같은 기분이 들었거든요.

제드: 정말? ('나는 언제 어디서든 그녀와 하고 싶은데. 배가 고프지만 않다면 말이지.')

제인: 정말이에요.

제드: 그건 문제없어요.

제인: 문제없다는 거 알아요. 그렇지만 나는 먼저 당신과 친밀감을 느끼고 싶어요.

외로운 감정을 느끼고 싶지 않아요. 무슨 뜻인지 알겠어요?

제드: 응, 알았어. 당신 말 이해했어. 당신 마음 잘 알겠어요.

제인: 당신은 섹스를 하고 싶을 때, 내가 대부분의 경우 승낙하기를 바라는 거 맞죠?

제드: 그럼 좋겠지.

제인: 알겠어요. 그렇게 할게요. 당신이 너무 노골적으로 섹스만 바라는 스킨십을 하지만 않는다면요.

제드: 내가 이해할 수 있도록 말해줘서 고마워.

제인: 뭘요.

섹스를 요구하는 방법 배우기, 그리고 부드럽게 거절하는 방법 배우기

많은 부부들이 섹스를 요구하는 방법에 대해 이야기하는 데 불편함을 느낀다. 또한 배우자에게 상처를 주지 않고, 거절당한다는 기분을 느끼지 않도록 말하는 방법을 모른다. 뿐만 아니라 배우자에게 거절당했을 때 이에 대처하는 데도 어려움을 느낀다. 다음에 제시하는 조언들을 통해 이런 문제에 더 쉽게 대처할 수 있기를 바란다.

"예", "아니오"라는 대답을 하는 데 부담을 덜 느낄 수 있는 핵심은 부부가 섹스에 대한 합의된 의식儀式을 갖는 것이다. ('섹스'란 부부를 연결시켜주는 긍정적인 행위임을 잊지 마라.) 여기서 의식이란 언어적이든 비언어적이든 두 사람 모두가 인식할 수 있는 접근법이라 할 수 있다. 부부는 이를 통해 섹스에 대한 요구를 보다 솔직하게 표현할 수 있게 될 것이다.

내가 아는 한 부부는 침대 머리맡에 한국 전통 인형 한 쌍을 놓아두고, 누구든 섹스를 원할 때면 그 인형 하나를 눕혀 놓는다. 배우자 역시 자신의 응답을 인형을 통해 알린다. 물론 모든 의식이 이처럼 정교하거나 특별히 창의적일 필요는 없다. 예컨대, 섹스를 원할 때 침대에서 배우자의 등에 손으로 원을 그리는 식으로도 가능하다. 배우자의 반응에 따라 스킨십을 계속해나가도 되고 자연스럽게 그만둘 수도 있다.

내가 특히 효율적이라고 생각하는 섹스 요청 의식은 성 상담가sex therapist 로니 바바크가 제안한 것이다. 그녀가 제안한 방법은 부부 각자가 현재 얼마나 섹스를 원하는지를 1부터 9까지의 숫자로 표현하는 것이다. 1은 '전혀 하고 싶지 않다', 5는 '유혹하면 할 수 있다', 9는 '지금 당장 하고 싶다'를 의미한다. 따라서 만약 배우자가 요구했을 때 기분이 내키지 않는다면, 당신은 이렇게 말할 수 있다. "난 당신을 사랑하고 당신은 무척이나 섹시해요. 그렇지만 지금 나는 1이에요." 만약 당신의 기분이 애매모호하다면, 당신은 이렇게 말할 수 있다. "나는 지금 5인데, 나에게 키스를 해봐요."

다음은 내가 연구했던 부부들이 사용했던 몇 가지 의식이다.

- 그냥 솔직하게 돌직구를 던진다. "나 섹스하고 싶어요."
- 배우자의 목에 키스를 하며 말한다. "당신을 원해요."
- 배우자를 껴안으며 섹스를 하고 싶은지 묻는다.
- 배우자에게 오늘 밤 섹스를 하고 싶다는 쪽지를 남긴다.
- 침실에 양초를 켜둔다.

- 함께 샤워를 하자고 말한다.

부드럽게 섹스 거부하기

만약 당신 기분이 내키지 않는다면 부드럽게 거절하라. 다음은 배우자의 기분이 상하지 않도록 거절하는 방법이다.

"나는 당신과 섹스하는 게 정말 좋아요. 그렇지만 다음으로 미뤄야겠어요. 지금은 기분이 내키지 않네요. 하지만 당신이 정말 매력적이라는 건 변함이 없어요."
"정말 미안해요. 그렇지만 지금은 적절하지 않은 것 같아요. 사랑해요."
"난 완전히 지친 상태예요. 다음번에 기대할게요."

"아니오"에 적절히 처신하는 방법

섹스를 요청하는 부부의 의식이 무엇이든지 간에, 배우자가 "아니오"라고 말했을 때 그것이 결코 부정적인 결과로 이어져서는 안 된다. 그러나 이것이 말처럼 쉽지는 않다. 대개 아내 쪽에서 (또) "오늘 밤은 아니에요"라고 말했을 때, 남편은 상처를 받거나 좌절하기 쉽고 심지어 화를 내기도 한다. 물론 남편의 반응을 이해 못하는 것은 아니지만, 이러한 남편의 태도는 오히려 아내가

"예"라고 말할 가능성을 낮춘다. 반대로 아내의 거절에 남편이 긍정적으로 대응했을 때(예컨대, 이해를 표하거나 그녀가 원하는 것이 무엇인지를 묻는 등) 섹스 횟수가 늘어난다는 연구 결과도 있다. 이것은 '남편이 아내의 거절에 적절히 대응할 경우, 결과적으로 부부간의 애정이 더욱 깊어질 수 있다'는 것을 말해준다.

물론 부부에게 적당한 섹스 횟수를 객관적으로 말할 수는 없다. 하지만 핵심은 남편과 아내 어느 쪽이든 결혼생활의 모든 문제에서 상대방의 "아니오"에 귀 기울이고 이해하려 노력하며 그 의사를 존중한다면, 부부관계에서 더 많은 "예"를 이끌어낼 수 있다는 것이다.

이 장에서 나는 결혼생활에서 발생하는 공통된 문제의 해결을 위한 실질적인 조언을 했다. 그러나 아무리 진지하게 부부 사이의 문제를 해결하려고 노력해도 의견이 일치되지 않는 문제도 있다. 그러한 경우라면, 당신은 해결 불가능한 문제와 맞닥뜨린 것이다. 이런 교착 상태를 피해가는 것도 모든 부부가 마주하게 되는 중대한 도전 과제 중의 하나다. 다음 제11장의 '원칙 6'은 이견을 좁힐 수 없는 문제로부터 상호 양보를 통해 결혼생활을 지킬 수 있는 방법을 제시한다.

11

원칙 6

교착 상태를
함께 극복하라

아내는 아이를 갖고 싶다 말하고, 남편은 필요 없다고 말한다. 아내는 남편을 교회에 데리고 가고 싶다. 하지만 남편은 무신론자다. 남편은 집에 있고 싶지만 아내는 매일 밤마다 파티에 가고 싶다.

많은 부부가 이러한 양립할 수 없는 차이 때문에 골머리를 앓는다. 부부가 이처럼 끊임없이 계속되는 의견 불일치를 조율하는 방법을 찾지 못하면 교착 상태에 접어들게 된다. 교착 상태에 접어든 부부를 생각하면 마주 댄 두 주먹의 이미지가 떠오른다. 부부는 서로에게 자신의 관점을 이해시키는 돌파구를 찾지 못하기에 합의를 이루는 일은 요원할 뿐이다.

결국 그들은 배우자를 이기적인 사람으로 여기게 된다. 이런 경우, 부부는 서로 자신의 입장에 깊이 함몰되어 있기 때문에 타협은 불가능해 보인다.

중요한 문제이든 사소한 문제이든, 의견 불일치에서 오는 모든 교착 상태는 다음의 네 가지 특성을 가진다. 만약 당신의 현재 상황이 다음에 해당된다면 당신은 교착 상태에 접어들었다고 할 수 있다.

① 특별한 해결책 없이 똑같은 말다툼을 반복해왔다.

② 당신과 배우자 어느 쪽도 유머나 공감, 애정으로 대화를 이끌어나갈 수 없다.

③ 시간이 지날수록 두 사람의 의견은 점점 극단으로 치닫는다.

④ 배우자의 말을 따르려면 신념이나 가치관, 자존감 등 당신에게 핵심적인 것을 포기해야 하기에 타협은 불가능해 보인다.

교착 상태를 다루는 가장 효과적인 접근법은 애초에 그것을 예방하는 것이다. 이 책에 제시된 7가지 원칙을 준수하면 할수록 좁힐 수 없는 차이에서 기인한 교착 상태에 빠질 가능성이 낮아질 것이다. 서로를 더 잘 알게 되고 신뢰하게 된다면 부부관계를 지배해왔던 의견 불일치를 더 쉽게 해결할 수 있을 것이다. 특히 당신이 '숨겨온 꿈'과 관련된 이 장의 연습을 잘 활용한다면 말이다. 또한 교착 상태를 사전에 예방하는 중요한 열쇠는 당신이 '놓친' 배우자의 요구가 드러나는 그 사소한 순간을 잘 포착해내는 것이다. 만약 배우자가 사소해 보이는 일에 큰 상처를 입었다면, 당신은 배려와 존중을 강화하고(제5장), 서로를 향해 가는 데(제6장) 시간을 더 할애해야 한다. 상처를 입는 순간을 명확하게 인식하고 상대방에게 털어놓지 않으면, 관계는 점점 더 취약해져서 결국 교착 상태에 접어들게 된다.

교착 상태에 잘 대처할 수 있다면, 부부는 끊임없이 계속되는 문제를 마치 성가신 알레르기나 요통을 다루듯 처리할 수 있게 된다. 즉, 어려움이 결코 사라지지 않을 것은 알지만, 그것이 삶을 압도하지 않게끔 할 수 있는 것이다. 물론 당신이 교착 상태의 한복판에 놓여 있다면, 무릎의 까진 상처를 치료하는 것처럼 쉽게 갈등을 해결하는 것은 불가능해 보일지 모른다. 그러나 당신은 할 수 있다. 그저 교착 상태를 끝내기 위해 문제를 억지로 종결시킬 필요는 없다는 것을 기억하라. 부부 중 누구도 무언가를 일방적으로 포기하거나 잃어서는 안 된다. 우리의 목표는 서로에게 상처 주지 않고 결혼생활의 현안을 인식하고 토론하는 것이기 때문이다.

꿈은 무엇으로 이루어지는가?

교착 상태로부터 벗어나기 위해서는, 먼저 이 교착 상태가 서로의 인생에서 아무리 사소해 보일지라도 상대방으로부터 존중받지 못한 나름의 꿈 때문이라는 사실을 이해해야만 한다. 내가 꿈이라고 말하는 것은 희망이나 포부, 소망 등과 같이 당신의 정체성을 형성하고 있는 부분으로서, 당신의 인생에 목적과 의미를 부여하는 어떤 것이다. 꿈은 다양한 층위에서 작동한다. 어떤 이는 매우 구체적인 꿈(저축을 얼마 정도 하고 싶다는 등)을, 또 어떤 이는 매우 심오한 꿈을 갖는다. 세속적인 꿈은 주로 현실적인 것이기에 가시적인 반면, 심오한 꿈은 종종 가려진 채로 숨어 있기도 하다. 예를 들어, 돈을 많이 벌고 싶다는 꿈의 이면에는 안정적인 인생을 살고 싶다는 꿈이 숨어 있는 것이다.

심오한 꿈은 어린 시절 마음에 품은 소망에서 기인하는 것이 많다. 저녁식사 때마다 온 가족이 한데 모여 즐겁게 지낸 따뜻했던 어린 시절의 기억을 자신의 가정에서 재현하고 싶어 하는 사람도 있다. 또 어린 시절의 고통스러웠던 기억과 다시 맞닥뜨리고 싶어 하지 않는 사람도 있다. 예컨대, 어린 시절 저녁식사 때마다 부모가 늘 거친 말다툼을 해서 소화불량에 걸린 사람은 가족이 모두 모여 저녁식사를 하는 데 부담을 느낀다.

여기 우리가 연구해온 부부들의 '심오한' 꿈의 목록이 있다.

1. 여행을 하고 싶다.

2. 생산적인 일을 하고 싶다.

3. 창조적 능력을 발휘하고 싶다.

4. 경쟁에서 이길 수 있는 능력을 갖고 싶다.

5. 강한 힘을 가지고 싶다.

6. 권력을 갖고 싶다.

7. 명예를 얻고 싶다.

8. 정의로운 삶을 살고 싶다.

9. 모험을 하고 싶다.

10. 자유를 만끽하고 싶다.

11. 과거의 상처를 극복하고 싶다.

12. 과거의 가치관을 유지하고 싶다.

13. 잃어버린 내 과거의 모습을 찾고 싶다.

14. 힐링을 하고 싶다.

15. 삶의 질서를 갖고 싶다.

16. 마음의 평화를 얻고 싶다.

17. 젊음을 유지하고 싶다.

18. 나 자신을 우선순위에 두고 싶다.

19. 나 자신을 탐색하고 싶다.

20. 영적인 여행을 하고 싶다.

21. 신께 용서받고 싶다.

22. 내 인생의 장을 마감하고 싶다. 모든 것들에게 작별인사를 고하며.

어느 꿈이나 그 나름대로 아름다운 것이며, 모든 꿈이 결혼생활을 저해하는 것은 아니다. 그러나 배우자가 당신의 꿈을 존중하지 않거나 당신이 그 꿈을 계속 숨겨두면 문제가 생긴다. 이런 상황에서는 꿈 때문에 배우자와 갈등을 빚거나 심한 말다툼을 벌이게 될 수 있다.

예컨대, 매주 일요일 저녁에 외식을 할 것인지 말 것인지의 문제도 부부 싸움의 불씨가 될 수 있다. 일요일 저녁이 그들의 어린 시절 특별한 추억과 연관되어 있을 때, 그것은 단순히 외식 여부를 떠나 중요한 문제가 될 수 있다. 즉, 어린 시절 일요일 저녁마다 가족이 함께 레스토랑에서 특별한 음식을 먹었던 기억 때문에 결혼 후에도 그렇게 하는 것을 당연하게 여기는 아내와, 일요일 저녁이면 어머니가 손수 만들어주시던 음식이 레스토랑에서 먹었던 음식보다 더 특별했다고 기억하는 남편은 당연히 뜻이 맞지 않는다. 이것은 음식을 레스토랑에서 먹을지 집에서 먹을지의 문제가 아니라, 각자의 어린 시절 경험에서 비롯된 문제인 것이다.

부부의 꿈이 존중받을 때

배우자의 꿈을 서로 존중하는 부부도 있고 코웃음 치며 비웃는 부부도 있다. 행복한 부부는 서로의 꿈을 이해하고 그것을 이룰 수 있도록 서로 돕는다. "우리는 서로가 이루고자 하는 이상을 이해하려고 해요"라고 마이클과 행복한 결혼생활을 하고 있는 저스틴은 말한다. 행복한 부부는 결혼생활을 통해 서로의 꿈을 실현하려고 노력한다. 이러한 꿈은 대학에서 학위를 받고 싶다거나 넓은 집에서 살고 싶다는 것처럼 분명한 것도 있고, 안락한 생활을 하고 싶다거나 모험이 가득한 인생을 살고 싶다는 것처럼 막연한 것도 있다.

셸리는 대학에 진학하고 싶다. 남편인 말콤의 수입은 그녀가 대학을 다니기에 충분하다. 그러나 남편은 스트레스가 심한 마케팅 업무를 그만두고 보트 제작 회사를 차려 사장이 되는 것이 꿈이었으므로 두 사람은 부딪친다. 만약 사이가 좋은 부부라면 배우자의 꿈을 꺾고 자신의 꿈을 주장하지 않을 것이다. 그들은 배우자의 꿈과 희망을 지지하는 하나의 팀으로 결합되어 있기 때문이다. 이 경우 말콤은 셸리가 대학을 졸업할 때까지 지금의 직장에서 계속 일할 수도 있고, 셸리가 대학 진학 후 졸업을 천천히 하거나 대학 진학을 한동안 연기할 수도 있다. 어느 경우나 현실적인 문제가 있으므로 그들의 꿈이 한동안 보류되는 것뿐이다. 이 중 어느 것을 선택할 것인지는 중요하지 않다. 핵심은 결혼생활에서 서로의 꿈을 지지하는 데 있다. 어떻게 할 것인지를 결정하는 것도 서로의 소망과 포부를 인정하고 존중하는 것과 연관되어 있으며, 그들의 결혼생활을 의미 있게 하는 일부다.

부부가 서로의 꿈을 알지 못할 때

말콤과 셸리의 경우, 두 사람 사이의 갈등은 그들의 꿈에서 기인한다. 그들이 해야 할 일은 서로의 꿈과 희망을 존중하는 것이다. 그러나 대부분의 부부는 꿈이 갈등의 핵심에 놓여 있다는 사실조차 명확히 이해하지 못한다. 부부가 교착 상태에서 벗어날 수 있는 유일한 방법은 서로가 가진 인생의 꿈을 알고 이해하는 것이다.

캐서린과 제프의 경우를 살펴보자. 행복했던 그들의 부부관계는 캐서린이 임신하고 나서 악화되었다. 제프가 보기에 관계 악화의 이유는 기독교도인 캐서린이 갑자기 결혼생활에 신앙을 강하게 끌어들였기 때문이었다. 제프는 무신론자였기 때문에 태어날 아기에게 세례를 받게 하고 싶다는 그녀의 말을 듣고 화를 냈다. 그는 자녀를 종교적 교리에 따라 키우고 싶지 않았다.

캐서린과 제프가 이 문제에 대해 이야기하는 것을 들었을 때, 우리 연구소에서는 문제가 교착 상태에 빠져 있는 것이 분명하다고 생각했다. 종교 문제가 두 사람의 마음을 크게 갈라놓고 있는 것을 보고, 나는 그들의 결혼생활이 매우 위험한 국면에 처해 있다고 진단했다. 그 사실을 그들에게 말하자 그들은 서로 신앙과 가족에 대하여 지극히 개인적인 견해를 나누면서도 울거나 웃거나 언성을 높이지 않았다. 그리고 손이나 몸을 접촉하지도 않았다. 그들은 담담하게 각자의 생각을 이야기할 수 있었지만, 마음의 거리는 멀어 보였다. 그들이 안고 있는 진정한 문제는 가족의 의미, 부모로서의 입장, 종교 등 마음의 문제였기 때문에 아무리 지식을 동원하여 분석해봐도 해결책을 찾을 수 없었다.

그 후 그들이 우리 연구소를 다시 찾아왔을 때, 나는 먼저 각자 종교에 대한 생각을 서로에게 이야기하도록 했다. 종교가 이 문제의 근원이었기 때문이다. 캐서린이 먼저 이야기를 꺼냈다. 그녀는 이제껏 가장 괴로웠던 시기를 종교에 의지해 극복해왔다고 말했다. 캐서린의 부모는 서로에게 원망을 품은 채 이혼했다. 아버지는 10년 이상이나 가족과 연락을 끊고 지냈고, 어머니는 극심한 실의에 빠져 있었으므로 캐서린은 어머니에게 의지할 수 없었다. 캐서린은 누구에게도 사랑받지 못했고, 고독감 속에서 인생을 보냈다. 이러한 그녀를 구원해준 것이 종교였다. 그녀는 성도들에게 친근감을 느꼈을 뿐만 아니라 기도를 드림으로써 마음의 평안을 얻었다. 자포자기해서 될 대로 되라는 식으로 함부로 살았던 때에도, 하나님에 대한 사랑이 그녀에게 깊은 위안을 주었다. 괴로웠던 시절에 대한 기억과 종교에 의해 위안받았던 순간을 떠올리며 그녀는 울음을 터뜨렸다.

제프는 지금까지 무신론자로 지내온 이야기를 했다. 캐서린의 가정과는 반대로 그가 자란 가정은 강한 가족애가 있었다. 그는 어려운 상황에 빠졌을 때 반드시 부모에게 도움을 청했다. 그는 자신의 아이들도 부모를 신뢰하도록 키우고 싶었다. 제프는 아이가 교리를 '주입'받아 부모보다도 하나님에게 의지하도록 교육된다면, 가족의 결속이 약해지지 않을까 두려웠다.

제프와 캐서린은 가족에 대해 전혀 상반된 꿈을 꾸고 있었다. 제프는 그들 부부가 자녀들이 필요로 하는 모든 사랑을 줄 수 있고, 정신적인 의지가 되어줄 수 있는 행복한 가정을 꿈꾸고 있었다. 그는 종교가 가족 간의 유대에 위협이 된다고 여기고 있었다. 반대로 캐서린은 종교야말로 반드시 필요한 마음의 지주이므로 자녀에게 종교적 신념을 갖게 하고 싶어 했다.

두 사람이 각자의 꿈을 분명히 이야기하자, 제프는 캐서린에게 화해의 말을 건네며 사랑한다고 말했다. 캐서린이 아이에게 세례를 받게 하려던 것이 아이에 대한 깊은 사랑에서 비롯된 것임을 제프는 깨달았다. 그녀의 경험처럼 힘겨운 상황으로부터 아이를 지키고자 하는 아내의 애정을 그가 완전히 이해하게 된 것이다. 지금까지의 분노는 사라지고 그녀에 대한 깊은 애정이 다시 살아났다.

우리 연구소에서 나눈 두 사람의 첫 번째 대화에서는 아무런 감정의 교류도 찾아볼 수 없었다. 그러나 두 번째 대화에 이르러 제프가 캐서린의 어린 시절 이야기를 듣는 동안, 그의 표정에는 깊은 연민이 드러났다. 그녀가 울음을 터뜨리자, 그는 손수건을 건네주며 이야기를 계속하도록 다독였다. 그녀도 그의 이야기를 진지하게 들었다.

대화를 통해 그들 내면의 꿈이 드러났다. 그들은 어떻게 하면 서로의 꿈을 존중하면서 자녀를 키울 수 있을지를 이야기할 수 있게 되었다. 제프는 아이가 세례를 받는 것에 반대하지 않겠다고 말했다. 자신은 끝까지 무신론자로 지내겠지만, 아이가 초급 기독교 교육을 받는 것은 괜찮다고 했다. 그러나 그이상의 종교 학습은 아이에게 교리를 강요하는 것이 될 수 있다며 반대했다. 캐서린은 그의 의견에 흔쾌히 동의했다.

이처럼 뿌리 깊은 문제가 불과 두 차례의 논의를 통해 해결되는 경우는 거의 없다. 사실 제프와 캐서린의 경우, 모든 문제가 해결되었다기보다는 문제해결의 중요한 첫걸음을 내디뎠다고 할 수 있다. 그들은 서로에게 마음을 쓰며 자녀에 대한 서로의 꿈을 명확히 이해하고, 그것을 인정하고 존중하기로 했다. 그들은 후속 상담도 요청했다. 결국 이 문제가 두 사람 사이에서 잘 해결될 수 있을까? 아마 완벽하게 해결되지는 않을 것이다. 그러나 그들은 평화롭게 이 문제를 안고 사는 법을 터득했다.

꿈을 추적하는 탐정이 되라

심각하든 사소하든 결혼생활이 교착 상태에 빠지면, 그 문제의 기저에 깔려 있는 배우자의 꿈을 찾아내야 한다. 숨겨진 서로의 꿈을 찾아내는 것은 부부가 반드시 해내야 하는 도전 과제이기도 하다. 당신이 가정을 이야기하기 편안한 공간이라고 생각하지 않는 한, 꿈을 찾아내는 일은 불가능하다. 앞서 제시된 '원칙 1, 2, 3'에서 부부 사이의 애정을 강화하는 것이 왜 중요하다고 했는지, 이를 통해서도 알 수 있으리라고 생각한다.

66

해결되지 않는 갈등을 해결하려고 계속 노력하라.
결혼생활에 요구사항이 많은 부부들은
결혼생활에 기대치가 낮은 부부들보다
더 만족스러운 삶을 누릴 가능성이 크다.

99

종종 부부의 개인적인 꿈은 드러나지 않은 채로 내면 깊숙한 곳에 숨겨져 있다. 왜냐하면 대부분의 부부는 그래야만 부부관계가 원활하게 이어져나갈 수 있다고 여기기 때문이다. 결혼을 하면 결혼 전의 개인적인 꿈은 실현이 불가능하다고 여기는 것이 일반적이다. 그들은 자신의 욕망을 '현실성이 없는' 것이거나 '터무니없는' 것으로 여긴다. 그러나 부부가 대화를 통해 서로의 꿈을 알고 이해하는 것은 중요하다. 만일 부부가 서로의 꿈을 존중하지 않는다면, 불가피하게 갈등이 뒤따를 수밖에 없다. 다시 말해, 당신이 꿈을 마음속 깊이 묻어버리는 순간, 그 꿈은 갈등이라는 위장된 형태로 다시 고개를 들이밀 것이다.

연습 : 서로의 꿈을 발견하기

이 연습은 부부관계의 좋고 나쁨과 상관없이 잠재된 꿈을 발견하기 위한 것이다. 다음은 교착 상태에 놓인 여섯 쌍의 부부의 사례다. 다음 사례를 읽고 각 배우자의 관점 안에 어떠한 꿈이 녹아 있는지를 생각해보라. 각 배우자의 입장을 설명할 짧은 이야기를 만들어보라. 그리고 당신이 이러한 입장에 처해 있다고 상상해보라. 부부 여섯 쌍의 사례를 자신의 결혼생활과 대비시켜 살펴보면 의미 있는 지점들을 발견하게 될 것이다.

이것은 정답이 없는 창의적 연습이다. 자신의 일이라면 어떻게 해결할지 부부가 함께 생각해보라.

브랜든과 애슐리

브랜든: 아내는 너무 까다롭게 정리 정돈을 한다. 아내가 청소한 후에는 언제나 물건을 찾느라 애를 먹는다. 내 생각은 하지 않고, 자신의 취향대로 정리하기 때문에 정말 언짢다.

애슐리: 나는 집 안을 깔끔하게 치우고 싶다. 게으른 남편의 뒤치다꺼리를 하느라 언제나 애를 먹는다. 남편은 내가 고생하는 것은 생각지도 않고 방 안을 아무렇게나 어지른다. 뒤치다꺼리하는 데 신물이 난다.

카일과 니콜

카일: 아내는 너무 쉽게 감정을 드러내면서 나를 감정도 없는 남자라고 헐뜯는다. 내가 볼 때 아내는 너무 예민하고 때로는 통제가 안 되기도 한다. 나는 감정이 격해졌을 때는 조용히 혼자 앉아 마음을 가라앉히고 담담하게 이야기하는 게 최선의 방법이라고 생각한다. 하지만 아내는 내가 멀찍이 물러서서 속마음을 전혀 내비치지 않는다고 비난한다.

니콜: 확실히 나는 감정적인 사람이다. 그러나 남편은 감정이 전혀 없는 동상銅像 같다. 그는 얼굴에 감정을 드러내지 않기 때문에 차갑게 느껴진다. 그의 감정을 통 읽을 수 없다. 나는 그 점이 불만이다.

에이바와 토머스

에이바: 남편은 질투가 너무 심하다. 나는 여러 사람을 만나기 위해 파티에 가는 것을 좋아하는데, 남편은 수줍음을 잘 타고 적극성이 없는 편이다. 그래

서 내가 파티에서 다른 남자들과 이야기를 하면 곧 내게 "꼬리 친다"고 비난한다. 나는 사람들과 이야기를 하고 싶은 것뿐이지, 바람기가 있는 건 아니다. 나는 이러한 남편의 모욕적인 발언에 화가 난다. 나는 그를 어떻게 이해시켜야 할지 모르겠고, 의심받는 데 지쳤다.

토머스: 파티나 사람이 모이는 곳에 가면 아내의 눈은 바로 남자들을 좇기 시작한다. 나의 존재를 무시하는 이런 행위는 용서할 수 없다. 언제나 아내에게 이를 추궁하지만 한 귀로 듣고 흘러버릴 뿐 결코 그만두려고 하지 않는다.

멜리사와 리암

멜리사: 남편은 너무 자주 섹스를 요구한다. 그래서 남편이 접근하면, 어떻게 부드럽게 거절해야 할까 고민한다. 남편이 사람 잡아먹는 괴물처럼 느껴질 때도 있다. 남편에게 어떻게 대응해야 할지 몰라 괴롭다.

리암: 아내에게 거의 대부분 거절당하기 때문에, 나는 마음의 상처를 입었다. 내가 매력이 없는 남자인지, 아니면 내가 '아내가 원하는 남편'이 아닌 건지……. 나야말로 괴롭다.

이선과 브리트니

이선: 아내는 너무 인색해서, 여행이나 오락 등 인생을 즐기는 일에는 돈을 쓰려 하지 않는다. 게다가 내가 돈을 쓰는 데도 자유를 주지 않고 간섭하기 때문에 화가 난다.

브리트니: 남편은 경제관념이 없다. 돈을 쓰는 데 사려 깊지 못하고 이기적이다.

아만다와 메이슨

아만다: 남편은 그의 가족들과 너무 가까이 연락하고 지낸다. 나에게 가족이란 극도의 스트레스와 실망감을 주는 존재일 뿐이다. 나는 나의 가족들과도 거리를 두고 싶고, 가족이라는 굴레에서 벗어나고 싶다.

메이슨: 나는 가족들과 가까이 연락하며 지내고 싶다. 나에게 가족은 매우 중요한 것이다. 내가 큰 고난을 겪을 때마다 부모님은 늘 나와 함께해 주셨다. 이제 점점 늙어가는 부모님께 힘이 되고 싶다. 성경에 따르면, "내가 늙어 백수가 될 때에도 나를 버리지 마시며"(시편 71:18)라고 했다. 나는 이 의무를 매우 진지하게 생각한다.

교착 상태에 놓인 문제를 방치하지 마라

잠재된 꿈을 표출하는 연습을 마쳤기에 이제 당신 부부는 교착 상태를 해결할 준비가 되었을 것이다. 이 문제를 해결하는 데는 시간이 걸린다는 사실을 명심하라. 당신이 처음 꿈을 인식하게 되었을 때, 부부간의 문제는 개선되기보다 더 악화되는 것처럼 보일지도 모른다. 그러나 참을성을 가져라. 자신의 꿈을 인식하고 끝까지 밀고 나가는 것은 쉬운 일이 아니다. 서로의 꿈을 상반되는 것처럼 생각하는 것, 그리고 자신의 입장에만 깊이 함몰되어 서로의 꿈을 수용하려 하지 않는다는 것이 교착 상태의 본질이라 할 수 있다.

STEP 1 : 꿈을 탐색한다

문제 해결을 위해 먼저 교착 상태에 놓인 특정한 문제를 선택하라. 그리고 당신의 입장을 설명하는 글을 써라. 상대방의 생각을 비난해서는 안 된다. 배우자가 필요로 하고 있는 것, 자신이 원하는 것, 그 상황에 대해 느끼고 있는 것에 집중하라. 다음으로 당신의 입장의 기저에 놓여 있는 숨은 꿈을 적어라. 이 꿈이 어디에서 기인했는지, 이 꿈이 왜 당신에게 의미가 있는지를 설명하라.

이야기를 하는 쪽의 태도: 꿈에 대한 자신의 입장과 그 꿈이 자신에게 어떤 의미인지를 솔직히 말하는 것이 필요하다. 갈등의 원인이 되는 꿈을 설명하라. 어떻게 그런 꿈을 갖게 되었는지를 설명하라. 당신이 원하는 것이 무엇인지, 왜 그것이 중요한지에 대해 명확하고 솔직하게 이야기하라. 이때 배우자라기보다 친구나 제3자를 향해 이야기하는 것처럼 하라. 상처 입지 않기 위해, 혹은 배우자와의 다툼을 피하기 위해 당신의 감정을 검열하거나 축소하려 하지 마라. 그러나 부드럽게 말하라. 이에 어려움을 느낀다면 제9장의 부드럽게 대화를 시작하는 방법에 대한 조언을 참고할 수 있다. 'I statements'로 자신의 감정과 욕구가 무엇인지에 대해서만 이야기하라. 이 자리는 배우자를 비난하는 자리가 아니다. 어디까지나 자신의 생각을 말하는 자리인 것이다. 당신이 꿈과 관련하여 배우자에게 느끼는 감정은 지금 당장 해결될 수 있는 문제가 아니다.

이야기를 듣는 쪽의 태도: 배우자의 꿈이 당신의 꿈과 대립된다고 하더라도 배우자의 꿈을 나쁜 감정을 가지고 받아들여서는 안 된다. 일단 판단을 유보하라. 곧바로 반론을 제기하거나, 두 사람 사이의 문제를 즉시 해결하려고 해서는 안 된다. 듣는 사람의 역할은 다음과 같은 지지하는 말로 상대방이 이야기를 이어가도록 이끄는 것이다. 다음의 말을 반드시 똑같이 따라할 필요는 없다. 다만 말에 진심을 담아야 한다.

- 당신은 이 문제에 대해 어떻게 생각해요? 이 문제에 대한 당신의 가치관이나 신념을 알고 싶어요.
- 당신의 입장을 말해줘요.
- 당신이 그리는 이상적인 미래를 말해줘요.
- 당신의 꿈에 대해 이야기해줘요. 그 꿈은 당신의 유년 시절과 어떤 식으로 관련이 있나요? 당신에게 그것이 어떤 의미가 있는지 알고 싶어요.
- 당신이 바라는 것이나 필요한 것이 있으면 말해줘요.

나쁜 대화의 사례

조지아: 내 꿈은 늘 에베레스트에 오르는 거였어요.

네이선: 무슨 소리야? 우선 우리에게 그럴 만한 돈이 있지도 않아요. 게다가 등반만큼 위험한 짓은 없다고 생각해요. 나는 테이블 위에만 올라가도 현기증이 난다고.

조지아: 당신에게는 이야기해봤자 소용이 없어.

좋은 대화의 사례

조지아: 내 꿈은 늘 에베레스트에 오르는 거였어요.

네이선: 산에 오르는 게 당신에게 어떤 의미가 있는지 얘기해줘요.

조지아: 세상에서 가장 높은 곳에 오르는 일을 내가 해냈다는 생각이 들겠지요. 나
　　　는 어릴 적에 병약해서 아무것도 못하는 아이였어요. 늘 부모님으로부터
　　　"조심해라, 조심해"라는 말을 들으며 자랐죠. 에베레스트 등반은 내가 할
　　　수 있는 가장 성취감 있는 일이 되리라 생각해요. 성취감이 정말 클 것 같
　　　아요.

되도록 배우자의 꿈을 지지하는 쪽으로 이야기하라. 이는 반드시 배우자의
꿈이 실현될 거라고 믿고 있음을 의미하지는 않는다. 배우자의 꿈을 존중하는
데는 세 가지 단계가 있다. 그 어느 것이나 모두 결혼생활에 유익하다. 첫째,
배우자의 꿈에 대해서 흥미를 가지고 있음을 알리는 것이다. 예컨대, 네이선은
조지아와 함께 등반 강좌를 수강하는 데 관심이 없다고 해도 등반 강좌를 수
강하겠다는 그녀를 지지해줄 수 있고, 그녀가 그것에 대해 이야기할 때 귀 기
울여 들어줄 수도 있다. 둘째, 배우자가 꿈을 이룰 수 있도록 적극적으로 도와
주겠다고 알리는 것이다. 예컨대, 네이선은 조지아가 등반을 하는 데 재정적인
도움을 줄 수 있다. 셋째, 배우자의 꿈의 일부가 되어주는 것이다. 예컨대, 네이
선은 조지아가 좋아하는 등반을 함께 즐길 수 있다.

STEP 2: 배우자의 마음을 가라앉히도록 노력한다

부부의 꿈이 상반되는 경우 서로 감정이 격앙되기 쉽다. 부부가 대화에 임
할 때 상대방의 반응을 살피도록 하라. 스트레스의 징후를 감지한다면 배우자
에게 알려줘라. 흥분을 하게 되면 대화는 아무런 도움이 되지 않는다는 것을

명심하라. 이럴 때는 최소 20분간 이야기를 중단하고, 서로 마음을 가라앉히도록 노력한다. (제9장의 세 번째 단계 '서로를 진정시키기'를 참고하라.)

STEP 3: 임시적 타협점을 찾는다

이제 서로가 품은 꿈의 차이를 받아들이고, 문제에 관해 우호적으로 이야기를 나눌 수 있을 만큼 타협이 가능한 때가 되었을 것이다. 여기서는 문제를 해결하는 것이 목적이 아니라—아마 문제를 완전히 해결할 수는 없을 것이다—그 문제에서 독소를 뽑아 결혼생활에 해독을 끼치지 않도록 하는 것이 목적이다.

예를 들면, 샐리는 그날그날이 즐거우면 된다고 여기는 성격으로, 충동적으로 물건을 구입하는 경향이 강한 아내다. 남편인 거스의 가장 큰 꿈은 경제적으로 안정된 가정을 이루는 일이다. 그는 무엇인가를 구입할 때 시간을 들여 차분히 생각하며, 절약을 생활신조로 삼고 있다. 샐리가 산장山莊을 구입하자는 말을 꺼냈을 때, 부부의 꿈은 충돌했다. 거스는 그럴 만한 돈은 없다며 반대했고, 샐리는 산장 정도 살 돈은 있다고 반발했다.

이것은 교착 상태에 놓인 문제로서 거의 1년 동안 이 부부 사이에 자리 잡고 있었으며, 이에 대해 대화를 할 때면 으레 고성이 오갔다. 거스는 고생해서 힘들게 모은 돈을 물 쓰듯 쓰는 무책임한 아내라고 샐리를 비난했다. 샐리는 거스가 자신의 꿈과 즐거움을 모두 앗아가 버리는 남편이라고 비난했다. 우리는 이 교착 상태를 해결하기 위해, 우선 샐리에게 산장이 어떤 의미가 있는지 이야기하게 했다. 샐리는 자신의 꿈은 인생을 즐기는 것이라 말하며, 산장은 편안한 휴식을 주고 자연과 일체가 되도록 해줄 것이라고 설명했다. 예전에 샐리는, 남편이 자신을 내일을 위해서만 살아가는 일벌레로 만들려 한다고 자주 불평을 했지만, 이번에는 그런 말을 하지 않았다. 단지 그녀의 꿈에 관해서만 말하고, 남편에 대한 미움이나 불만은 말하지 않았다.

　다음으로 거스가 이야기할 차례가 되었다. 그는 자신에게 저축이란 매우 중요하다고 말했다. 그는 노년에 빈곤하지 않기를 바라고 있었다. 그이 조부모가 가난에 허덕이는 모습을 보면서 자랐기 때문이었다. 조부모가 주_州에서 운영하는 무료 양로원으로 보내져, 예전에 지녔던 위엄을 모두 잃은 모습을 그는 기억하고 있었다. 그의 가장 큰 목표는 늙어서 조부모처럼 되지 않는 일이었다. 거스는 샐리의 무계획적이고 어린아이 같은 충동적인 물건 구입에 짜증이 났으며, 자신의 노후 설계가 그녀 때문에 무너질 거라고 생각했다. 그러나 이번에는 아내를 비난하지 않고, 궁색했던 조부모의 노후 생활과 그의 꿈인 경제적 안정에 대해서만 설명했다.

　샐리와 거스가 서로의 꿈을 이야기하고 나자, 변화가 일어났다. 상대방의 꿈이 자신의 꿈을 깨뜨릴 것이라는 두려움에서 벗어나, 자신이 사랑하는 배우자가 간절하게 품고 있는 꿈을 볼 수 있게 되었다. 서로 상반되는 꿈이기는 해도 상대방의 꿈을 존중하고, 두 사람 모두 받아들일 수 있는 절충안을 찾아내는 데 전력을 기울이기 시작했다. 그들이 밟은 순서는 다음과 같았다.

　① 서로 양보할 수 없는 최소한의 꿈을 제시했다.

　샐리는 조그마한 산장 한 채를 갖고 싶다고 말했고, 거스는 재정적 안정을 위해 적어도 3만 달러는 저축하고 싶다고 말했다.

② 서로 양보할 수 있는 범위를 이야기했다.

샐리는 커다란 산장이 아니라 둘이서 편안히 쉴 수 있는 작은 산장이 좋겠다며 당초 그녀가 꿈꿨던 것에 비해 크게 양보했다. 지금 당장 사고 싶지만, 거스가 동의할 때까지 함께 일하면서 몇 년은 기다릴 수 있다고 말했다. 거스는 다달이 두 사람 월급의 일부를 저축하고, 그것이 3만 달러에 이른 시점에 별장을 사는 데 동의한다고 말했다.

③ 이들은 서로의 꿈을 존중하고 타협했다.

3년 후에 작은 산장을 산다. 그때까지 3만 달러를 저축하기 위해 열심히 일하고, 그 저축의 절반을 산장의 계약금에 충당하며, 나머지는 투자신탁회사에 맡긴다. 다만 2개월 후에 이 계획을 재검토하여 수정할 수 있다.

샐리와 거스는 두 사람 사이에 가로놓인 문제를 영원히 해결할 수 없는 것이라고 여겼다. 샐리는 늘 산장과 모험이 가득한 이상적인 삶을 추구하는 반면, 거스의 머릿속은 재정적 안정, 은퇴 후 노후자금 등 현실적인 염려로 가득했다. 그러나 두 사람은 서로가 가진 꿈을 효과적으로 절충하여, 근본적인 성격 차이에서 기인한 갈등의 교착 상태를 피할 수 있었다.

STEP 4: 배우자에게 고마움을 표현한다

결혼생활에 강한 영향을 미치고 있는 교착 상태를 극복하려면 여러 차례의 대화가 필요하다. 이때 아무리 이성적으로 배우자의 생각을 받아들이려고 해도 심리적인 거부감을 피할 수는 없다. 여기에서 우리의 목표는 배우자에 대한 감사의 마음을 되살리는 데 있다. 배우자와 결혼해서 좋은 점들을 헤아려 보고, 배우자에게 감사의 마음을 표현해야 한다. 교착 상태에 놓여 있을 때에는 감사의 말을 꺼내기가 매우 힘들 것이다. 그러나 힘들기 때문에 노력해야 한다. 당신이 배우자에게 느끼는 고마움을 구체적으로 세 가지 이상 표현해 보라. (제5장의 '연습 1: 고마워요'를 참고하라.)

지금까지 제시한 네 가지 단계를 따르면 교착 상태에 놓인 문제로부터 벗어날 수 있을 것이다. 교착 상태에 놓인 문제들은 본질적으로 지속적인 성격을 가지고 있으므로 어느 단계에서나 성실과 인내가 필요하다. 교착 상태를 완화시킴으로써 부부는 서로에게 헌신할 수 있고, 서로 신뢰감을 형성할 수 있다. 마침내 교착 상태에 놓인 문제가 무거운 짐처럼 느껴지지 않을 때, 유머를 섞어가며 이야기할 수 있게 될 것이다. 그 문제가 대수롭지 않게 여겨지고 그로 인해 배우자에 대한 애정이 더욱 깊어진다면, 그 순간 당신은 결혼생활에서 한 발짝 진전했음을 알게 될 것이다.

12

원칙 7

공유할 수 있는
인생의 의미를 발견하라

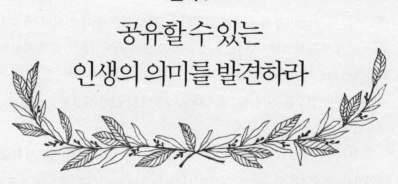

"우리 부부는 여피족젊은young, 도시형urban, 전문직professional의 머리글자를 딴 'YUP'에서 나온 말로, 도시를 기반으로 전문직에 종사하며 고수입을 올리는 젊은이들을 말한다이었어요. 우리의 결혼생활은 좀 피상적이었죠. 서로 좋아하고 나름 잘 해나가기는 했지만……케빈과는 진정한 마음의 유대가 없었어요. 그저 같은 공간에 살며 섹스만 했죠"라고 헬렌은 말했다. 그녀는 스스로를 '열렬한 페미니스트'라고 칭했으며, 남자에게 의존하지 않는 것을 자랑으로 여겼다. 그녀는 부부가 각자 선호하는 직업과 취미, 친구를 선택하고 취향대로 생활하는 것이 이상적인 인생이라고 생각했다.

그러나 결혼생활을 해나가며 아기가 태어나자 지금까지의 결혼생활에 무엇인가가 결여되어 있다고 느끼기 시작했다. 그녀는 자신의 확고한 정체성을 포기하고 싶지는 않았지만, 결혼생활에 변화가 있어야 한다는 생각이 들었다. 우리 연구소를 방문한 후, 그녀는 자신이 원하던 것이 무엇인지 알게 되었다. 그녀는 케빈과 '한 가족'이라는 감정을 느끼고 싶었던 것이다.

지금까지 제시한 여섯 가지 원칙을 실천한다면 안정적이고 행복한 결혼생활을 할 수 있는 가능성이 높아진다. 그러나 "뭐야, 겨우 이것뿐이야?"라고 무시해버린다면 당신의 결혼생활은 헬렌과 케빈의 결혼생활과 비슷해지고 말 것이다. 그들은 두 사람이 인생의 의미를 공유한다는 것의 깊은 의미를 간과했다. 결혼생활은 아이를 낳아 키우고, 집안일을 함께하고, 섹스를 함께하는 것만이 전부가 아니다. 두 사람이 만들어가는 내면의 삶이라는 정신적인 측면도 갖고 있다. 즉, 가족이라는 울타리 안에서 부부의 역할이나 인생의 목표가 어떤 의미를 갖는지를 이해해야 한다.

흔히 우리는 '문화'라고 하면 구성원에 의해 습득, 공유, 전달되는 일정한 행동 양식을 지닌 민족이나 나라와 같은 거대한 이미지를 머리에 떠올린다. 그러나 문화란 삶의 의미를 공유하는 부부에 의해서도 창출될 수 있다. 모든 부부는 본질적으로 저마다 특유의 '소문화microculture'를 만들어낸다. 다른 거대한 문화와 마찬가지로, 이 소문화는 가정의 습관(매주 일요일에 가족끼리 외식하는 일 등)이나 의식(아기가 태어나면 집안사람들이 모여 잔치를 여는 일 등)으로 구성되어 있다. 뿐만 아니라 (진지한 이야기든, 꾸며낸 이야기든, 과장된 이야기든) 부부들은 각각 그들의 결혼생활에 의미를 더해주는 일종의 '신화'를 가지고 있다.

폴라와 덕 부부는 두 사람 모두 자신이 자란 가정에서는 '좀 뒤처진 존재'라서, 스스로를 가족 중에서 지능이나 외모가 가장 신통치 않다고 여겼다. 그러나 그들의 형제자매가 모두 결혼을 하지 않거나 이혼을 한 반면, 폴라와 덕은 행복한 가정을 이루고, 안정된 직업을 가지고, 친밀한 가족관계 속에서 아이들을 훌륭하게 키우고 있었다. 이것 역시 그들 특유의 문화다. 그들이 스스로의 결혼생활에 대해 하는 이야기, 즉 그들의 '신화'는 그들이 얼마나 멋진 한 팀을 이루고 있는지, 그리고 얼마나 잘 나아가고 있는지, 그들에 대해 부정적으로 이야기하던 사람들에게 어떻게 한 방 먹였는지, 온갖 악조건에도 불구하고 어떻게 성공을 이뤄냈는지에 대한 것이다.

이러한 가정의 문화를 만들어내기 위해서 부부의 인생관이 반드시 모든 면에서 일치해야 할 필요는 없다. 서로 마음만 잘 맞으면 된다. 인생의 꿈을 공유할 수 없더라도, 배우지의 꿈을 존중하고 그 꿈을 함께 키워나가는 것이 그 가정의 문화가 될 수 있다. 또한 가정의 문화란 남편과 아내가 나이 들어가고 발전해감에 따라 함께 변화하는 탄력적인 것이다. 인생의 의미를 공유할 수 있는 결혼생활이라면, 갈등이 일어나더라도 심하지는 않을 것이며, 사소한 일이 해결될 수 없는 문제로까지 확대될 가능성도 크지 않을 것이다.

물론 부부가 인생의 깊은 의미를 공유하지 않고 두 사람의 꿈이 합치하지 않더라도, 안정된 결혼생활을 누릴 수는 있다. 이 장은 당신이 빈번히 부딪히는 문제들을 어떻게 다루어야 하는지, 교착 상태에 봉착하지 않고 어떻게 그 문제들을 현명하게 껴안고 살아야 하는지를 당신에게 제시해줄 것이다. 바꾸어 말하면, 부부의 꿈이 서로 다르고 그 꿈을 함께 나눌 수 없더라도 서로 존중하는 것이 중요함을 깨달아야 한다. 예를 들면, 부부가 서로 다른 종교를 갖고 있어도 배우자의 영적 여정을 존중하면 신앙의 차이를 극복할 수 있다.

다툼의 소지가 있는 문제를 단지 회피하는 것만으로는 결코 더 나은 결혼생활을 만들어낼 수 없다. 부부가 결혼생활에 대해 동일한 기반을 공유할수록 결혼생활은 훨씬 더 풍부하고 의미 있어진다. 자신을 무리하게 배우자에게 맞출 수는 없다. 그러나 서로 배우자의 관점에 마음의 문을 활짝 연다면, 그 거리를 자연스럽게 좁힐 수 있을 것이다. 결혼생활에서의 중요한 목표는 부부가 진솔하게 자신의 신념을 이야기할 수 있는 분위기를 만들어내는 것이다. 서로에게 더 솔직하고 정중하게 말할수록 각자가 생각하는 결혼생활의 의미는 잘 조율될 수 있다.

우리 연구소에서 헬렌과 케빈은 인생의 정신적인 측면에 대해 집중적으로 이야기를 나누었다. 첫날 자신들이 자라난 가정환경, 가족사, 가치관 등에 대해 솔직하게 대화를 나눴다. 집으로 돌아가 헬렌은 오래된 앨범을 꺼내어 아일랜드에서 이민 온 할아버지와 할머니의 사진을 케빈에게 보여주었다. 그리고 지금까지 몇 번이고 들었던 그들의 결혼생활 이야기—할아버지가 미국으로 떠나기 전에 할머니와 약혼한 일 등—를 케빈에게 들려주었다. 할아버지는 할머니를 미국으로 데려오기 위해 4년간 열심히 일해 돈을 모았으며, 그동안 다른 여자를 조금도 가까이하지 않았다. 헬렌은 이 이야기를 통해 결혼생활을 지탱하는 기둥은 서로에 대한 믿음과 성실함이라고 생각해왔다. 지금까지 그녀는 케빈에게 이 이야기를 한 적이 없었다.

케빈도 자신의 가족 이야기를 헬렌에게 들려주었다. 특히 캔자스 주의 벽촌에서 할머니가 홀몸으로 잡화점을 운영했으며, 1929년의 대공황 때에 곤궁한 동네 사람들에게 식료품을 무료로 나누어주다가 도산 직전까지 몰렸던 이야기를 했다. 식료품이 떨어져 곤란해진 사람들은 매주 월요일 밤, 할머니가 가게 문을 닫기 직전에 찾아왔다. 할머니가 그들을 위해 식료품을 따로 챙겨둔다는 것을 알기 때문이다. 케빈은 "아버지는 '우리 모나한 가문은 바보'라는 말을 들을 정도로 가난한 사람들에게 너그러웠다'고 말씀하셨어. 그렇게 말씀하시긴 했지만, 아버지는 그걸 자랑스럽게 여기시는 것 같았어"라고 헬렌에게 말했다. 그의 피에도 모나한 가문의 전통이 흐르고 있으며, 자신 역시 가난한 사람들을 위한 성금을 낼 때에 자신의 월급에 걸맞지 않을 정도로 많은 액수의 돈을 낸다고 말했다.

이런 이야기를 나눈 것은 헬렌과 케빈의 결혼생활에 전환점이 되었다. 그 후 이들은 자주 어린 시절에 들었던 가족 이야기를 나누며, '성실'과 '타인에 대한 너그러움'이라는 가치를 소중히 간직해나가자고 다짐했다. 그들은 반복해서 서로의 가족사를 듣고 그 이야기를 자녀들에게 들려줌으로써, 집안의 전통을 자녀들에게 물려주고 싶었다. 헬렌은 케빈에게 중요한 모나한 가문의 이야기와 가치를 자신의 삶에 받아들였고, 케빈 또한 헬렌 가문의 정신적 유산을 수용하였다. 공유할 수 있는 인생의 의미를 함께 나누면 나눌수록 부부의 관계는 깊고 풍부해진다. 이와 함께 결혼생활에서의 애정 또한 강화된다. 이러한 관계를 만들어갈 수만 있다면, 다툼이 일어나도 쉽게 해결할 수 있다. 이것이야말로 이 장에서 말하는 '원칙 7'의 효용인 것이다. 하나의 원칙을 지킬 수 있으면 다음 원칙도 쉽게 지킬 수 있게 된다.

부부가 공유하는 인생의 의미 네 가지

나는 부부들을 연구하는 과정에서, 부부가 공유하는 인생의 의미 가운데 네 가지 중요한 핵심(의식, 역할, 목표, 가치관)을 찾아낼 수 있었다. 부부가 함께 이

네 가지 핵심을 확고히 한다면 가정생활이 훨씬 더 풍성해질 것이다.

핵심 1 : 유대감을 높이기 위한 의식 만들기

미국에서 정기적으로 함께 모여 저녁을 먹는 가정이 전체의 3분의 1도 안되며, 그중 절반은 TV를 틀어놓은 채 저녁을 먹는다는 사실은 슬픈 현실이다. 이는 자연스럽게 저녁식사 중 가족들 간 대화의 단절로 이어진다. 결혼생활에서 일종의 의식을 만들어내는 것은 이런 단절에 대한 강력한 해독제가 될 수 있다. 의식이란 가족이 함께 즐길 수 있으면서, 가족 간의 애정을 두텁게 할 수 있는 이벤트 혹은 일상을 말한다. 우리는 대부분 크리스마스 파티에 가거나 가족 모임에 참석하는 등의 의식에 익숙하다. 그러나 우리는 이러한 의식이 우리에게 어떤 의미가 있는지에 대해서는 깊이 생각해보지 않는다. 사회학자 윌리엄 도허티는 저서 《목적이 이끄는 가정The Intentional Family》에서 부부가 그들 나름의 의도를 가지고 의미 있는 의식을 창출해내는 일의 중요성을 강조한다. 부부가 각자 부부관계에 도입한 의식, 혹은 부부가 함께 만들어낸 의식의 가치와 중요성을 인식함으로써 부부는 가족으로서의 정체성을 수립해나갈 수 있다.

의식은 반드시 부부 각자의 유년 시절 추억이나 결혼 전 가족의 관습으로부터 내려오는 것일 필요는 없다. 부부 나름의 의식을 창출할 수 있는 것이다. 만약 가족이 주말마다 함께 외출을 한다면 이것도 그 가족의 의식이 된다. 이처럼 새로운 의식은 부부로서 함께 삶을 꾸려나가다 보면 자연스럽게 생기게 된다. 예를 들어, 추수감사절 저녁이면 아내와 나는 친한 친구들 몇 명과 함께 시간을 보내는데, 이것은 13년 동안이나 이어져 오고 있다. 이 의식에서 우리는 항상 지나온 시간 동안 서로에게 고마웠던 일들을 회상하고 이야기한다. 이 의식은 해를 거듭함에 따라 더 소중하게 느껴져서, 아내와 나는 마음이 따뜻해지고 서로 유대감을 느낄 수 있는 이 의식을 매년 고대하게 된다.

함께 생일 케이크를 만드는 것은 닉과 할리 가족에게 중요한 의식이 되었다. 닉과 할리의 아들은 어린 시절부터 계란 알레르기가 있어서 제과점에서 생일 케이크를 살 수 없었다. 그래서 가족의 생일이 다가오면 닉과 할리는 계란을 넣지 않은 케이크를 집에서 만들었다. 아들은 자라면서 계란을 넣은 음식을 먹을 수 있게 되었지만, 집에서 생일 케이크를 만드는 가족 의식은 여전히 이어지고 있다. 이 의식은 가족이 함께 모일 수 있는 기회이자 집에서 따뜻한 생일파티를 할 수 있는 기회다.

가족의 유대감을 키우는 의식은 결코 아무렇게나 생성되고 유지되는 것이 아니다. 이것은 그 나름의 구조가 있다. 그리고 의식을 지켜나가는 가족들은 그 의식이 어떤 역할을 하는지를 이해하고 있다. 그들은 단순히 서로의 관심사를 공유하는 것을 넘어서서 이를 가족 모두에게 의미 있는 방식으로 연결하는 것이 의식이 가진 진정한 의미임을 안다.

예를 들어, 아내와 나는 우리가 '연례 허니문'이라고 부르는 의식을 자랑스럽게 생각한다. 지난 15년 동안 우리는 집으로부터 100마일 떨어진 한적하고 아름다운 곳에서, 매년 같은 방의 같은 침대를 쓰고 같은 식사를 하며 머물러 왔다. 우리는 카약을 가지고 그곳에 가며, 미술관과 아틀리에에 들르고 하이킹도 한다. 우리는 그 1주일 동안 서로 못 다한 이야기를 나누고 함께 회상에 잠기기도 한다. 물론 그러다 다투기도 하지만, 바쁜 일상 때문에 잠시 제쳐두었던 주제들을 꺼내 서로의 입장을 이해하기도 한다. 이는 우리에게 늘 로맨틱하고 마법과도 같은 특별한 시간이다.

많은 부부들은 섹스와 관련한 의식을 통해 부부관계를 개선시켜 나가기도 한다. 사람들은 흔히 섹스란 즉흥적이어야 하고, 계획되지 않은 것이어야 좋다고 생각한다. 그러나 부부들에게 언제 했던 섹스가 최고였는지를 물으면, 그들은 대개 연애 초기에 한 섹스를 최고로 꼽는다. 그때를 돌아보면, 로맨틱한 섹스는 결국 어떤 옷을 입어야 좋을지, 어떤 향수를 뿌려야 좋을지, 어떤 음악을 들어야 좋을지, 어떤 와인이 좋을지를 계획함으로써 이뤄진다. 로맨틱한 섹스를 계획하는 의식을 만드는 것은 부부 모두의 마음을 고조시킬 수 있다.

부부간에 의식을 통해 인생의 의미를 얼마나 잘 공유하고 있는지를 알아보려면 다음의 질문에 답해보라. 만일 이를 통해 부부의 생각이 일치하지 않는다는 사실을 알게 된다면, 부부 모두에게 진정 의미 있는 의식을 만들어보라.

가정의 특정 의식에 대한 유대감 테스트

다음을 읽고 맞으면 '예', 그렇지 않으면 '아니오'에 표시하라.

1. 우리 부부는 주말에 취미 생활을 함께 즐긴다.　　　　　　　예 / 아니오

2. 우리 부부는 피로를 푸는 우리만의 방법이 있다.   예 / 아니오

3. 저녁식사를 비롯하여 가정에서 갖는 의식에 대하여 우리 부부의 의견은 대체로 일치한다.   예 / 아니오

4. 우리 부부는 집에서 파티를 열거나 친구를 초대할 때, 의견이 엇갈리지 않는다.

     예 / 아니오

5. 추석, 크리스마스 등 연휴의 식사는 우리 부부에게 특별하고 행복한 시간이다.

     예 / 아니오

6. 우리 부부는 좋아하거나 싫어하는 기념일(생일, 결혼기념일, 가족모임 등)이 같다.

     예 / 아니오

7. 매년 부부가 함께 보내는 휴가나 여행이 기다려진다.   예 / 아니오

8. 귀가하여 서로 얼굴을 마주하는 순간은 우리 부부에게 특별한 시간이다. 예 / 아니오

9. 텔레비전을 보는 것에 대하여 우리 부부는 같은 생각을 가지고 있다.

     예 / 아니오

10. 잠들기 전의 대화는 우리 부부의 친밀감을 높인다.   예 / 아니오

11. 몸이 아플 때, 배우자가 정성껏 돌봐주어 사랑받고 있다고 느낀다.

     예 / 아니오

12. 아침에 부부가 함께하는 식사는 우리에게 아주 소중한 일과다.   예 / 아니오

13. 부부가 함께 집안일을 하는 것이 즐겁다.   예 / 아니오

채점 및 진단: '예'를 1점으로 계산한다. 점수가 3점 이하라면, 당신은 부부관계를 개선해야만 하는 시점에 서있다.

핵심 2: 서로의 역할을 지지하기

우리는 누구나 가족 구성원으로서 일정한 역할을 맡게 된다. 남편, 아내, 아들, 딸, 아버지, 어머니 등이 그것이다. 그런데 부부 사이에서 자신의 역할과 배우자의 역할에 대하여 갖는 기대는 부부 사이에 애정을 더 깊게 하기도 하고, 갈등을 야기하기도 한다.

당신의 결혼생활은 부부가 서로에 대해 기대하는 것, 즉 가정 내 배우자의 역할이 어떠해야 하는지에 대한 생각이 일치하는 정도에 따라 달라질 것이다. 나는 여기서 누가 설거지를 하는지 등의 피상적인 주제에 대해 이야기하려는 것이 아니다. 부부가 서로에게 기대하는 역할에 대한 깊이 있는 논의를 하려는 것이다.

예를 들어, 이안과 힐러리 부부는 남편이란 보호자이자 부양자가 되어야 하며, 아내란 아이들의 양육자가 되어야 한다고 생각한다. 반면 이반과 클로에 부부는 성평등주의적인 결혼생활을 추구하며, 부부가 서로의 정서적·재정적 지지자가 되어야 한다고 믿는다. 이들 두 부부의 경우, 모두 남편과 아내가 그들의 역할에 대해 비슷한 기대를 가지고 있기에 문제가 없다. 만약 이안이 클로에와, 힐러리가 이반과 결혼했다면 결혼생활에 큰 갈등이 있었을 것이다. 부모가 자녀에게 어떤 가치관을 심어주는 것이 좋은지를 비롯해 양육에 대한 비슷한 관점을 가지는 것 또한 결혼생활에서 중요하다. 직장 생활에 어떤 의미를 부여하는지도 부부의 일체감을 형성하는 데 중요한 역할을 한다. 다시 말해, 이러한 주제들에 대해 부부가 얼마나 유사하게 생각하는지에 따라 부부의 결속력은 달라질 것이다.

이것은 물론 부부의 관점이 항상 일치해야 한다거나 일치할 수 있다는 뜻은 결코 아니다. 예를 들어, 같은 직업을 가진 부부라 하더라도 각자에게 그 직업에 대한 의미가 다를 수 있다. 조니는 열정적인 지질학자다. 조니의 직업은 그의 정체성의 중요한 부분을 차지하며, 그가 세상을 바라보는 방식에도 커다란 영향을 미친다. 객관적인 분석을 강조하는 과학적 접근법은 그의 개인적인 성향에도 큰 영향을 끼치는 것이다. 그는 자신이 지질학자라는 사실을 자랑스럽게 생각한다. 만약 누군가 그에게 자기소개를 해보라고 한다면, 그는 자신이 지질학자라는 사실을 가장 먼저 말할 것이다. 반면 그의 아내 몰리도 지질학자이지만, 그녀는 자신의 직업에 대해 조니만큼 큰 자부심을 갖고 있지는 않다. 그녀는 자신을 지질학자이기 이전에 여자라고 생각한다. 그러나 그들은 다른 많은 부분에서 유대감을 느끼기에 이러한 차이가 크게 문제되지 않는다.

역할 테스트

당신 부부가 역할에 대해 얼마나 비슷한 생각을 갖고 있는지 알아보기 위해, 다음을 읽고 맞으면 '예', 그렇지 않으면 '아니오'에 표시하라.

1. 우리는 남편/아내로서의 역할에 대해 비슷한 가치관을 갖고 있다.

예 / 아니오

2. 우리는 아버지/어머니로서의 역할에 대해 비슷한 가치관을 갖고 있다.

예 / 아니오

3. 우리는 서로에게 좋은 배우자가 되어준다는 것이 무엇인지에 대해 비슷한 관점을 갖고 있다. 예 / 아니오

4. 우리는 가족과 친지의 중요성에 대해 비슷한 관점을 갖고 있다. 예 / 아니오

5. 우리는 일을 하는 것이 인생에서 어떤 의미인지에 대해 비슷한 관점을 갖고 있다. 예 / 아니오

6. 배우자와 나는 직업과 결혼생활의 균형을 유지하는 데 대해 비슷한 관점을 갖고 있다. 예 / 아니오

7. 배우자는 내가 인생에서 이루어야 할 사명이라고 생각하는 것을 지지해준다. 예 / 아니오

채점 및 진단: '예'를 1점으로 계산한다. 점수가 3점 이하라면, 당신은 부부관계를 개선해야만 할 시점에 서있다.

핵심 3: 목표 공유하기

우리가 성취하고자 노력하는 목표는 우리의 삶에 의미를 부여한다. 우리 모두에게는 돈을 많이 벌고 싶다는 현실적인 욕망부터, 그보다 더 깊고 영적인 열망까지 다양한 목표가 있다. 누군가는 학대를 받았던 어린 시절의 괴로운 기억으로부터 벗어나 평화와 치유를 얻는 것이 목표일 수 있다. 또 다른 이에게는 자녀를 심성 착한 사람으로 양육하는 것이 목표일 수 있다. 그러나 우리

는 내면의 가장 깊은 곳에 숨어 있는 목표에 대해서는 이야기하지 않는 경향이 있다. 심지어 그동안 자신의 목표에 대해 자문해본 적도 흔치 않다. 그러나 우리가 삶의 목표에 대해 생각해보는 것은 결혼생활에 깊은 영향을 미치는 무엇인가를 탐색해보는 기회가 될 것이다.

부부는 서로의 목표를 공유함으로써 배우자와의 친밀감을 높일 수 있을 뿐만 아니라, 공유된 목표를 성취하기 위해 함께 나아갈 수도 있을 것이다. 즉, 이는 부부간의 유대를 더욱 난단히 할 수 있는 기회가 될 것이다. 예를 들어, 에밀리와 알렉스는 교회에서 봉사활동을 하고 있다. 그들은 자녀들이 성장하면 지역사회에 복음을 전하는 일을 하기로 결심했다. 그래서 그들은 신학교에 등록하고, 신앙을 갖고 싶은 사람들을 위한 교육 프로그램을 만들기 시작했다.

"알렉스가 아니었다면 혼자 힘으로 이 일을 해야 했을 거예요." 에밀리가 말했다. "그러나 알렉스가 지역사회를 위한 봉사활동의 중요성을 이해하고 도와주어서 훨씬 더 값진 경험이 될 수 있었어요. 나는 내 신앙생활뿐만 아니라 결혼생활도 새로운 국면에 접어들었다고 느꼈어요."

목표 공유하기 테스트

다음은 부부가 얼마만큼 목표를 공유하고 있는지를 알아보기 위한 테스트다. 다음을 읽고 맞으면 '예', 그렇지 않으면 '아니오'에 표시하라.

1. 우리는 인생의 꿈이 일치한다.   예 / 아니오

2. 우리는 여러 면에서 비슷한 인생 목표를 갖고 있다.   예 / 아니오

3. 우리는 경제적으로 비슷한 목표를 갖고 있다.   예 / 아니오

4. 우리는 일상, 여행, 노년 설계 등 여러 면에서 같은 꿈과 열망을 갖고 있다.

예 / 아니오

5. 우리 부부에게 중요한 사람들(부모, 자녀 등)에 대해서도 우리는 여러 면에서 비

슷한 목표를 갖고 있다.   예 / 아니오

6. 우리는 목표가 서로 다를 때조차 서로의 목표를 존중하기 위해 노력해왔다.

예 / 아니오

7. 결혼생활과 관계없는 나의 개인적인 목표라도, 배우자는 이를 자랑스럽게 여

긴다.   예 / 아니오

8. 배우자는 내가 지금까지 이루어온 것들을 가치 있는 일이라고 생각한다.

예 / 아니오

9. 우리는 장래에 경제적으로 어려워지는 것에 대해 똑같이 염려하고 있다.

예 / 아니오

10. 노년에 결혼생활을 돌이켜보았을 때, 우리는 사이좋게 지내왔다고 생각할 것

이다.   예 / 아니오

채점 및 진단: '예'를 1점으로 계산한다. 점수가 3점 이하라면, 당신은 부부관계
를 개선해야만 할 시점에 서있다.

핵심 4: 가치관 공유하기와 상징

가치관과 믿음 체계는 결혼생활에서 부부가 공유하는 인생의 의미 네 가지 중에서도 결정적인 축을 이룬다. 이는 당신이 어떻게 삶을 영위해나갈 것인지에 대한 일종의 철학적 인생관이라 할 수 있다. 누군가는 종교적 믿음에 깊게 뿌리내린 가치관을 가지고 있다. 반면 종교를 갖고 있지 않은 사람들도 가치관을 형성하고 그들의 선택에 영향을 미치는 나름의 믿음 체계가 있다.

종종 부부의 가치관과 믿음 체계는 상징을 통해 드러난다. 그것은 사물일 수도 있고, 무형의 것일 수도 있다. 십자가나 메이즈자mezuzah, 유대교에서 신명기의 몇 절을 기록한 양피지 조각을 뜻한다는 부부의 집을 장식하는 신앙의 상징이다. 반면 이에 비해 훨씬 더 개인적인 차원의 상징도 있다. 제나와 스펜서에게 주방에 있는 테이블은 특별한 의미가 있다. 그 테이블은 그들이 수년간 저축을 해서 모은 돈으로 일류 조각가인 한 목수에게 부탁하여 제작한 것이다. 기념일이나 가족 모임에서 테이블을 세팅할 때마다, 그 견고하고 매력적인 테이블은 그들의 결혼생활이 가진 아름다움과 안정을 의미하는 상징물이 되었다. 어떤 부부는 선반 위에 아기 천사 조각상을 놓아두었는데, 이는 사산한 첫 아기를 애도하기 위한 것이었다. 이 아기 천사 조각상은 첫 아기를 애도함은 물론, 이 비극을 함께 겪어내고 극복하여 지금은 행복한 대가족을 이룬 그들 자신의 회복력과 깊은 사랑, 서로에 대한 지지를 상징한다.

이와 더불어 추상적인 상징 또한 결혼생활에 중요하다. 가정 그 자체도 부부에게 중요한 상징적 의미가 될 수 있다. 가정이란 가족이 먹고 자는 물리적 장소일 뿐만 아니라 그들이 함께 사는 정신적 장소이기도 하다. 즉, 가정은 부부가 사랑을 완성하고 자녀가 잉태되어 성장하는 장소다. 또한 가족사家族史는 풍부한 상징을 지니고 있을 뿐만 아니라 뿌리 깊은 가치관을 반영한다. 바다를 사이에 두고 멀리 떨어져 있었지만 사랑의 끈을 놓지 않았던 헬렌의 조부모에 대한 이야기는 그녀에게 가족 간의 깊은 사랑의 지속성을 상징한다. 이이야기가 나올 때마다, 이것은 헬렌의 가족이 중요한 가치를 부여하는 '사랑의 지속성'에 대한 상징이 된다.

우리 부부의 경우에는 집 벽에 선조들의 사진을 걸어두었다. 선조들과 관련된 가족사는 우리가 부부로서 공유하는 가치관을 담고 있다. 예를 들어, 벽에 걸린 선조들 중 나의 증조부는 유대인의 율법을 지킨 푸줏간 주인으로 관대한 사람이었다. 매주 그는 종교를 불문하고 그가 가진 고기의 10분의 1을 집시들을 포함하여 도움이 필요한 가정에 나눠주었다. 그는 항상 어느 가정이 어려운지를 파악하고자 노력했다. 때문에 형편이 어려운 이웃의 대문 앞에는 어김없이 마법처럼 고기가 놓여 있었다. 나는 딸에게 자주 증조부에 대한 이야기를 하면서, 우리는 그분이 실천했던 봉사정신을 가치 있게 생각하여 이를 배우고 이어받아야 한다고 말하곤 한다.

가치관 공유하기 테스트

다음은 부부가 얼마만큼 가치관을 공유하고 있는지를 알아보기 위한 테스트다. 다음을 읽고 맞으면 '예', 그렇지 않으면 '아니오'에 표시하라.

1. 우리는 결혼을 한다는 것의 의미에 대해 공통된 가치관을 갖고 있다.

예 / 아니오

2. 우리는 결혼생활에서 애정의 중요성에 대해 공통된 인식을 갖고 있다.

예 / 아니오

3. 우리는 두 사람 모두, 상호 신뢰가 중요하다고 생각한다.　　　예 / 아니오

4. 우리는 '부부'로서 서로 의지하는 것이 중요하다고 생각한다.　　예 / 아니오

5. 우리는 두 사람 모두, 개인의 자유가 중요하다고 생각한다.　　　예 / 아니오

6. 우리는 두 사람 모두, 부부 사이에도 자율성과 자립이 중요하다고 생각한다.

예 / 아니오

7. 우리는 두 사람 모두, 결혼생활에서 동등한 권한을 갖는 것이 중요하다고 생
   각한다.　　　　　　　　　　　　　　　　　　　　　　　　예 / 아니오

8. 우리는 삶에서의 모험 정신, 도전 정신의 의미에 대해 공통된 가치관을 갖고
   있다.　　　　　　　　　　　　　　　　　　　　　　　　　예 / 아니오

9. 우리는 두 사람 모두, 인생을 즐기는 것이 중요하다고 생각한다.　예 / 아니오

10. 우리는 결혼생활에서 섹스가 차지하는 중요성에 대해 공통된 인식을 갖고 있
    다.　　　　　　　　　　　　　　　　　　　　　　　　　　예 / 아니오

11. 우리는 돈의 의미와 그 중요성에 대해 공통된 가치관을 갖고 있다.

예 / 아니오

12. 우리는 소유물(토지, 집, 승용차, 의류, 책 등)에 대해 공통된 가치관을 갖고 있다.

예 / 아니오

13. 우리는 환경보호에 대해 공통된 가치관을 갖고 있다.　　　　　예 / 아니오

14. 우리는 자녀 교육의 중요성에 대해 공통된 인식을 갖고 있다.   예 / 아니오

15. 우리는 가정의 의미에 대해 공통된 가치관을 갖고 있다.   예 / 아니오

16. 우리는 삶의 평온이 얼마나 중요한지에 대해 공통된 인식을 갖고 있다.

예 / 아니오

17. 우리는 추억을 이야기하는 것을 좋아한다.   예 / 아니오

18. 우리는 은퇴 후 노년에 무엇을 할지에 대해 공통된 의견을 갖고 있다.

예 / 아니오

채점 및 진단: '예'를 1점으로 계산한다. 점수가 9점 이하라면, 당신은 부부관계를 개선해야만 할 시점에 서있다.

연습: 의미 창출을 위해 네 가지 핵심 활용하기

다음의 질문 목록은 앞서 제시한 '부부가 공유하는 인생의 의미 핵심' 네 가지에 대한 연습문제다. 각 항목은 앞서 살펴본 바와 같이 의식, 역할, 목표, 가치관, 총 네 부문으로 나뉜다. 다음에 제시된 질문들은 하룻밤 안에 대답하도록 만들어진 것이 아니다. 앞으로 부부가 함께 계속 의논해나가면 좋을 것이다.

다음의 연습문제를 효과적으로 활용하기 위해서는, 현재 부부관계에서 개선이 시급한 핵심 사항에 집중해야 한다. 부부가 서로에게 질문을 하나씩 던져라. 각 질문에 대한 답변을 노트에 메모해도 좋다. 그리고 나서 서로의 답변에 대해 대화하

라. 부부의 일치된 생각은 물론, 서로 다른 생각에 대해서도 이야기하라. 서로의 가치관, 철학, 꿈을 존중하고 지지할 수 있는 방법을 찾아라. 물론 많은 영역에서 부부는 각자 다른 생각을 가지고 있겠지만, 그럼에도 불구하고 서로를 이해하고 지지할 수 있는 방법을 찾아야 한다. 특히 서로가 근본적으로 다른 생각을 가지고 있는 영역에서 서로를 이해하는 데 집중하라. (만약 여기에서 부부간에 말다툼이 생긴다면, '원칙 4, 5, 6'과 관련한 장으로 돌아가 연습문제를 복습하라.)

핵심1 : 유대감을 높이기 위한 의식 만들기

당신의 부부관계에서 중점을 두고 싶은 중요한 의식을 최소 두 개 정도 생각해보라. 다음의 목록에서 아이디어를 얻어도 좋다. 의미 있는 의식은 주로 기념일, 혹은 매일의 일상에서 나누는 교감을 통해 만들 수 있다. 당신이 선택한 의식에 대해, 이것이 왜 당신에게 의미 있고 중요한지를 이야기하라. 당신의 어린 시절에도 이런 의식이 있었는지, 만약 있었다면 그때 그 의식을 어떻게 행했는지를 이야기하라. 그리고 나서 이 의식이 부부 사이에서는 어떻게 이루어졌으면 좋겠는지에 대해 구체적으로 논의하라. 예를 들면, 이 의식에 대해 누가 어떤 부분을 담당할지 등에 대해 논의하라.

기념일과 관련된 의식

생일

결혼기념일

추수감사절

크리스마스

신년 전야

유월절Passover, 이집트 탈출을 기념하는 유대인의 축제

라마단

부활절

콴자Kwanzaa, 미국에서 일부 아프리카계 미국인들이 12월 26일에서 1월 1일 사이에 여는 문화 축제

안식일

졸업식

기타

여가와 관련된 의식

데이트

로맨틱한 저녁 외출

집에서의 저녁식사

집으로 손님들을 초대하는 파티

휴가

대화와 관련된 의식

서로 존중의 마음 표현하기

매일의 감사함 표현하기

부부관계에 대해 이야기 나누기

불행한 일 혹은 나쁜 소식 나누기

서로에 대한 요구사항 표현하기

스트레스 받는 일 이야기하기

섹스와 관련된 의식

섹스를 자연스럽게 요구하기

섹스를 부드럽게 거절하기

섹스에 대해 터놓고 이야기하기

매일의 일상과 관련된 의식

건강을 유지하는 방법

아침의 일상과 출근할 때의 작별인사

퇴근 후 귀가

피곤할 때 활기를 되찾는 방법

수면시간

함께 잠이 들 때

몸이 아플 때

핵심2: 서로의 역할을 지지하기

내면 깊이 자리한 '역할'에 대한 생각을 서로에게 더 솔직하게 이야기할수록 보다

적절한 합의가 이루어질 것이다. 다음의 질문에 답하고 이를 공유하라. (다음의 모

든 질문에 답할 필요는 없다. 당신의 삶과 관계없는 질문은 넘어가면 된다.)

1. 남편/아내로서의 당신의 역할에 대해 어떻게 생각하는가? 이 역할이 당신에게 의미하는 바는 무엇인가? 당신의 아버지/어머니는 이 역할에 대해 어떻게 생각하는가? 아버지/어머니의 생각과 어떤 점이 비슷하고 어떤 점이 다른가? 이 역할을 어떻게 바꿔보고 싶은가?

2. 아버지/어머니로서의 당신의 역할에 대해 어떻게 생각하는가? 이 역할이 당신에게 의미하는 바는 무엇인가? 당신의 아버지/어머니는 이 역할에 대해 어떻게 생각하는가? 아버지/어머니의 생각과 어떤 점이 비슷하고 어떤 점이 다른가? 이 역할을 어떻게 바꿔보고 싶은가?

3. 아들/딸로서의 당신의 역할에 대해 어떻게 생각하는가? 이 역할이 당신에게 의미하는 바는 무엇인가? 당신의 아버지/어머니는 이 역할에 대해 어떻게 생각하는가? 아버지/어머니의 생각과 어떤 점이 비슷하고 어떤 점이 다른가? 이 역할을 어떻게 바꿔보고 싶은가?

4. 직장인으로서의 당신의 역할(또는 당신의 직업)에 대해 어떻게 생각하는가? 이 역할이 당신에게 의미하는 바는 무엇인가? 당신의 아버지/어머니는 이 역할에 대해 어떻게 생각하는가? 아버지/어머니의 생각과 어떤 점이 비슷하고 어떤 점이 다른가? 이 역할을 어떻게 바꿔보고 싶은가?

5. 친구로서의 당신의 역할에 대해 어떻게 생각하는가? 이 역할이 당신에게 의미하는 바는 무엇인가? 당신의 아버지/어머니는 이 역할에 대해 어떻게 생각하는가? 아버지/어머니의 생각과 어떤 점이 비슷하고 어떤 점이 다른가? 이 역할을

어떻게 바꿔보고 싶은가?

6. 지역사회에서의 당신의 역할에 대해 어떻게 생각하는가? 이 역할이 당신에게 의미하는 바는 무엇인가? 당신의 아버지/어머니는 이 역할에 대해 어떻게 생각하는가? 아버지/어머니의 생각과 어떤 점이 비슷하고 어떤 점이 다른가? 이 역할을 어떻게 바꿔보고 싶은가?

7. 당신의 삶에서 이러한 역할들 사이의 균형을 어떻게 잡고 있는가?

8. 배우자가 당신이 맡은 역할에 도움이 되고 있다면, 어떤 방식으로 도움이 되고 있는가?

9. 앞으로 배우자가 당신이 맡은 역할에 도움이 될 수 있는 방법은 무엇이라고 생각하는가?

핵심3: 목표 공유하기

다음의 각 질문에 대한 당신의 생각을 써보라. 서로의 대답을 공유한 후에 공통의 목표가 무엇인지 이야기를 나누어보라.

1. 인생의 목표가 무엇인가? 중요한 순서대로 목록을 만들어보라.

2. 향후 5~10년 안에 어떤 목표를 성취하고 싶은가?

3. 배우자와 자녀를 위해 어떤 목표를 가지고 있는가?

4. 당신 부부는 서로의 인생 목표를 지지하고 있는가? 그렇다면 어떤 노력을 하고 있는가?

5. 성취하고 싶은 인생의 꿈 중 현재 가장 이루고 싶은 것은 무엇인가?

6. 당신이 꼭 하고 싶지만, 시급한 일들 때문에 미뤄둔 활동이 있는가? 있다면 어떤 것인가?

7. 만약 자신의 사망 기사를 직접 쓴다면 어떻게 쓰고 싶은가?

핵심4: 가치관 공유하기와 상징

다음의 질문들은 결혼생활에서의 중요한 가치관에 대해 이야기를 나누는 데 도움이 될 것이다.

1. 가족의 의미는 무엇이라 생각하는가? 그리고 당신이 가족 구성원으로서 소중히 생각하는 것을 나타내는 상징물(사진이나 사물)이 있는가?

2. 당신 가족의 전통 중 가장 중요하다고 생각하는 것은 무엇인가? 가치관을 상징적으로 나타내거나 자부심의 원천이라고 생각하는 가족사가 있는가?

3. 가정에는 어떤 특성이 있어야 한다고 생각하는가? 당신은 가정에서 어떤 어린 시절을 보냈는가?

4. 당신에게는 어떤 사물, 어떤 행동(예를 들면, 십자가 목걸이와 같은 사물이나 봉사활동과 같은 행동)이 의미 있는 삶을 상징하는가? 당신은 스스로의 가치관을 어느 정도까지 구현하며 살아가고 있다고 생각하는가?

깊이 있는 주제와 관련하여 배우자와 일체감을 느끼는 것은 하루아침에 이루어지는 일이 아니다. 함께 서로를 탐색하는 것은 현재진행형인 일이자, 평생

토록 이어지는 과정이다. 무엇이 진정 의미 있는 일인지에 대해 모든 면에서 부부의 가치관이 일치할 필요는 없다. 그러나 상대방이 가장 소중히 지니고 있는 가치관에 대해 열린 태도를 가져야 한다. 각자의 생각을 보다 쉽게 서로에게 터놓고 이야기할 수 있는 결혼생활을 만들어간다면, 부부가 함께하는 생활은 더 즐거워질 것이다.

당신의 부부문제를 책이나 상담가가 전부 해결해줄 수는 없다. 그러나 이 책에서 제시한 일곱 가지 원칙을 결혼생활에 적용해나가면, 부부관계를 긍정적인 방향으로 이끌 수 있다. 다시 말해, 만약 매일 조금씩이라도 부부관계를 변화시켜나간다면 결국 극적인 효과를 얻게 될 것이다. 핵심은 계속해서 긍정적인 변화를 모색하고 시도하는 것이다.

결혼생활을 개선시켜나가는 것은 부부가 함께 떠나는 긴 여행과도 같다. 그러므로 긴 여행을 떠나듯이, 매일 한 걸음씩 개선의 길을 걸어 나가도록 하라. 중간 중간 자신의 위치를 돌아보고, 다음 발걸음을 옮겨라. 도중에 옴짝달싹할 수 없거나 걸음을 헛디뎠을 때는 그 문제와 관련된 부분을 다시 읽어보기 바란다. 이는 당신이 올바른 방향을 찾는 데 도움을 줄 것이다. 여기 당신이 매일의 삶에 적용하여 부부관계를 개선해나갈 수 있는 전략을 소개한다.

마법의 여섯 시간을 사용해보라

애정문제연구소를 찾아온 부부에 대해 연구를 해나가는 과정에서, 우리는 결혼생활을 충실히 개선해나가는 부부와 그렇지 못한 부부의 차이는 무엇인지에 대해 의문을 갖게 되었다. 관계를 원만하게 회복한 부부는 그들의 생활을 극적으로 바꾼 것일까? 아니다. 놀랍게도 그들은 관계 개선을 위해 1주일에 불과 여섯 시간만을 투자하며 부부관계를 조금씩 바꾸어나간 것뿐이었다. 그들은 각자의 스타일대로 여섯 시간을 투자했지만 거기에는 공통된 패턴, 즉 '일곱 가지 원칙'을 부부가 함께 적용하려는 시도가 있었다. 이 시도는 놀라울 정도로 효과가 있어서, 나는 이것을 '마법의 여섯 시간'이라고 부른다. 그 내용은 다음과 같다.

출근할 때

아침마다 남편과 아내가 출근할 때 "다녀올게요"라고 말하기 전에, 배우자에게 그날의 일정을 간단히 알려준다. 예를 들면, 직장상사와 점심식사를 함께 할 것이라든지, 병원에 다녀올 것이라든지, 친구와 약속이 있다는 등의 일정을 공유한다.

- **필요한 시간:** 2분×5일
- **합계:** 10분

집에 돌아왔을 때

집에 돌아와 배우자와 포옹을 하고 5초 이상 입을 맞춘다. 이 5초의 키스만으로도 배우자는 가정의 가치를 다시 한 번 생각하게 될 것이다. 또한 하루 일과를 마치면서 적어도 20분 이상 직장이나 밖에서 받은 스트레스를 해소할 수 있는 대화를 주고받는다. (제6장을 참고하라.)

- **필요한 시간:** 20분×5일
- **합계:** 1시간 40분

존중과 감사의 표현

매일 배우자에게 어떤 형태로든 진심이 담긴 존중과 감사의 말을 건넨다. 진심으로 "사랑해"라고 말한다.

- **필요한 시간:** 5분×7일
- **합계:** 35분

애정표현

함께 있을 때 키스, 포옹, 스킨십 등으로 배우자에게 애정을 표현한다. 그리고 잠들기 전에 잊지 않고 키스를 한다. 이 '굿나잇 키스'는 그날 있었던 부부간의 사소한 다툼을 사과하는 하나의 방법이 될 수 있다. 즉, 굿나잇 키스는 배우자에 대한 애정의 표현일 뿐만 아니라 용서를 구해야 할 때 화해의 제스처가 되기도 있다.

- **필요한 시간:** 5분×7일
- **합계:** 35분

데이트

둘만이 함께하는 시간을 갖는다. 부부는 이 시간에 함께 느긋한 휴식을 누릴 수 있다. 또한 이 시간을 로맨틱하게 보내며 두 사람이 친밀하게 결합하는 기회로 만들 수도 있다. 두 사람의 '애정 지도'를 업데이트하고 '서로를 향해 가기' 위해 배우자에게 '열린 질문'을 한다. 배우자에게 할 질문들을 생각해 보라. 예를 들면, "자기가 며칠 전에 말했던 침실 인테리어 말인데, 어떻게 바꾸고 싶어요?", "이번 휴가는 어디로 갈까요?", "최근에 상사와의 관계는 어때요?" 등의 질문을 주고받을 수 있다.

- **필요한 시간:** 2시간×1일(1주일에 한 번)
- **합계:** 2시간

부부회의

1주일에 한 시간 정도 한 주의 부부관계에 대해 대화를 나눈다. 이 시간을 소중히 생각하라. 한 주 동안 부부관계에서 어떤 점이 좋았는지에 대한 이야기로 대화를 시작한다. 그리고 미처 표현하지 못한 배우자에게 고마웠던 점 다섯 가지를 서로 이야기한다. 되도록 구체적으로 표현하려고 노력하라. 다음으로는 문제점들에 대해 의논한다. '부드럽게 대화 시작하기'를 사용하고, 방어적인 태도를 취하지 않는다. 9장의 '연습 4'에서 제시했던 두 개의 원 그리기 방법(안쪽의 작은 원과 바깥쪽의 큰 원에 각각 당신이 양보할 수 없는 것들의 목록과 당신이 양보할 수 있는 것들의 목록을 만들어 타협안을 찾는 방법)을 사용하여 문제를 해결한다. 만약 유감스러운 일이 있었다면 9장의 '연습 5'를 사용하여 이를 해결한다. "다음 주에 당신이 사랑받는 기분을 느끼도록 하려면 내가 어떻게 하면 좋을까요?"라고 서로 묻고 답하며 부부회의를 마친다.

- **필요한 시간**: 1시간×1일
- **합계**: 1시간

얼마 안 되는 시간으로 두 사람의 관계가 극적으로 개선될 것이다. 이것이 내가 말하는 '마법의 여섯 시간'이다.

> 66
>
> 행복한 결혼생활을 위한 매일의 사소한 노력이
> 헬스클럽에 다니는 것보다 훨씬 더 효과적으로
> 건강과 장수에 기여한다는 사실을 기억하라.
>
> 99

부부관계의 위기 경보기

자신을 결혼생활 전문가라고 자칭하는 사람들 중 어떤 사람은 부부가 결혼생활에 실패하는 주된 원인이 배우자에 대해 너무 큰 기대를 품고 있기 때문이며, 그 기대치를 낮추면 배우자에 대한 실망도 적어진다고 말한다. 그러나 노스캐롤라이나대학교의 도널드 바우컴 박사는 부부의 기대치를 철저하게 연구하여 이 가설이 옳지 않음을 밝혀냈다. 바우컴 박사는 연구 결과를 통해 배우자에 대한 기대치가 높은 부부일수록 행복한 결혼생활을 하고 있음을 실증하고 있다.

신혼부부를 대상으로 한 우리의 연구 결과도 바우컴 박사의 이론과 합치한다. 배우자에게 부정적 감정(짜증, 감정적 거리감)을 품게 되어 서로에 대한 기대감이 낮아진 부부는 계속 불행하고 불만족스러운 결혼생활을 하게 된다. 반면, 배우자에 대한 높은 기대감을 버리지 않은 부부는 '경멸'을 보이거나 '자기변호'를 하고 싶어질 때라도 서로 차분히 이야기를 나누며 행복하고 만족스러운 결혼생활을 하고 있었다.

따라서 결혼생활이 악화되는 징후를 발견하는 조기 경계 시스템을 자신의 마음속에 내장시켜두어야 한다. 나는 이것을 '부부관계의 위기 경보기'라고 부른다. 결혼생활에 이상 조짐이 있다는 사실을 빠르게 알려주기 때문이다.

남편에게 가장 무서운 말은 "우리 문제로 할 말이 있어요"라는 아내의 말이라고 어느 학자는 말했다. 마찬가지로 아내도 남편에게 그런 말을 듣는다면 두려울 것이다. 이 상황을 극복하는 최선의 방법은 두 사람의 관계가 폭발하기 전, 아직 희미한 연기가 나고 있을 때 둘이서 그 연기에 대해서 세심하게 이야기를 나누는 것이다. '부부관계의 위기 경보기'가 그 타이밍을 당신에게 알려줄 것이다.

다음 문항들에 대해 부부가 1주일에 한 번씩 자문자답해보라. 그렇게 하면 부부관계의 현 위치를 알게 될 것이다. 문제에 대해 이야기를 나눌 때는 말을 부드럽게 꺼내고 비난의 말은 하지 않아야 한다. 예를 들면, "요즘 당신이 내게 왠지 무뚝뚝한 것 같아요. 뭔가 마음 상한 일이라도 있어요? 가르쳐줘요"라고 말을 꺼내보라.

방법

다음 문항들을 통해 최근 부부관계가 어떤지를 평가해보고, 어떤 주제로 배우자와 대화를 나눌지 생각해보라. 당신에게 해당된다고 생각하는 항목을 모두 표시하라. 만약 당신이 표시한 항목이 네 개를 넘을 경우, 사흘 이내에 배우자와 이 사안에 대해 부드럽게 대화를 나눠보라.

1. 나는 요즘 고독감에 시달리고 있다.

2. 나는 요즘 줄곧 신경이 곤두서 있다.

3. 나는 요즘 배우자로 인한 혼란스러움을 피해 혼자 있고 싶다.

4. 나는 요즘 어디론가 혼자 멀리 떠나고 싶다는 생각이 든다.

5. 나는 요즘 배우자와 감정적으로 소원해져 있다.

6. 나는 요즘 배우자와 감정을 공유하지 못하고 있다.

7. 나는 요즘 배우자에게 화가 나 있다.

8. 나는 요즘 배우자가 하는 모든 일에 화가 난다.

9. 나는 요즘 배우자가 무슨 생각을 하고 있는지 전혀 모르겠다.

10. 나는 요즘 배우자의 감정을 이해하고자 하는 마음이 생기지 않는다.

11. 나는 지금보다 더 배우자와 마음이 통했으면 좋겠다.

12. 요즘 배우자의 관심이 나 아닌 다른 것에 쏠려 있다.

13. 요즘 배우자는 나에게서 떠나, 혼자가 되고 싶어 하는 것 같다.

14. 요즘 배우자는 내 생각을 이해하려고 하지 않는다.

15. 요즘 배우자는 나와 감정적인 교류를 나누고 싶어 하는 것 같지 않다.

16. 요즘 배우자는 나의 작은 행동 하나에도 신경질적으로 반응한다.

17. 요즘 우리는 큰 스트레스를 받고 있고, 그것이 우리의 관계에 영향을 미치고 있다.

18. 요즘 우리에게는 대화가 필요하다.

19. 요즘 우리는 의사소통이 잘 되지 않고 있다.

20. 요즘 우리는 마음이 통하지 않는다.

21. 요즘 우리들의 생활에는 즐거움도 기쁨도 별로 없다.

22. 요즘 우리 사이에 냉랭한 분위기가 감돈다.

23. 요즘 우리는 평상시보다 자주 충돌한다.

24. 요즘 들어 작은 다툼이 큰 문제로 발전하게 된다.

25. 요즘 우리는 서로에게 상처를 주고 있다.

상대방을 받아들여라

'일곱 가지 원칙'을 지키려고 노력하다보면 '건설적인 비난' 같은 것은 있을 수 없음을 깨닫게 된다. 모든 비난은 상대방에게 상처를 입힌다. 즉, 어떤 점을 고쳐주었으면 좋겠다는 요구와는 달리, 불평불만이나 비난은 결혼생활을 조금도 개선하지 못할 뿐만 아니라 오히려 악화시킨다.

그렇다면 부부들은 왜 자신의 배우자를 비난하게 되는가? 우리는 두 가지 원인을 발견했다.

첫 번째 원인은 배우자가 감정적으로 무책임한 경우다. 간단한 예로, 만일 나탈리가 남편 조나에게 화장실에 신문을 놓고 나오지 말라고 항상 말하는데도 조나가 이를 무시한다면, 나탈리는 그를 비난하기 시작할 것이다. 결국 나탈리는 "신문을 잘 챙겨서 나와야죠"라고 다정하게 말하는 대신에, "맨날 이게 뭐야! 칠칠치 못하게!"라고 남편을 모욕하는 말을 내뱉게 된다.

나탈리가 이렇게 말하고 싶어지는 심정도 이해할 수 있다. 그러나 이 말은 그의 협력을 유도하기보다는 그를 한층 더 무책임하게 만들어버릴 우려가 있기에 부부관계에 도움이 되지 않는다. 이것을 개선하는 유일한 방법은 비록 힘이 들더라도 부부 모두 상대방에 대한 태도를 바꾸는 것이다. 무책임한 배우자에게 비난의 말을 내뱉지 않는 데는 인내가 필요하다. 그리고 항상 자신의 결점을 지겹도록 비난하는 밉살스러운 상대방의 말을 들어주고, 그것을 따르는 데에는 용기가 필요하다. 그러나 그렇게 하지 않으면 두 사람 사이의 갈등에 종지부를 찍을 수가 없다.

두 번째 원인은 어린 시절의 특정 경험이나 트라우마 등과 관련된 성격적 특성 때문이다. 특히 어렸을 때 경험한 자신감 상실은 삶에 계속 영향을 미쳐서 자기 회의懷疑로 이어진다. 애론의 예를 생각해보자. 애론은 자신이 하는 일에 자신감이 없다. 사업에 실패하자 그는 자신을 쓸모없는 인간이라고 믿게 되었다. 사업에 성공했을 때에도 그는 자신을 자랑스럽게 여기지 못했다. 늘 마음속에서 또 다른 목소리가 "아직 충분하지 않다"고 그에게 말하고 있었다. 그는 인정받기 위해 계속 노력했는데, 인정을 받더라도 그것을 즐기지 못하고 여전히 충분하지 않다는 생각을 반복했다.

이런 애론이 코트니와 결혼했을 때, 어떤 일이 일어났을까? 그는 이제까지 항상 무엇이 나쁜지, 무엇이 부족한지에 대해서만 신경을 써왔으므로 코트니가 가진 장점에 감사해할 줄 몰랐고, 그녀와 결혼해서 좋아진 점도 발견하지 못했다. 그의 사업이 위기에 처했을 때 코트니가 그에게 보여준 다정함과 헌신적인 애정, 정서적인 지지에 대해 감사하는 것이 아니라 그녀의 단점, 즉 감정적이고, 적극성이 없고, 청소를 게을리하는 것만을 비난했다.

그들의 사례는 결혼생활이 원만치 않은 부부 중 85%의 이야기이기도 하다. 당신이 행복한 결혼생활을 위해 할 수 있는 최선의 일은 당신의 있는 그대로의 모습을 받아들이는 것이다. 내 인생을 되돌아보면, 있는 그대로의 나의 모습을 인정했을 때 남편과 아버지로서의 역할에 큰 변화가 일었다.

이러한 변화에 한 발짝 다가가는 데 당신의 영적 믿음이 도움이 될 수 있다. 많은 종교적 전통에는 우리 삶의 축복에 집중하고 이에 감사의 기도를 드리는 것이 포함된다. 당신이 어떤 종교를 가지고 있든, 종교에 대한 당신의 관점이 어떻든, 여기에는 장기적인 관계에 대한 중요한 메시지가 담겨 있다. 감사와 칭찬의 표현은 비난이나 경멸에 대한 해독 작용을 한다. 다음 연습은 감사와 칭찬을 표하는 첫걸음으로 당신을 안내할 것이다.

연습: 감사 표현하기

STEP 1: 먼저 1주일 동안 당신에게 배우자를 비난하는 경향이 있는지 인식하려고 노력하라. 만약 당신에게 그러한 경향이 있다면, 배우자를 비난하기보다는 배우자의 좋은 면을 보려고 노력하라. 배우자가 결혼생활에 기여하는 바를 생각해보고, 배우자를 칭찬할 이유를 찾아보아라. 먼저 단순한 것부터 시작하라. 세상을 찬양하라. 당신이 오늘 숨 쉬고 있음에, 떠오르는 태양에, 빗줄기의 아름다움에, 자녀의 보석 같은 눈동자의 경이로움에 감사하라. 이처럼 누군가에 대한 특별한 감사가 아니더라도, 당신의 나날들의 작은 경이로움에 감사하는 마음을 말로 표현하라. 이는 당신의 부정적인 관점을 변화시키는 출발점이 될 것이다.

STEP 2: 다음 1주일 동안에는 매일 적어도 한 가지 이상 배우자에게 진심 어린 칭찬의 말을 하라. 이 연습이 당신 부부에게 어떠한 영향을 미치는지에 주목해보라. 이 연습을 다음 주, 그 다음 주에도 계속해보라. 그리고 배우자가 아닌 다른 사람들(예를 들면, 자녀들이나 친구들)에게도 적용해보라. 누구를 만나더라도 그 사람의 특별한 점, 긍정적인 점 등을 찾아보고 그 자질을 칭찬하라. 칭찬은 언제나 겉치레가 아닌 진심 어린 것이어야 함을 기억하라.

감사와 칭찬을 표현하는 기간을 한 주, 두 주 연장해갈수록 당신은 큰 선물을 받게 될 것이다. 즉, 당신은 스스로에 대해서도 덜 비판적으로 바라볼 수 있게 될 것이다. 은혜와 용서가 당신의 삶 속으로 들어올 것이다. 이것이 바로 '어메이징 그레이스'Amazing Grace. 미국의 대표적인 찬송가로, 작곡가는 미상이며 작사가는 영국 성공회 사제 존 뉴턴(1725~1807)이다. 뉴턴이 과거 흑인 노예무역을 했을 때 흑인을 학대했던 것을 참회하며 1772년에 가사를 쓴 것으로 알려져 있다라고 할 수 있다. 당신이 이루어낸 것에 대해 아직도 부족하다고 생각하는 대신, 이에 만족하고 즐거워할 수 있게 될 것이다.

부모가 자녀에게 줄 수 있는 가장 귀중한 선물 중 하나는, 부모가 자녀에게 잘못했을 때 그것을 솔직하게 인정하고 "이번 일은 잘못했어. 미안하구나"라고 사과하는 것이다. 이렇게 함으로써 아이들도 잘못을 했을 때 부모에게 이를 솔직히 시인하고 용서를 구할 수 있게 된다. 마찬가지로 배우자에게 "미안해요"라고 사과의 말을 건네는 것은 배우자에게 줄 수 있는 큰 선물이 된다. 부부관계를 감사와 칭찬으로 가득 채울수록 두 사람의 마음은 따뜻해질 것이고, 결혼생활은 디욱더 깊은 의미로 채워질 것이다.

■□ 추천의 말

행복한 부부는 건강하고 장수한다

강학중(한국가정경영연구소 소장)

결혼생활을 위협하는 변수가 많은 현대사회

요즘은 남들에게 '가정'과 '가족' 그리고 '부부'에 대해서 이야기하고 다니지만 내가 결혼할 때엔 나 역시 아는 것이 없었다. 초등학교를 졸업하면 중학교에 가고, 중학교를 졸업하면 고등학교에 가고, 적령기가 되면 결혼하고, 그리고 때가 되어 아이가 생기면 여자들이 아이 낳아 키우고, 남자들은 밖에서 열심히 돈 벌고…… 이것이 내가 아는 전부였다고나 할까.

결혼을 왜 해야 하고 부모가 된다는 것이 어떤 의미를 갖는 것인지, 아버지 노릇과 남편 역할은 어떻게 해야 하는지를 진지하게 생각해보지도 않았고 제대로 배워본 적은 더더욱 없었다.

가족학을 공부하면서, 그리고 대학에서 '결혼'과 '가족'을 가르치면서 '일찍이 이런 기회가 나에게도 있었다면 갈등과 불화를 크게 줄일 수도 있었을 텐데' 하는 아쉬움을 느낀다. 급격하게 사회가 변하면서 문제가 터지면 그때 그때 주먹구구식으로 대처하는 임기응변으로는 행복한 결혼생활을 기대할 수 없기 때문이다.

한 마을에서 태어나 같은 마을에서 나고 자란 사람과 결혼하여 평생 다른 지역으로 가보지도 못하고 그곳에서 생을 마감하는 농경사회와는 달리 요즘은 결혼생활을 위협하는 변수가 많아졌다. 소가족·핵가족화되고 일터와 가정이 분리되며 직장 때문에 이동이 잦아지면서, 문제가 생겼을 때 도움을 받을 수 있는 가족과 친족의 범위가 크게 줄어들었다. 이로 인해 갈등과 문제 해결 능력이 부족한 부부는 심각한 위기에 빠지거나 해체로 치닫는 경우를 종종 본다. 그리고 여성들이 교육을 받고 경제력을 가지게 되면서 일방적으로 참고 사는 시대는 옛말이 되었다. 가정의 안정이나 자식의 장래도 중요하지만 자신의 행복도 희생할 수 없다는 자각이 생긴 것이다.

저절로 보장되지 않는 행복한 가정

가정폭력과 이혼고아에 대한 보도나 통계는 우리를 우울하게 한다. 가정은 따뜻한 보금자리요 안식처라고 하지만 사랑하는 두 사람이 결혼만 하면 행복한 가정이 저절로 보장되는 것은 아니다. 내 아이는 항상 예쁘고 건강하며 말을 잘 들을 것이라고 기대하지만 그것은 환상이며, 부부싸움이나 이혼은 나와는 전혀 상관없는 남의 얘기라고 생각하지만 그것 역시 착각이다. 희망과 행복감으로 들뜬 신혼부부들이 열심히 결혼 준비라는 것을 하지만, 그것은 결혼식 준비이지 결혼생활에 대해서 진지하게 상의하고 제대로 대비하는 부부는 많지 않다.

기혼자가 되기 위해서나 결혼식을 올리기 위해서 결혼하는 사람들이 있을까? 이혼을 꿈꾸면서, 부부싸움을 목표로 결혼하는 사람들이 또 있을까? 하지만 상담실을 찾는 많은 부부들을 보면 이들이 과연 그렇게도 열렬히 사랑하던 사람들일까 싶을 때가 있다. 보고 있어도 보고 싶고 함께 있어도 그립기만 한, 내 인생의 전부요 내가 사는 이유의 전부였던 배우자가 적이 되고 원수가 되는 이유는 과연 무엇일까 궁금해질 때가 있다. 그 이유를 한두 가지로 단정 짓기는 곤란하지만 결혼생활에 대해서 미리미리 준비하고 공부하지 않아 효과적인 문제 해결 방법을 모르는 것, 그리고 끝까지 인내하며 열심히 노력하는 자세가 부족한 것이 이유 중의 하나가 아닌가 생각한다.

두 사람만의 방법을 발견할 때

그러던 차에 존 가트맨 박사와 낸 실버의 《행복한 결혼을 위한 7원칙》을 만나게 되어 무척 기뻤다. 무엇보다도 수십 년 동안 수많은 부부들을 관찰하면서 얻어낸 생생한 자료와 이론이 뒷받침된 알찬 내용에 공감이 갔다. 원룸에 비디오 카메라를 설치해놓고 부부의 옷깃에 마이크로폰을 달아 가슴의 심장박동수까지 체크하며 건져 올린 생생한 연구 결과여서 더욱 가슴에 와 닿았다. 그리고 부부가 서로를 체크할 수 있는 각종 테스트 자료는 자칫 읽는 것으로만 그치기 쉬운 한계를 벗어나 구체적으로 나 자신과 우리 부부 관계를 진단해보는 척도로서도 활용도가 높았다. 또한 미국과 한국의 문화적인 차이를 지적하기도 하지만 대부분의 내용들이 그런 차이를 뛰어넘는 기본적인 것들이어서 우리나라의 부부들에게 적용하는 데도 무리가 없어 보였다.

현재 결혼생활을 하고 있는 부부—다소 문제가 있거나 문제가 없는 부부—나 결혼을 계획하고 있는 예비부부 모두에게 실질적인 도움을 줄 수 있는 유용한 책이며, 비단 부부의 행복한 결혼생활뿐만 아니라 자녀들의 결혼생활을 위해서도 미리 알아두면 좋을 구체적인 내용들이 많아 크게 도움이 되리라고 본다.

다만 덧붙이고 싶은 말이 있다면, 책을 읽는 것으로 그치지 말라는 것이다. 이런 내용의 책을 읽어보지도 못한 사람에 비하면 낫다고도 하겠지만, 실천으로 이어지지 못하는 '읽기'라면 그 의미가 반감되기 때문이다. 한 가지라도 좋으니 몸소 실천해보고 시도해보면서 우리 부부에 맞는 두 사람만의 방법을 발견해내는 것이 무엇보다 중요하다. 저자가 제안하는 방법이 만인에게 통용되는 만병통치약은 아니다. 사람의 지문이 다르듯이 부부의 살아가는 방식은 천차만별이며 우리 부부에게 가장 효과적인 방법은 자신들이 더 잘 알 수 있기 때문이다.

책에서도 얘기하고 있지만 행복한 결혼생활을 하는 부부들은 그렇지 못한 부부보다 평균 수명이 길고 질병에 걸릴 확률도 낮으며, 그 자녀들 역시 훨씬 더 사회적이고 건강한 생활을 영위한다는 사실에 주목했으면 한다. 화장이나 다이어트, 혹은 한 가지 스포츠나 외국어를 배우기 위해 들이는 노력에 비하면, 이 책 한 권을 읽기 위해서 투자하는 시간은 그 몇 분의 일도 안 될 것이다. 아무쪼록 이 책과, 부부의 사랑에 정성들여 물주고 거름 주고 가꾸는 노력을 통해 독자들이 '부부농사'에 풍년이 들기를 기원해본다.

결혼이라는 항해의 즐거운 '노 젓기'

그 남편의 이야기

피곤한 몸을 이끌고 일하러 가야 하는 아침이 밝았다. 나는 정신없이 샤워를 하고 출근 준비를 한다. 가방을 챙겨서 거실로 나오니 아내가 말한다. "여보, 여기 이거…… 먹고 난 다음에는 뚜껑을 닫아놔야 이물질이 들어가지 않는다고요." 이렇게 바쁜 아침에 겨우 뚜껑 타령이라니! 그냥 조용히 대신 닫아주면 될 것을……. 나는 다투기 싫어 말없이 집을 나선다.

그 아내의 이야기

온갖 종류의 집안일들이 나의 일과를 점령하고 있다. 피곤한 남편의 영양제를 챙기는 것도 그중 하나다. 그런데 오늘도 남편은 비타민을 먹은 후 생수병 뚜껑, 비타민병 뚜껑을 닫지 않은 채로 식탁 위에 덩그러니 놓아두고 나가려 한다. 이번에는 이야기를 해야지 싶어 남편에게 말한다. "여보, 여기 이거…… 먹고 난 다음에는 뚜껑을 닫아놔야 이물질이 들어가지 않는다고요."불만 가득한 표정으로 나가버리는 남편을 보니 화가 난다.

이 이야기는 이 책에 제시된 부부간의 갈등 사례들을 토대로, 하나의 사건을 남편의 관점과 아내의 관점으로 구성해본 것이다. 지금 이 순간에도 지구상의 '그 남편', '그 아내'들은 '병뚜껑 닫기'와 같은 사소한 일로 부딪치고, 다투고, 화해하며 살아가고 있다. 가트맨 박사의 통찰은 부부간의 사소한 문제들을 통해 부부문제의 근본적인 원인을 분석해내는 데 그 탁월함이 있다. 그는 '병뚜껑 닫기'와 같은 사소한 사건에 현미경을 들이대어 그에 얽힌 미묘하고 복잡한 문제들을 읽어내고, 이에 대처할 수 있는 방법을 부부들에게 제시한다.

사실 이 조그마한 '병뚜껑'은 부부간의 다른 관점과 다른 사고방식, 다른 행동 패턴을 반영하는 사물이자, 부부가 결혼생활에서 맞닥뜨린, 그리고 맞닥뜨려야 할 당혹스러운 장애물의 상징이다. 부부는 이 작은 물체를 통해 알지 못했던 배우자의 과거 삶의 양식을 희미하게나마 엿볼 수 있고, 부부의 교집합의 자리에서 비껴나 있는 배우자의 여분의 영토 또한 들여다볼 수 있다. 결혼생활 중에 부부가 넘어야 할 '병뚜껑'은 몇 개나 될까. 부부는 살아가는 동안 얼마나 많은 서로의 다름을 발견해나갈 것이며, 또 얼마나 그 다름을 두고 당혹스러워할 것인가!

이 책의 장점은 결혼생활 가운데 마주치는 이런 다름을 서로 이해할 수 있도록 돕고, 그 당혹스러움을 다독인다는 것이다. 이를 위해 가트맨 박사는 수

많은 부부들의 실제 대화와 행동을 연구하여 축적한 방대한 데이터를 바탕으로, 부부문제의 일반적 양태를 분석하여 제시한다. 그가 그 방대한 데이터를 통해 만들어낸 '행복한 결혼생활을 위한 일곱 가지 원칙'은 우리 모두에게 적용되는 보편적인 원칙이다.

미국의 소설가 마크 트웨인은 《미시시피 강에서의 삶Life on the Mississippi》이라는 책에서 수로 안내인으로서 수습 생활을 하던 청년 시절을 회고한다. 트웨인에 따르면, '수로 안내인'으로서 강을 바라보는 것은 '승객'으로서 강을 바라보는 것과 판이하게 다르다. 승객의 입장에서 강을 바라볼 때, 강은 평화롭게 유유히 흐르는 아름다운 것이다. 그러나 풍랑과 맞서고, 암초를 피해야 하는 수로 안내인에게 강은 아름다운 장소인 동시에 예의주시해야 하는 험난한 이면을 가진 장소다. 수로 안내인에게는 안개와 모래톱, 암초들과 같은 자연의 불확실성으로부터 기인한 예기치 않은 위협들로부터 배를 보호하기 위해 강의 구조를 익혀야만 하는 책임이 있기 때문이다.

결혼생활도 이와 마찬가지다. 승객의 입장에서 바라다보는 결혼생활은 낭만적이기만 하지만, '가정'이라는 배를 안전하게 인도해야 할 수로 안내인에게는 안개와 모래톱, 암초들과 같은 삶의 위협 또한 결혼생활의 일부인 것이다. 이러한 맥락에서 러시아의 소설가 톨스토이는 《안나 카레니나Anna Karenina》에서 다음과 같이 쓰고 있다.

"레빈은 행복했지만 결혼생활을 시작한 후 내딛는 발걸음마다 상상과는 완전히 다르다는 것을 발견했다. 그는 매 순간 호수 위에 떠가는 조각배의 유려하고 행복해 보이는 흐름을 즐거이 바라보던 사람이 스스로 그 배에 타게 되었을 때 겪는 경험을 했다. 게다가 움직이지 않고 균형을 잡고 앉아 있는 것이 전부가 아니었다. 어디로 떠가는지, 또 발 아래는 물이고, 노를 저어야 한다는 것을 한시도 잊으면 안 되고, 노 젓기에 익숙하지 않은 팔이 아파 왔다. 이 모든 걸 바라보기는 쉽지만 그것을 하기란, 무척 즐겁기는 해도 고역이었다."

《행복한 결혼을 위한 7원칙》은 결혼생활에서 안개와 모래톱, 암초들을 파악하고 이에 대처할 수 있도록 도울 것이며, 궁극적으로는 결혼생활이라는 항해가 비록 어렵지만 즐거운 '노 젓기'가 될 수 있도록 도울 것이다.

아들: 아빠, 저 결혼하고 싶어요.

아빠: 그래? 그럼 먼저 내게 미안하다고 말하렴.

아들: 왜요?

아빠: 미안하다고 말하렴.

아들: 대체 왜요? 제가 뭘 잘못했는데요?

아빠: 그냥 미안하다고 말해.

아들: 그런데…… 제가 뭘 잘못했나요?

아빠: 미안하다고 말해.

아들: 제발요. 아빠, 이유를 말해주세요.

아빠: 미안하다고 말해.

아들: 알았어요. 아빠, 미안해요.

아빠: 이제 되었다. 이제 훈련은 끝났다. 아무 이유 없이 그냥 미안하다고 말하는
법을 배웠다면, 이제 결혼할 준비가 끝난 것이다.

이 이야기는 인터넷에서 읽은 결혼생활에 대한 유머다. 그러나 사실 이 유머 속에는 결혼생활에 유용한 조언이 담겨 있기도 하다. 가트맨 박사의 표현을 빌리면, "미안해요"라고 말하는 것은 행복한 결혼생활의 중요한 요소인 '회복 시도'의 일환이기 때문이다. 결혼생활에서 자로 재듯 잘잘못을 가르는 것은 불가능한 것이기도 하지만, 두 사람에게 그다지 도움이 되는 방식도 아니다. 가트맨 박사는 이 책을 마치면서, "배우자에게 '미안해요'라고 사과의 말을 건네는 것은 배우자에게 줄 수 있는 큰 선물이 된다"라고 말한다. 낯선 이들에게 매일 건네는 "고마워요", "미안해요"라는 말을 사랑하는 사람에게는 너무 아끼는 것이 아닌지 생각해보게 되는 대목이다.

2015년에 결혼한 옮긴이 부부가 아직 결혼생활에 대한 해박한 지식이나 풍부한 경험이 없음에도 불구하고 이 책을 번역한 것은, 번역을 해나가는 과정에서 이 책으로부터 많이 배우고 싶었기 때문이다. 실제로 번역을 마친 지금 이 책으로부터 결혼생활에 대해 많이 배울 수 있었다는 생각이 든다. 또 결혼생활이라는 항해를 함께 해줄 튼튼한 '노'를 얻은 것 같아 든든한 느낌도 든다. 많은 독자들이 이 책을 통해 우리와 같은 기분을 공유할 수 있으면 좋겠다.

남편: 여보, 이렇게 바쁜데 어디 가요? 《행복한 결혼을 위한 7원칙》 번역 마무리
를 해야지. 마감일이 얼마 남지 않았어요.

아내: 당신은 방금 가트맨 박사의 원칙을 어겼어요. '부드럽게 대화 시작하기' 몰
라요?

남편: 아, 그래……. 여보님, 이 시급한 때에 어디를 그리 급히 출타하십니까? 번
역을 마무리 하셔야지요. 마감일이 얼마 남지 않았사옵니다."

확실히 이 책이 행복한 결혼생활에 큰 도움을 주는 것 같다.

노동욱 & 박윤영

옮긴이_노동욱, 박윤영

노동욱은 서울대학교 대학원에서 영문학을 전공하고, 2015년에 〈백인이 된 흑인, 흑인이 된 백인: 미국 소설에 나타난 패싱passing의 인종 경계선과 계급정체성 연구〉로 서울대학교에서 문학박사(영문학) 학위를 받았다. 현재 서울대학교에서 강의를 하고 있으며, 한국문학과종교학회 편집이사, 한국동서비교문학학회 부편집장 등으로 학회 활동도 활발히 하고 있다. 저서로는 《미국문학으로 읽는 미국의 문화와 사회》(공저)가 있다.

박윤영은 연세대학교 대학원 비교문학 협동과정에서 박사학위 과정을 수료하고, 박사학위 논문을 집필 중에 있다. 현재 연세대학교에서 강의를 하고 있으며, 한국동서비교문학학회 정보이사 등으로 학회 활동도 활발히 하고 있다. 시인과 희곡작가로 등단하였으며, 시집으로 《천년의 고백》이 있다.

노동욱과 박윤영은 2015년에 결혼한 신혼부부이다.

행복한 결혼을 위한 7원칙

1판 1쇄 2017년 3월 22일
1판 5쇄 2024년 8월 30일

지은이   존 가트맨, 낸 실버
옮긴이   노동욱, 박윤영

펴낸이   임지현
펴낸곳   (주)문학사상
주소   경기도 파주시 회동길 363-8, 201호(10881)
등록   1973년 3월 21일 제1-137호

전화   031)946-8503
팩스   031)955-9912
홈페이지 www.munsa.co.kr
이메일   munsa@munsa.co.kr

ISBN 978-89-7012-939-6 (03180)

* 잘못 만들어진 책은 구입하신 서점에서 교환해드립니다.
* 가격은 뒤표지에 표시되어 있습니다.